Bindung und Lernbehinderung

Waxmann Verlag GmbH
Steinfurter Straße 555, 48159 Münster
info@waxmann.com

Soziale Praxis

Herausgegeben vom
Institut für soziale Arbeit e.V.
Münster

Christina Günther

Bindung und Lernbehinderung

Der Einfluss von Bindungsqualität auf
Beziehungsgestaltung und Sozialverhalten

Waxmann 2012
Münster / New York / München / Berlin

Bibliografische Informationen der Deutschen Nationalbibliothek
Die Deutsche Nationalbibliothek verzeichnet diese Publikation in
der Deutschen Nationalbibliografie; detaillierte bibliografische
Daten sind im Internet über http://dnb.d-nb.de abrufbar.

Diese Publikation wurde gefördert von:

Ministerium für Familie, Kinder,
Jugend, Kultur und Sport
des Landes Nordrhein-Westfalen

Ministerium für
Schule und Weiterbildung
des Landes Nordrhein-Westfalen

GEFÖRDERT VOM

 Bundesministerium
für Bildung
und Forschung

 Europäischer Sozialfonds
für Deutschland

 EUROPÄISCHE UNION

 deutsche kinder-
und jugendstiftung

„Ideen für mehr! Ganztägig lernen." ist ein Programm der
Deutschen Kinder- und Jugendstiftung, gefördert durch das
Bundesministerium für Bildung und Forschung und den
Europäischen Sozialfonds.

Diese Arbeit wurde von der Humanwissenschaftlichen Fakultät der Universität Köln
mit dem Titel „Bindung im Kontext von Lernbehinderung. Zum Einfluss der
Bindungsqualität auf die Lehrer-Schüler-Beziehung und das Sozialverhalten bei
lernbehinderten Schulanfängern an Förderschulen und im Gemeinsamen Unterricht"
als Dissertation angenommen.
Erster Gutachter: Prof. Dr. phil. Matthias Grünke
Zweiter Gutachter: Prof. DDr. phil. Lieselotte Ahnert
Tag der mündlichen Prüfung: 19.12.2011

ISBN 978-3-8309-2683-2
ISSN 0932-416X

© Waxmann Verlag GmbH, 2012
Postfach 8603, 48046 Münster
Waxmann Publishing Co.
P.O. Box 1318, New York, NY 10028, USA

www.waxmann.com
info@waxmann.com

Umschlaggestaltung: Pleßmann Design, Ascheberg
Titelfoto: © Naila Schwarz – Photocase.com
Satz: Stoddart Satz- und Layoutservice, Münster

Gedruckt auf alterungsbeständigem Papier,
säurefrei gemäß ISO 9706

Für die Mädchen und Jungen, die an dieser Studie teilgenommen haben.
Durch Eure Freude, Euer kreatives Spiel,
Eure Begeisterungsfähigkeit und Hilfsbereitschaft habt Ihr
diese Arbeit bereichert und überhaupt erst möglich gemacht.
Euch gilt mein größter Dank!

Inhalt

1. Einleitung

Die Entstehung sicherer affektiver Bindungen ist ein wichtiger Aspekt für die gesunde körperliche, psychische und soziale Entwicklung eines Kindes. Bindungstheorie und Bindungsforschung befassen sich mit dem Aufbau dieser emotionalen Beziehungen eines Menschen zu nahestehenden Bezugspersonen und untersuchen Faktoren für deren Stabilisierung oder Veränderung sowie deren Manifestation auf der Verhaltensebene über die gesamte Lebensspanne eines Menschen hinweg. Ein zentrales Element der Bindungsforschung stellt die Konzeption internaler Arbeitsmodelle vom Selbst und von anderen dar. Dabei handelt es sich um die Abbildung der realen Interaktionserfahrungen eines Kindes mit seinen engen Bezugspersonen auf einer mentalen Repräsentationsebene. Anhand dieser Bindungserfahrungen entwickelt ein Kind Vorstellungen über seine soziale Umwelt sowie mit zunehmendem Alter auch über die eigene Person, die die Erwartungen an andere Personen und die Verhaltensweisen des Kindes in aktuellen und späteren Beziehungen beeinflussen. Eine sichere Bindung konnte in einer Vielzahl wissenschaftlicher Untersuchungen als Schutzfaktor für die kindliche Entwicklung angesehen werden, da sie sich positiv auf den Selbstwert eines Kindes sowie dessen Fähigkeit zum Aufbau positiver und konstruktiver sozialer Beziehungen auswirkt. Zudem weisen sicher gebundene Kinder häufig eine gute Kompetenzentwicklung in alltäglichen und leistungsbezogenen Kontexten auf, da sie aufgrund der Erfahrung einer stabilen sozialen Sicherheitsbasis das Vertrauen entwickeln konnten, in schwierigen Situationen auf kompetente Erwachsene zurückgreifen zu können, ohne sich selbst dadurch als unwirksam und inkompetent zu erleben. Kinder mit unsicheren Bindungsrepräsentationen verfügen oftmals nicht über eine genügend stabile Basis zur Exploration und sind daher eher gefährdet, an den zwischenmenschlichen und kognitiven Anforderungen sozialer und institutioneller Beziehungskontexte zu scheitern. Die Bindungsdesorganisation stellt dabei als hochunsichere Bindung eine besondere Steigerung der kindlichen Vulnerabilität dar. Wie sich ein Kind in sozialen Beziehungen verhält, ob es sich als kompetent und sein Umfeld als unterstützend und berechenbar erlebt, hängt demnach entscheidend von seinen frühen Bindungserfahrungen ab.

Lernbehinderte[1] Kinder kommen nachweislich signifikant häufiger aus Familien mit niedrigem sozioökonomischen Status und einem geringen Bildungsniveau. Oftmals kommen noch weitere familiäre Belastungen hinzu, so dass diese Kinder in einem sozialen Milieu aufwachsen, in dem durch kumulativ wirkende

---

1   In der vorliegenden Arbeit werden die Begriffe Lernstörung, Lernbeeinträchtigung und Lernbehinderung vor dem Hintergrund einer besseren Lesbarkeit synonym verwendet und nicht im Sinne des von Bach (1985, 1999) entwickelten, hierarchisch gestuften Begriffssystems unterschieden.

Risikofaktoren von einem erhöhten Entwicklungsrisiko ausgegangen werden muss. Bleidick (1995) fasst diesen seit Ende der 70er Jahre bekannten Sachverhalt wie folgt zusammen: „Lernbehinderte entstammen zum überwiegenden Teil unteren Sozialschichten, sie wachsen unter erschwerten sozialen Bedingungen auf, ihr soziales Ansehen ist besonders gering." Katzenbach (2006) verweist ebenfalls auf die Tatsache, dass die Probleme von Kindern im Förderschwerpunkt Lernen sich nicht ausschließlich auf Probleme im Bereich des Lernens beziehen, sondern häufig auch Probleme im emotionalen Erleben und im Sozialverhalten dieser Kinder beobachtet werden können; all diese Problematiken lassen sich auf ungünstige Erfahrungen in der primären Sozialisation dieser Kinder zurückführen. Er verdeutlicht diesen Sachverhalt wie folgt: „Bei aller nötigen Vorsicht vor unzulässigen Verallgemeinerungen kann aus einer psychodynamischen Perspektive dennoch angenommen werden, dass die frühe Sozialisation vieler dieser Kinder und Jugendlichen durch gravierende emotionale Mangelerfahrungen geprägt ist." (Katzenbach, 2006, 101). Hinzu kommt, dass insbesondere Kinder aus sozialen Brennpunkten an der Institution Schule scheitern, da die Mittelschichtskultur der Schule sich nur schwer mit den subkulturellen Normen und Werten sozialer Brennpunkte vereinbaren lässt. Lernbehinderung entsteht demgemäß als Folge von „Kommunikationsproblemen zwischen zwei Kulturen" (Mand, 1996).

Aufgrund der engen Verknüpfung von Lernbehinderung und spezifischer Mangelerfahrungen im Bereich der Sozialisation lernbehinderter Schüler liegt die Annahme nahe, dass Kinder im Förderschwerpunkt Lernen neben ihren umfänglichen Problemen im Lern- und Leistungsbereich auch Schwierigkeiten in der Ausgestaltung ihrer sozialen Beziehungen aufweisen. Insbesondere der Transfer der eigenen alltagsrelevanten familiären und außerfamiliären subkulturellen Beziehungserfahrungen in den von Mittelschichtsnormen geprägten Schulalltag dürfte den Kindern schwer fallen.

Die vorliegende Arbeit beschäftigt sich mit den frühen, generalisierten Bindungsrepräsentationen lernbehinderter Schulanfängerinnen und Schulanfänger[2] und untersucht, ob und inwiefern sich diese von denen gleichaltriger, nichtlernbehinderter Kinder unterscheiden. Zudem wird untersucht, ob sich die frühen Bindungserfahrungen der Kinder im Förderschwerpunkt Lernen auf die qualitative Ausgestaltung der Lehrer-Schüler-Beziehung auswirken und die individuellen Sichtweisen der jeweiligen Schüler[3] in Hinblick auf wichtige schulbezogene Einstellungen beeinflussen. Inwieweit unterschiedliche akademische Ausbildungen der Lehrkräfte (Grundschullehrer vs. Sonderpädagogen) und das wahrge-

---

2 In der vorliegenden Arbeit wird die Bezeichnung „Schulanfänger" für Schülerinnen und Schüler der ersten sowie der zweiten Schuljahrgangsstufe verwendet.

3 In der vorliegenden Arbeit wird aus pragmatischen Gründen der Lesbarkeit nachfolgend durchgehend die männliche Sprachform verwendet. Das weibliche Geschlecht ist dabei stets mitgemeint.

nommene Sozialverhalten der Schüler deren beziehungsbezogenen Einstellungen zu den Projektkindern beeinflussen, soll ebenfalls mit Hilfe der vorliegenden Arbeit eruiert werden.

Im ersten Teil dieser Arbeit (Kapitel 2.1) werden die zentralen Konzeptionen und Befunde der Bindungstheorie thematisiert. Neben einem kurzen historischen Abriss (2.1.1) werden insbesondere die verschiedenen Bindungsqualitäten (2.1.3 und 2.1.4) sowie die Phasen der Bindungsentwicklung (2.1.5) und das Konzept des internalen Arbeitsmodells von Bindung (2.1.6) in den Blick genommen. Abgeschlossen wird das Kapitel mit einem Überblick über die Kontinuität von Bindung im Lebenslauf (2.1.7). Das anschließende Kapitel (2.2) beschäftigt sich mit dem Konstrukt „Lernbehinderung". Dabei wird in Kapitel 2.2.1 zunächst ein Definitionsversuch vorgenommen. Ferner werden in Kapitel 2.2.2 unterschiedliche Formen und Orte institutioneller Förderung im Kontext von Lernbehinderung beschrieben. Weiterhin bietet das Schwerpunktkapitel „Lernbehinderung" eine Überblick über empirische Befunde zu den Bedingungsfaktoren gravierender Lern- und Leistungsstörungen (2.2.3) sowie Aussagen zum Lern- und Sozialverhalten lernbehinderter Kinder (2.2.4 und 2.2.5). In Kapitel 2.3 wird erläutert, inwiefern sich Bindung im schulischen Kontext abbildet und welche Chancen eine gelingende Lehrer-Schüler Beziehung bietet (2.3.3). Die Formulierung zentraler Forschungsfragen geschieht in Kapitel 3. Die Beschreibung der Forschungsmethodik, der Stichproben sowie der Erhebungsverfahren erfolgt in den Kapiteln 3 und 4. Die Ergebnisse werden in Kapitel 5 dargelegt. Den Abschluss der Arbeit bildet die Diskussion mitsamt einer methodenkritischen Reflexion und Hinweisen für praktische Implikationen in Kapitel 6.

2. Forschungstheoretischer Hintergrund

Im Folgenden werden die theoretischen Konzepte der Bindungsforschung und der Lernbehindertenpädagogik dargestellt, um einen zusammenfassenden Überblick über deren zentrale Begrifflichkeiten und inhaltlichen Schwerpunkte zu erstellen (Kapitel 2.1 und 2.2). Im Anschluss daran erfolgt eine theoretische Verknüpfung der beiden Konzepte, die unter der Überschrift „Bindung, Emotionalität und Bildung im Kontext von Lernbehinderung" in Kapitel 2.3 abgehandelt wird.

2.1 Die Bindungstheorie

Die Bindungstheorie ist heute ein fester Bestandteil in der Vermittlung entwicklungspsychologischer Grundlagen für Studenten verschiedenster Fachrichtungen im Sozial- und Gesundheitswesen. Traditionsgemäß beschäftigt sich die bindungstheoretisch orientierte Forschung mit der Entstehung und qualitativen Ausgestaltung der Bindung eines Kindes an eine Bezugsperson, die mit den Worten des Begründers der Bindungstheorie John Bowlby gewöhnlich „stärker und/oder klüger" sein sollte (Bowlby, 1982, 159). Die Bindungsforschung weist der Fürsorge, die ein Kind zu Beginn seines Lebens in den ersten Jahren von seinen Eltern, insbesondere der Mutter, erhält eine existentielle Bedeutung für seine spätere seelische Gesundheit zu. Kontinuierlich gezeigtes feinfühliges Verhalten der erwachsenen Bindungsfigur dient somit als Basis für den Aufbau einer sicheren Bindungsbeziehung des Kindes an eben diese Person. Aber nicht nur im frühen Kindesalter spielt Bindung eine fundamentale Rolle – das Bindungsmotiv stellt ein lebenslanges Thema dar und begleitet den Menschen „von der Wiege bis zum Grab", wobei den frühen Bindungserfahrungen eine zentrale Bedeutung zugesprochen wird, „weil sie für das Auseinanderlaufen von Entwicklungslinien verantwortlich sein können und eine Rückkehr immer schwieriger wird." (Suess, 2003, 153). Frühe Bindungserfahrungen ebnen somit den Weg für die qualitative Ausgestaltung späterer emotionaler Beziehungen.

Welchen historischen Werdegang die Bindungstheorie durchlaufen hat und welcher Stellenwert der Bindungsforschung aktuell beigemessen wird, welche Begrifflichkeiten sie prägte und auf welche spezifische Art und Weise sichere und (hoch)unsichere Bindungen entstehen und im Laufe der Entwicklung mental repräsentiert werden, soll in den folgenden Kapiteln 2.1.1 bis 2.1.6 dargestellt werden. Im Abschluss daran informiert Kapitel 2.1.7 über die Möglichkeiten der Erfassung kindlicher Beziehungskonzepte mittels spezieller diagnostischer Verfahren. Die abschließenden Kapitel 2.1.8 und 2.1.9 geben Auskunft über den Einfluss früher Bindungserlebnisse auf spätere (außerfamiliäre) Beziehungen.

2.1.1 Historische Entwicklung der Bindungstheorie

Der englische Kinderpsychiater und Psychoanalytiker John Bowlby, der unumstritten als der Begründer der Bindungsforschung angesehen wird, beschrieb bereits 1940 in der ersten Phase der Bindungsforschung die negativen Auswirkungen längerer Trennungsphasen des Kleinkindes von seiner Mutter, die auf Beobachtungen und Erfahrungen während seiner Zeit als Kinderpsychiater in der Child Guidance Clinic zurückgingen, in der er seit 1933 praktizierte. Nach Ende des zweiten Weltkrieges wurde Bowlby Leiter der Kinderabteilung der Londoner Tavistock Clinic. Aufgrund der von ihm betonten Wichtigkeit einer gesunden Eltern-Kind-Beziehung für die weitere seelische und psychische Entwicklung eines Kindes wurde diese Station nunmehr auf Bowlbys Geheiß hin in „Abteilung für Eltern und Kinder" umbenannt. In den Fokus einer breiteren Aufmerksamkeit geriet seine Forschung erst im Jahre 1951, als er den im Auftrag der Weltgesundheitsorganisation (WHO) erstellten Bericht zum Zusammenhang mütterlicher Fürsorge und seelischer Gesundheit des Kindes veröffentlichte. Obgleich Bowlby die Bindungstheorie „im Geiste psychoanalytischer Fragen" (Grossmann & Grossmann, 2009, 13) entwickelte, stellt die vergleichende Verhaltensforschung, die Ethologie, eine zweite, gleichwertige Traditionslinie in der Etablierung der Bindungsforschung dar und erklärt deren stark evolutions- und verhaltensbiologische Ausrichtung. Bowlby entwickelte damit ein Paradigma, „das zwar viel psychoanalytisches Denken enthält, sich vom traditionellen jedoch darin unterscheidet, daß es eine Reihe von Grundsätzen aus den relativ neuen Wissenschaftszweigen der Ethologie und der Kontrolltheorie übernimmt." (Bowlby, 1983, 56). Besonders der vom Verhaltensforscher Konrad Lorenz etablierte Begriff der Prägung, mit dem die Ausbildung enger Eltern-Kind-Beziehungen verdeutlicht werden konnte, faszinierte Bowlby und regte ihn zu weiteren Nachforschungen und einigen Kooperationsprojekten im Bereich der Ethologie an. Im Jahre 1953 veröffentlichte Bowlby schließlich seinen ersten Aufsatz zum Thema Bindung, der sich zum Teil auf Begrifflichkeiten der biologischen Verhaltensforschung stützte. Es folgten weitere öffentliche Vorträge vor der Britischen Psychoanalytischen Gesellschaft, die aufgrund Bowlbys Abkehr von der klassischen psychoanalytischen Sichtweise zunächst stark kontrovers diskutiert wurden. Zur selben Zeit untersuchte die Psychologin Mary Ainsworth, die drei Jahre zuvor bereits unter der Leitung von John Bowlby im Bereich der Forschung über die Auswirkungen früher Trennungen eines Kindes von seiner Mutter an der Tavistock Clinic gearbeitet hatte, die Entwicklung der frühen Mutter-Kind-Beziehungen in der ugandischen Hauptstadt Kampala und leitete somit eine wichtige zweite Phase der Bindungsforschung ein. Die teilnehmenden Mutter-Kind-Paare verhalfen Mary Ainsworth zu der Erfahrung individueller Unterschiede in der Verhaltensreaktion von Einjährigen nach zwei kurzen Trennungsphasen von der Bezugsperson sowie zu der Erkenntnis eines statistischen Zusammenhangs zwischen mütterlicher Feinfühligkeit und verschiedenen Bindungstypen, die aus der Einteilung der Gruppe der Klein- kinder in sicher, unsicher und noch nicht gebundene, unspezifisch reagierende Kinder erfolgten. Im Jahre 1960 kam es zu einer erneuten Zusammenarbeit zwischen Mary Ainsworth und John Bowlby, der großes Interesse an den in Uganda gewonnenen Daten zeigte. Bald darauf begann Mary Ainsworth ein wei- teres groß angelegtes Forschungsprojekt. Diese in Baltimore stattfindende Stu- die zur frühen Mutter-Kind-Bindung führte zu einer stärkeren Verknüpfung der theoretischen Annahmen Bowlbys mit den von Mary Ainsworth gewonne- nen Beobachtungs- und Interviewdaten. Im Rahmen dieses Forschungsprojek- tes nahmen Ainsworth und ihre Mitarbeiter zahlreiche Verbesserungen an den Klassifizierungssystemen des kindlichen und mütterlichen Verhaltens vor. Im Jahre 1969 etablierten Ainsworth und Wittig die unter Laborbedingungen statt- findende Bobachtungsmethode der Fremden Situation, die bis zum heutigen Zeitpunkt Anwendung findet und aufgrund eines speziellen Klassifikationssys- tems die Einteilung des kindlichen Verhaltens in die drei Hauptbindungsmus- ter sicher (Typ B), unsicher-vermeidend (Typ A) und unsicher-ambivalent (Typ C) erlaubt. In der dritten Phase der Bindungsforschung stellten während der frühen 1980er Jahre u.a. die Forscher Mary Main und D. R. Weston fest, dass sich einige Kinder nicht nach den Ainsworth'schen Klassifikationsregeln einem der drei etablierten Bindungstypen zuordnen ließen (Main & Weston, 1981). Auf der Grundlage weiterer Untersuchungen kam es schließlich zur Ausbildung eines vierten Bindungstyps, der als desorganisiert bzw. desorientiert (Typ D) beschrieben wurde. Diese vierstufige Einteilung der Bindungsqualitäten besteht bis heute.

Aktuellere Forschungslinien der Bindungstheorie beschäftigen sich unter anderem mit der mentalen Abbildung der Eltern-Kind-Beziehung auf der Repräsentationsebene, mit Bindung im Erwachsenalter (Gloger-Tippelt, 2001) sowie mit der Rolle von Bindung für die Entwicklungspsychopathologie und einer Erweiterung des Konzepts von Bindung und Exploration (Grossmann, Grossmann & Zimmermann, 1999; Grossmann, Grossmann, Kindler & Zim- mermann, 2008b).

2.1.2 Das Konzept von Bindung, Exploration und Fürsorge

Bindung kann definiert werden als eine überdauernde und gefühlsbetonte Beziehung zwischen einem Kind und einer Bezugsperson, die Schutz, Sicherheit und Unterstützung gewähren soll und die Bindungsfiguren über Raum und Zeit hinweg miteinander verbindet (Grossmann et al., 2003a; Ainsworth, 1969). Die Bindungstheorie geht davon aus, dass der menschliche Säugling im Laufe des ersten Lebensjahres ein solches lang andauerndes, emotionales Band zu einer wichtigen Bezugsperson eingeht und dass dieser Prozess auf einer biologischen Basis beruht (Bowlby, 1986). Neben der Bindung zu einer sogenannten Hauptbindungsperson geht das Kind auch zu weiteren versorgenden und fürsorglichen Personen eine Bindungsbeziehung ein. Bowlby (1986) ging allerdings davon aus, dass die Anzahl dieser Personen begrenzt und deren Einfluss und Bedeutsamkeit hierarchisch gegliedert ist, so dass ein Kind mit einem aktivierten Bindungssystem die Nähe seiner primären Bindungsfigur präferieren wird. Die Funktion des Bindungsverhaltens besteht darin, in bedrohlichen, stress- oder angstauslösenden sowie unbekannten Situationen eine größtmögliche Nähe zur Bindungsperson zu ermöglichen und somit Sicherheit zu erlangen. Das Bindungsverhaltenssystem bietet demnach als eigenständiges biologisch fundiertes Verhaltenssystem einen evolutiven Vorteil und „darf nicht als Indiz für das Bestehen von Abhängigkeit missverstanden werden." (Schleiffer, 2001, 31). Zu den spezifischen Bindungsverhaltensweisen kleiner Kinder zählen Signale, die die Aufmerksamkeit der Fürsorgeperson erregen. Dies kann durch positive Reize (z.B. durch ein Lächeln) geschehen, aber auch aversive Verhaltensweisen wie Schreien und Weinen erfüllen den Zweck der Herstellung von Aufmerksamkeit und Zuwendung. Mit wachsenden motorischen Fähigkeiten kann das Kleinkind durch Anklammern und Nachfolgen auch von sich aus die Nähe zu einer Bezugsperson herstellen und das Bindungsverhalten insgesamt komplexer gestalten.

Neben dem Bindungsverhaltenssystem existieren eine Reihe weiterer biologisch begründeter Verhaltenssysteme, die miteinander interagieren. Dabei spielen insbesondere das kindliche Explorations- und das elterliche Fürsorge- bzw. Pflegeverhaltenssystem eine zentrale Rolle. Das Explorationsverhaltenssystem bietet die Grundlage für die Erkundung der Umwelt und steht in einem antagonistischen Verhältnis zum Bindungsverhaltenssystem, Bowlby spricht auch von einer „Bindungs-Antithese(n)" (Bowlby, 1986, 222). Ein aktiviertes Bindungssystem unterdrückt und verhindert die aktive Auseinandersetzung mit der Umwelt oder anders ausgedrückt: „Ein Kind kann nur dann Explorationsverhalten zeigen – sich z.B. für neues Spielzeug interessieren –, wenn sein Bindungsverhaltenssystem beruhigt ist." (Becker-Stoll, Niesel & Wertfein, 2009, 38). Der Ausbau einer sicheren Bindung eines Kindes zu einer Bezugsperson ermöglicht diesem eine angstfreie Exploration der Umgebung. Dabei dient die Bezugsperson als sichere Basis von der aus das Erkundungsverhalten gut gelingen und das Kind in dem Wissen explorieren kann, bei Angst oder Unwohlsein auf die Bezugsperson zurückgreifen und bei dieser Schutz finden zu können. Die Qualität der Bindung eines Kindes an eine Bindungsperson hat somit großen Einfluss darauf, wie effektiv sich ein Kind mit seiner materiellen und sozialen Umwelt auseinander setzen kann und beeinflusst die kindliche Lernintensität und Kompetenzentwicklung (Stephan, 2009; Pianta & Habers, 1996). Betont wird die Wichtigkeit einer ausgewogenen Balance zwischen Explorations- und Bindungsverhalten für eine angemessene Erkundung der Umwelt und somit für Lernen, die soweit geht, das Konzept der Exploration als einen integralen Bestandteil von Bindung zu beschreiben (vgl. Grossmann et al., 1999; Grossmann et al., 2008b).

Das zum kindlichen Bindungsverhalten in einer korrespondierenden Wechselwirkung stehende Elternverhalten wird als Pflegeverhalten beschrieben (Bowlby, 1986). Dieses Pflegeverhalten beschreibt Bowlby als den Grundstein des kindlichen Bindungsverhaltens, da die Qualität der Bindung von den sozio-emotionalen Interaktionserfahrungen des Kindes mit seinen Bindungspersonen abhängt und somit als umweltlabil beschrieben werden kann. „Die Kontinuität einer sensitiven Betreuung hat er dabei als Voraussetzung für den Bindungsaufbau angesehen, d.h. je stabiler und vorhersagbarer das Interaktionsgefüge sei, desto besser sollte sich die kindliche Bindung entwickeln." (Ahnert, 2009, 81). Die erwähnte Sensitivität wurde von Ainsworth (1977) in ihrem Konzept der Feinfühligkeit von Bindungspersonen näher beschrieben. Feinfühliges Elternverhalten gegenüber einem Kleinkind beinhaltet vier wesentliche Aspekte: Zunächst müssen die Signale des Kindes *wahrgenommen* und *richtig interpretiert* werden. Hinzu kommt die Notwendigkeit einer *prompten* und *angemessenen* Reaktion auf das geäußerte Bedürfnis des Kindes. Ainsworth konnte bei ihren Verhaltensbeobachtungen in Uganda und später in Baltimore feststellen, dass der Grad und die Qualität der mütterlichen Feinfühligkeit sich auf die Entwicklung der kindlichen Bindungsqualität auswirken: Je feinfühliger sich eine Mutter in Hinblick auf die Signale ihres Kindes verhält, desto eher kann das Kind diese als sichere Basis nutzen und seine Umwelt erkunden und bei Angst oder Gefahr zu ihr zurückkehren und Schutz finden. Auf diese Weise ist die Bezugsperson dem Kleinkind „durch externe Regulation behilflich, seine schwankenden Affektzustände zu verarbeiten, bis Selbstregulation möglich ist." (Hartmann, 2005, 20). Das Pflegeverhaltenssystem, d.h. die Qualität und Ausgeprägtheit der Feinfühligkeit der erwachsenen Bezugsperson, reguliert somit zugleich das kindliche Bindungs- und Explorationsverhalten und spielt auf diese Weise eine zentrale Rolle für deren sichere oder (hoch)unsichere Entwicklung.

2.1.3 Die organisierten Bindungsmuster in der Fremden Situation

Die „Fremde Situation" („Strange Situation Procedure"), eine Laborbeobachtungsmethode zur standardisierten Erfassung der Bindungsqualität von 12 bis 18 Monate alten Kindern, wurde Ende der 1960er Jahre im Rahmen der Baltimore Studie von Mary Ainsworth und Barbara Wittig (1969) entwickelt. Während acht Episoden zu jeweils drei Minuten wird das Bindungs- und Explorationsverhalten der Kinder in einer für diese fremden Umgebung untersucht. Das Bindungssystem der Kinder wird durch zwei kurze Trennungen von der Mutter aktiviert. Während dieser Trennungssequenzen befindet sich eine fremde

Person weiblichen Geschlechts mit dem Kind im Spielzimmer, die zunächst kurz vor und später kurz nach dem Weggang der Mutter den Raum betritt. Zur Erfassung der Bindungsqualität stellte sich die Reaktion eines Kindes auf die Wiedervereinigung mit seiner Mutter als wesentlicher Indikator heraus (Dornes, 2000). Ainsworth und ihre Mitarbeiter konnten eine Vielzahl kindlicher Verhaltensweisen ausgelöst durch den wachsenden Trennungsstress und die Wiedervereinigungsphasen beobachten, aus denen sich die drei Hauptbindungsgruppen sicher (B), unsicher-vermeidend (A) und unsicher-ambivalent (C) differenzieren ließen.

Sicher gebundene Kinder zeigen Vertrauen in die Verfügbarkeit und Präsenz der Bindungsperson und nutzen diese als sichere Basis für die Exploration ihrer Umwelt. Bei der Trennung von der Bezugsperson reagiert das Kind mit deutlichen Bindungsverhaltensweisen wie Weinen und Schreien, es lässt sich aber bei der Rückkehr der Mutter schnell von dieser beruhigen, indem es deren Nähe und Trost sucht und kann nach kurzer Zeit sein Spiel wieder aufnehmen und explorieren.

Unsicher-vermeidend gebundene Kinder vom Typ A zeigen bei der Trennung der Mutter keinerlei Bindungsverhalten und sie setzen ihr stark ausgeprägtes Explorationsverhalten fort; diese Kinder scheinen durch den Weggang ihrer Bezugsperson emotional nicht belastet zu sein. Ebenso teilnahmslos nehmen sie deren Rückkehr wahr, bei der sie vordergründig kontaktvermeidendes und explorierendes Interaktionsverhalten zeigen. Nach außen hin wirken diese Kinder zwar entspannt und gelassen, zusätzliche biophysiologische Untersuchungen haben jedoch ergeben, dass es sich bei der beobachtbaren Teilnahmslosigkeit um eine Pseudounabhängigkeit handelt, da der Cortisolspiegel im Speichel, der als Stressindikator angesehen werden kann, bei diesen Kindern stark ansteigt (Spangler & Grossmann, 1993). Im Laufe ihres Lebens haben diese Kinder offenbar durch Erfahrungen mit der Bezugsperson gelernt, dass es sich nicht lohnt, bei Stress oder Angst Bindungsgefühle zu zeigen, da diese entweder ignoriert oder sogar strafend abgelehnt werden. Das Kind kann sich auf diese Weise nicht als Ursache von Wirkung erleben und mit seinem Verhalten nicht die erwünschte Gegenreaktion erzeugen, was dazu führt, dass diese Kinder jegliches Kontaktverhalten zu vermeiden lernen.

Kinder mit **unsicher-ambivalentem** (C) Bindungstyp reagieren ebenso wie die sicher gebundenen Kinder mit starkem Bindungsverhalten auf den Weggang der Bindungsperson. Im Gegensatz zu den sicher gebundenen Kindern lassen sich die unsicher-ambivalent gebundenen Kinder jedoch auch bei deren Rückkehr nicht durch Körperkontakt und trostspendendes Verhalten angemessen regulieren. Sie jammern und weinen auch nach der Rückkehr der Bezugsperson weiter und fallen durch stark anklammerndes und mitunter auch ärgerlich abwehrendes Verhalten auf, wodurch aktives Explorations- und Spielverhalten verhindert wird. Offensichtlich kann das Bindungssystem durch die Anwesenheit der Mutter nicht beruhigt und diese nicht als sichere Basis für explorie-rendes Verhalten genutzt werden („Fails to find comfort in parent.", Solomon & George, 1999, 291). Unsicher-ambivalent gebundene Kinder verfügen über innere Arbeitsmodelle, die die Bindungsfiguren als unzuverlässig und inkon-sistent in ihrem Fürsorgeverhalten abgebildet haben, so dass diese Kinder zu keiner Zeit wissen können, ob die Bezugspersonen in einer spezifischen Situa-tion emotional verfügbar sind oder nicht. Die Folge dieses inkonsistenten Bezie-hungsverhaltens von Seiten der erwachsenen Bindungspersonen führt beim Kind zu einer nahezu chronischen Aktivierung des Bindungssystems, was sich in einer deutlichen Abhängigkeit gegenüber der Bezugsperson mit anklammernd-anhänglichem Verhalten sowie einem deutlich eingeschränkten Explorationsver-halten äußert.

In unterschiedlichen Studien konnte neben der Erfassung der Bindungsqua-lität der Kinder in der geschilderten Laborsituation anhand von Interaktionsbe-obachtungen zwischen Mutter und Kind im häuslichen Umfeld beobachtet wer-den, dass das Verhalten der Kinder in der „Fremden Situation" in einem engen Zusammenhang mit dem Grad der mütterlichen Feinfühligkeit im Pflegeverhal-ten steht (vgl. Blehar, Lieberman & Ainsworth, 1977; Grossmann, Grossmann, Spangler, Suess & Unzner, 1985; George & Solomon, 1999). Mütter sicher gebundener Kinder zeigen die höchste Feinfühligkeit, die sich in prompten und angemessenen Reaktionen auf die kindlichen Bedürfnisäußerungen äußert. Kinder, die in der „Fremden Situation" unsicher-vermeidendes Bindungsver-halten zeigen, haben eher Mütter, deren Verhalten weniger feinfühlig ist und die besonders auf negative Emotionsäußerungen zurückweisend und abwehrend reagieren. Aufgrund dieser permanenten Ablehnung negativer Gefühle lernt das Kind, diese nicht mehr zu zeigen, um keine weitere Zurückweisung durch die Mutter fürchten zu müssen. Die Mütter unsicher-ambivalent gebundener Kin-der weisen keine Konsistenz in Bezug auf ihre Feinfühligkeit auf. Kinder des C-Bindungstyps haben somit „die Erfahrung gemacht, dass ihre Bindungsperson für sie nur unvorhersehbar verfügbar ist und sie sich nicht darauf verlassen kön-nen, dass ihre Signale wahrgenommen werden" (Becker-Stoll et al., 2009, 45). Das Bindungssystem dieser Kinder ist aufgrund der bestehenden Orientierungs-losigkeit in Bezug auf die Verfügbarkeit der Pflegeperson dauerhaft aktiviert.

Sowohl eine sichere Bindung, als auch die unsicher-vermeidende und die unsicher-ambivalente Bindung stellen somit adaptive Anpassungsleistungen des kindlichen Verhaltens an seine ihn umgebende soziale Umwelt dar: „Je nach erlebter potentiell angstauslösender Situation kann ängstlich-vermeidendes oder ängstlich-ambivalentes Bindungsverhalten durchaus Teil einer angemesse-nen Bewältigungsstrategie sein" (Romer, 2003, 213). Die Ausbildung einer unsi-cheren Bindung vom Typ A oder C ist somit nicht per se als pathologisch zu betrachten. Vielmehr kann der vorherrschende Bindungsstil eines Individuums als eine funktionale Anpassungsleistung des Individuums an die langfristig vorherrschenden Reaktionsweisen der engen Bindungspersonen angesehen werden.

In der Baltimore Studie konnten insgesamt 68% der Kinder als sicher (B), 20% als unsicher-vermeidend (A) und 12% als unsicher-ambivalent (C) gebunden klassifiziert werden. Van IJzendoorn und Sagi (1999) stellen darüber hinaus prozentuale Verteilungsergebnisse für Stichproben aus Afrika, China, Israel, Japan, Westeuropa und die Vereinigten Staaten von Amerika dar. Neben interkulturellen Unterschieden fallen hier gehäuft auch Unterschiede innerhalb einer Kultur – sogenannte intrakulturelle Differenzen auf. Einen Überblick über die Verteilung der Bindungsqualitäten in der Fremden Situation in deutschsprachigen Ländern geben Gloger-Tippelt, Vetter und Rauh (2000), die in den vorliegenden Studien mit 27,7% einen relativ hohen Anteil unsicher-gebundener Kinder eruieren konnten.

Neben den drei organisierten Hauptkategorien von Bindung konnte im Verlauf der empirischen Forschungstätigkeit Anfang der 1980er Jahre das sogenannte desorganisierte Bindungsmuster beschrieben werden, welches im folgenden Kapitel eine ausführliche Darstellung erfährt.

2.1.4   Die Bindungsdesorganisation

Zu Beginn der 1980er Jahre entdeckten Main et al. (1981) einen bei 12,5% liegenden Anteil von Kindern, die in der „Fremden Situation" als nicht eindeutig klassifizierbar galten und sich somit nicht oder nur schwer in das von Ainsworth etablierte Klassifikationssystem einordnen ließen. Eine erneute Analyse der Videobänder der bis dato nicht klassifizierbaren Kinder führte zur Beobachtung einer Reihe spezifischer abweichender Verhaltensweisen, die von Main und Solomon (1990) unter dem Oberbegriff der Bindungsdesorganisation (D) („disorganized/disoriented") zusammengefasst wurden. Diese vierte Bindungskategorie „wird beim Säugling aufgrund von Unterbrechungen und Anomalien in der Organisation und Orientierung seines Verhaltens [...] vergeben" (Hesse & Main, 2002, 219). Obwohl die Zusammenstellung einer Liste aller anormalen Verhaltensweisen in Gänze nicht gelingen kann, haben Hesse et al. (2002) sieben Kernbereiche etabliert, die symptomatisch auf eine Bindungsdesorganisation hindeuten und von denen mindestens eine Kategorie auftreten muss, damit von einer Desorganisation gesprochen werden kann

(1) sequentielle Darstellung widersprüchlicher Verhaltensmuster; (2) simultane Darstellung widersprüchlicher Verhaltensmuster; (3) ungerichtete, ziellose, unvollständige oder unterbrochene Bewegungen und Ausdruck; (4) Stereotypien, asymmetrische Bewegungen, zeitlich unabgestimmte Bewegungen und anormale Körperhaltung; (5) eingefrorene, plötzlich angehaltene und verlangsamte

Bewegungen und Ausdruck; (6) direkte Hinweise auf Besorgnis gegenüber der Bezugsperson und (7) direkte Hinweise auf Desorganisation, Desorientierung und Konfusion. (S. 222)

Als eine widersprüchliche Verhaltenstendenz wird oft das Suchen nach Nähe bei gleichzeitiger Abwendung von der Bezugsperson beobachtet. Main (1995) spricht hier von einem von den Kindern erlebten Gefühl, das sie mit den Worten „fright without solution" beschreibt und das auf der Erfahrung beruht, dass „die Bindungspersonen, die eigentlich ihr Zufluchtsort sein sollten, anscheinend gleichzeitig eine Quelle der Bedrohung oder des Missbrauchs" sind (Erickson & Egeland, 2006, 35). (...), the central conflict thought to distinguish disorganized infants from other insecurely attached infants is that they cannot find a solution to the paradox of fearing the figures whom they must approach for comfort in times of stress" (Lyons-Ruth & Jacobvitz, 1999, 523).

Klinisch kann die Bindungsdesorganisation im Gegensatz zur unsicher-vermeidenden und der unsicher-ambivalenten Bindungsstrategien als Risiko- und Vulnerabilitätsfaktor für die kindliche Entwicklung betrachtet werden. Längsschnittuntersuchungen stellten bei dieser Gruppe von Kindern signifikant häufiger psychopathologische Auffälligkeiten (z.B. dissoziative und/oder dissoziale Symptome) im Grundschul-, Jugend- und frühen Erwachsenenalter fest (Sroufe, Carlson, Levy & Egeland, 1999; Jacobvitz, Hazen & Thalhuber, 2001; Egeland, 2002; Suess, 2003).

Die Prävalenzrate desorganisiert gebundener Kinder konnte bei nichtklinischen Mittelschichtsstichproben in Nordamerika im Rahmen einer Meta-analyse von van IJzendoorn, Schuengel und Bakermans-Kranenburg (1999) je nach sozioökonomischer Ausstattung der Familien bei 15-24% festgesetzt werden, wobei die Abnahme der Ressourcen mit einem Anstieg der Desorganisation in Verbindung gebracht werden muss. Die Ergebnisse aus den deutschsprachigen Ländern nähern sich diesen Vergleichsgrößen an (vgl. Gloger-Tippelt et al., 2000). In klinischen Stichproben mit misshandelten Kindern wurden 67% der Kinder im Alter zwischen 12 und 18 Monaten als desorganisiert klassifiziert wobei der prozentuale Anteil bei älteren Kindern (18-24 Monate) sogar bei 81% lag (Lyons-Ruth et al., 1999).

2.1.5 Phasen der Bindungsentwicklung

In den ersten neun Lebensmonaten entwickeln die meisten Kinder neben der Bindung zu einer Hauptbezugsperson, die zumeist die Mutter darstellt, Bindungsbeziehungen zu weiteren Personen, die sich verlässlich und dauerhaft um das Kind kümmern. Gemäß Bowlby (1986) erfolgt die Bindungsentwicklung in vier Phasen, die sich zum Teil überschneiden und fließend ineinander übergehen. In der ersten Phase, die sich in etwa von der Geburt bis zum 3. Lebensmonat erstreckt, richtet das Neugeborene seine Signale an alle verfügbaren Personen. Es ist in dieser Phase nicht in der Lage seine Bezugspersonen voneinander zu unterscheiden und kann demnach keine speziellen Präferenzen für eine bestimmte Person herausbilden. Ungefähr ab dem vierten Lebensmonat ist der Säugling in der Lage, zwischen verschiedenen Personen zu unterscheiden und seine Bindungsbedürfnisse differenziert an einige wenige Hauptbezugspersonen zu senden (Ainsworth, 1985). Diese zweite Phase der Bindungsentwicklung dauert in etwas bis zum 6. Monat an und wird als Phase der ‚entstehenden Bindung' (Becker-Stoll et al., 2009, 40) bezeichnet. Ab der dritten Phase, die sich vom sechsten Lebensmonat bis zum dritten Lebensjahr des Kindes erstreckt, tritt die spezifische Bindung des Kindes an die wichtigsten Bezugspersonen deutlich in Erscheinung und es kommt damit zu einigen wenigen spezifischen Bindungen, vor allem zur primären Bindung an die Hauptbezugsperson. Mit dieser Phase geht einher, dass das Kind sich nun in Anwesenheit fremder Personen zunehmend gehemmter und ängstlicher zeigt und verstärkt die Nähe zu seiner Bezugsperson sucht. Durch die wachsenden körperlichen Fähigkeiten ist es nun in der Lage, die Nähe zur Mutter selbständig durch eigene motorische Aktivität sicher zu stellen. In einer letzten Phase, die in etwa mit Erreichen des dritten Lebensjahres einsetzt wird aufgrund reifender kognitiver Fähigkeiten des Kindes dessen Verhalten mehr und mehr intentional, d.h. es verfolgt spezifische Ziele mit seinen Verhaltensweisen. „Behavior becomes intentional or, in Bowlby's terms, ‚goal-corrected'." (Ainsworth, 1985, 773). Diese Phase kann erst dann eintreten, wenn sich das Kind sprachlich verständigen und verstehen kann, was sein Gegenüber ihm mitteilen möchte (Grossmann & Grossmann, 2004). Ohne diese Grundvoraussetzungen wäre das Kind nicht in der Lage, die Interessen und Gefühle seiner Bindungspersonen zu verstehen und sich in diese hinein zu versetzen. Etwas ab dem dritten Lebensjahr kann ein Kind dieses „empathische Wissen einsetzen, um die Erfolgswahrscheinlichkeit des eingesetzten Bindungsverhaltens zu erhöhen. Da also das Ziel der Bemühungen nicht aus dem Auge verloren wird, handelt es sich hierbei im Unterschied zu starr ablaufenden Reflexen um ein ‚zielkorrigiertes Verhalten'." (Schleiffer, 2001, 34). Da das Kind nun fähig ist, die Motive und Pläne der Bezugsperson nachzuvollziehen kann es versuchen, bei Nichtübereinstimmung mit den eigenen Bedürfnissen einen Kompromiss auszuhandeln, der nicht immer zugunsten der eigenen Person ausfallen muss, sondern teilweise auch der Aufschiebung eigener Bedürfnisse geschuldet ist. Für die soziale Entwicklung des Kindes ist diese Phase somit von besonderer Bedeutsamkeit. Ein weiterer wesentlicher Aspekt in dieser vierten Phase der Bindungsentwicklung ist der, dass Kinder ab dem vierten Lebensjahr immer weniger auf die räumliche und körperliche Nähe zur Bindungsperson angewiesen sind, sondern diese Beziehung mehr und mehr symbolisch repräsentieren können. „Die räumlich gesehene

‚sichere Basis' wird damit immer mehr zur internalisierten gefühlten Sicherheit." (Zweyer, 2006, 29). Zusammen mit der Entwicklung der sprachlich-kommunikativen und motorischen Fähigkeiten gelingt es den Kindern nun, gleichzeitig die enge Bindung zu den primären Bezugspersonen über mentale Abbilder der gesammelten Erfahrungen aufrecht zu erhalten und zunehmend auch neue und eigenständige Beziehungserfahrungen mit Gleichaltrigen und Erwachsenen im Kontext von Spielgruppen oder von Kindertagesbetreuung zu sammeln.

2.1.6 Das Konzept des internalen Arbeitsmodells von Bindung

Zum Abschluss des vorherigen Kapitels wurde die Entstehung innerer Repräsentationen von Bindung bereits kurz thematisiert und soll im Folgenden eine vertiefte Darstellung finden.

Herrschten zu Beginn der Bindungsforschung noch Zweifel darüber, ob es sich bei den inneren „Arbeitsmodellen um gültige Produkte der tatsächlichen jahrelangen Erfahrungen eines Kindes oder um verzerrte Visionen solcher Erfahrungen handelt" (Bowlby, 1982, 146) so gehen Bowlby und weitere Bindungsforscher später und bis zum heutigen Tage davon aus, dass es sich bei diesen internalen Arbeitsmodellen von sich und anderen („internal working models of self and other", Bowlby, 1976) um aktive Abbildungen sich ständig wiederholender, realer Beziehungs- und Interaktionserfahrungen eines Menschen mit seinen primären Bindungspersonen handelt, die verbal und/oder nonverbal vermittelt werden. Als Mitglied der Britischen Psychoanalytischen Vereinigung war Bowlby mit Freuds Annahmen bezüglich einer inneren, repräsentationalen Welt vertraut und verknüpfte diese schließlich mit post-freudianischen Wissenschaften wie der Evolutionsbiologie und der Ethologie sowie mit der sich weiter entwickelnden Kognitionsforschung und den Theorien zur kognitiven und sozialen Informationsverarbeitung (Bretherton & Munholland, 1999). Im Sinne einer kognitiven Informationstheorie geht Bowlby davon aus, „dass frühe und andauernde Bindungserfahrungen allmählich zu einer Modellvorstellung von Bindungen allgemein [sowie des eigenen Selbst des Kindes und der Umgebung] verinnerlicht werden (...)." (Grossmann et al., 2003b, 1164). Die Qualität der erlebten Beziehungserfahrungen entscheidet dabei maßgebend, ob vermittelt über die inneren Arbeitsmodelle des Kindes eher sichere oder unsichere Bindungen an eine spezifische Bezugsperson etabliert werden und ob das Kind eher positive oder negative Annahmen darüber entwickelt, wie eine spezifische Bezugsperson auf die geäußerten Bindungsbedürfnisse reagieren wird. Innere Arbeitsmodelle fokussieren somit neben den Annahmen zur eigenen Person (self) immer auch auf das Verhalten der Bindungsfigur (other) – „the developing working models of self and of the attachment figure(s) are *ipso facto* complementary." (Bretherton et al., 1999, 91). Ob ein Kind ein inneres Arbeitsmodell von der eigenen Person aufbaut, in dem es sich von seinen Eltern als geliebt und geschätzt sowie als kompetent und eigenwirksam erlebt, hängt entscheidend davon ab, ob es ein mentales Modell der Eltern internalisieren konnte, welches diese als emotional verfügbar und unterstützend in Bezug auf selbstständige und explorierende Aktivitäten abbildet. Im Gegensatz dazu führt ein inneres Arbeitsmodell der Eltern, welches diese als zurückweisend und ignorant gegenüber den Bindungsbedürfnissen des Kindes repräsentiert hat, bei eben diesem dazu, dass es ein komplementäres Bild von der eigenen Person verinnerlicht, die folglich als geringgeschätzt, abgewertet und inkompetent erlebt wird. Bei der Entstehung von inneren Arbeitsmodellen handelt es sich folglich um eine Übersetzung von Interaktionsmustern in mentale Repräsentationen von Bindung (Bretherton & Munholland, 2008), die den Mitgliedern einer Bindungsdyade dazu verhelfen, Interaktionen und Handlungen zu antizipieren, zu interpretieren und aktiv zu leiten. Es wird davon ausgegangen, dass diese inneren Arbeitsmodelle nicht nur in aktuellen Beziehungen wirksam sind und das Verhalten des Kindes zur Bezugsperson strukturieren, sondern dass sie „im Laufe der Entwicklung auch in Abwesenheit der Bindungspersonen [wirken] und determinieren, inwieweit jemand in Beziehungen Nähe und Sicherheit erwartet und inwieweit er sich selbst der Zuwendung, der Liebe und Aufmerksamkeit wert fühlt, also Nähe zulassen kann" (Daudert 2001, 6). Darüber hinaus ist anzunehmen, dass die mentalen Repräsentationen von Bindung im Sinne einer intergenerationalen Transmission zu einem späteren Zeitpunkt im Erwachsenenalter über das Betreuungsverhalten vielfach an die eigenen Kinder weitergegeben werden (e.g. George et al., 1999), wobei diese Weitergabe der eigenen Bindungserfahrungen nicht notwendiger Weise gegeben ist (Zimmermann, Suess, Scheuerer-Englisch & Grossmann, 2000).

Es konnte empirisch belegt werden, dass die inneren Arbeitsmodelle, die Kinder vor dem Hintergrund der Interaktionserfahrungen mit ihren Eltern aufbauen, weitgehend unbewusst sind (Verschueren, Marcoen & Schoefs, 1996) und trotz entwicklungs- oder situationsbedingter Veränderungen mit zunehmendem Alter zu deutlicher Stabilität neigen. Diese Stabilität lässt sich unter anderem damit erklären, dass gewohnheitsgemäße Interaktionen die Wahrnehmung beeinflussen und im Sinne des Konzepts der Assimilation nach Piaget (1952) Erfahrungen und Erlebnisse an alte Strukturen anknüpfen, was auch dazu führt, dass kleine Abweichungen und Einbrüche in der Verfügbarkeit der Mutter nicht direkt zu einem Vertrauensverlust in deren emotionale und körperliche Präsenz führen. Darüber hinaus weisen sich oft wiederholende Interaktionsmuster die Tendenz auf, vermehrt automatisiert abzulaufen. Bowlby (2008) beschreibt jedoch entwicklungsbedingte Veränderungen der mentalen Repräsentationen bei sicher gebundenen Kindern. „Kinder mit ‚sicherer' Bindung ändern allmählich ihr Verhalten gegenüber den Eltern und aktualisieren mit gewisser zeitlicher Verzögerung die zugehörigen ‚inneren Arbeits-

modelle', wobei ihre bisherigen ‚Arbeitsmodelle' die Eltern-Kind-Interaktionen nach wie vor recht zuverlässig abbilden" (ebd., 106). Ebenso kann es durch negative äußere Einflüsse zu einer affektiven Veränderung der inneren Repräsentanzen sicher gebundener Kinder kommen. Der Tod einer geliebten Person oder weitere plötzlich auftretende Stressoren wie Erkrankungen oder Arbeitslosigkeit können bei einem bisher unterstützenden und empathischen Elternteil dazu führen, dass dieser weniger konstant und emotional befriedigend auf die Bedürfnisse seines Kindes eingehen kann. Das Vertrauen des Kindes in diese Person und die Wahrnehmung dieser als eine sichere Basis kann durch derartige negative Einflüsse erschüttert werden und dazu führen, dass das Kind seine Arbeitsmodelle von sich und anderen der neuen Situation gemäß rekonstruieren muss. Grundsätzlich gilt, dass sich positive Veränderungen unsicherer Arbeitsmodelle schwieriger gestalten als der Wechsel von einer sicheren zu einer unsicheren inneren Repräsentanz. Bowlby (2008) erklärt dies mit dem Begriff der „defensive exclusion" (vgl. auch Bretherton et al., 1999).

> *Bei Kindern mit ‚unsicher-ambivalenter' bzw. ‚unsicher-vermeidender' Bindung wird diese Aktualisierung durch den ‚abwehrenden Ausschluss' widersprüchlicher Erlebnisse und Informationen dagegen zumindest teilweise verhindert, weil die aufgrund besagter Arbeitsmodelle generalisierten und weitgehend unbewusst gewordenen Interaktionsmuster mehr oder weniger unkorrigiert fortbestehen, selbst wenn die betreffende Person von Dritten später ganz anders behandelt wird.* (S. 106)

Diese Ausblendung spezifischer Informationen kann zu einer Verhinderung adäquater „Updates" der inneren Arbeitsmodelle führen. Wenn relevante Inhalte durch abwehrende Ausschlussprozesse ausgeblendet werden, kann das Bindungssystem nicht angemessen aktiviert werden; es kommt zu dessen Dysregulation oder Deaktivierung.

Ob und inwieweit individuelle Interaktionserfahrungen mit spezifischen Bindungsfiguren in unterschiedlichen personenspezifischen Repräsentationen oder einem generalisierten Bindungsmodell gespeichert werden bzw. ob personenspezifische Bindungsmodelle gegebenenfalls sogar parallel zu einer generalisierten Repräsentation von Bindung existieren, soll im folgenden Kapitel anhand einer Modellvorstellung näher erläutert werden.

2.1.6.1 Bindungsrepräsentationen als hierarchisches Netzwerk: Der Einfluss früher Bindungserfahrungen auf nachfolgende Beziehungen

Die Frage, ob sich die mentalen Repräsentationen von Bindung, des Selbst und Anderen in einem personenspezifischen oder einem generalisierten Bindungsmodell abbilden wird von Collins und Read (1994) mit einem integrativen Modellentwurf beantwortet, in dem die mentalen Abbildungen in einem hierarchischen Netzwerk dargestellt werden, welches *sowohl* generalisierte *als auch* personenspezifische Repräsentationen beinhaltet, die parallel zueinander existieren. Den Autoren zufolge verfügen Menschen nicht nur über ein globales inneres Arbeitsmodell, sondern über verschiedene und teilweise auch unabhängige Einzelmodelle signifikanter Bezugspersonen, die sich aufgrund individueller Interaktionserfahrungen mit unterschiedlichen Bindungspersonen herausbilden (Abb. 1). Aufgrund der mit dem Alter zunehmenden Interaktions- und Beziehungserfahrungen sollten die IWMs (internal working models) erwachsener Menschen demnach elaborierter und komplexer ausfallen als das kindliche repräsentationale Netzwerk. Die Basis des hierarchisch gegliederten Netzwerkes bilden die einzelnen personenspezifischen Bindungsmodelle, die auf der zweiten Ebene weiter abstrahiert und einem spezifischen Beziehungsgeflecht (Eltern, Freunde, Partnerschaft) zugeordnet werden. Die oberste Hierarchieebene bildet schließlich „ein von den individuellen Beziehungserfahrungen abstrahiertes generalisiertes Bindungsmodell, das auf ein breites Spektrum von Beziehungen angewendet werden kann" (König, Gloger-Tippelt und Zweyer, 2007, 449).

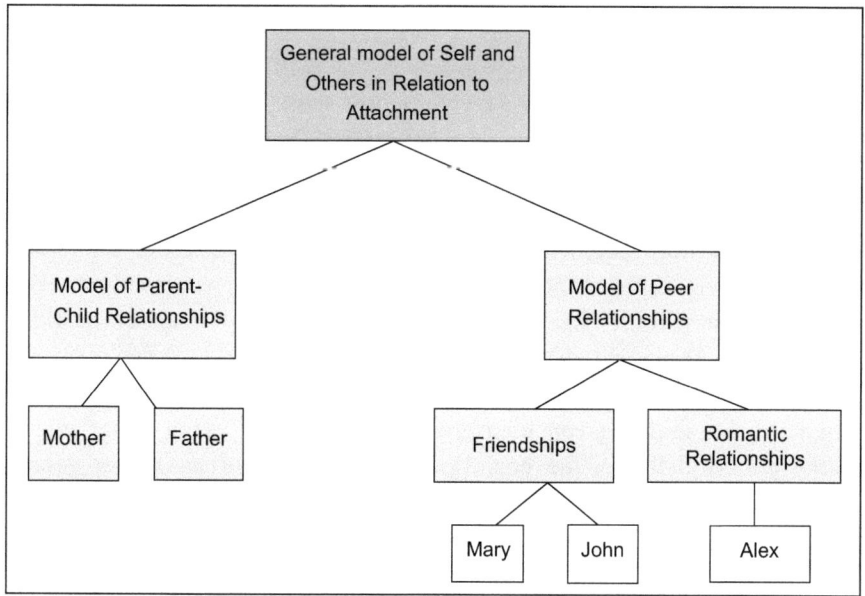

Abb. 1:   Hierarchical network of attachment representations (Collins & Read, 1994, 58)

Anzunehmen ist, dass diese generalisierten Repräsentationen auf den frühen Beziehungserfahrungen mit den Eltern und anderen signifikanten Bezugspersonen beruhen (Rohmann, Küpper & Schmohr, 2006). Die Elemente der drei Ebenen sind auf verschiedenste Weise untereinander verbunden und stehen in Wechselwirkung miteinander (Interdependenz). Sowohl die Komplexität als auch die Differenziertheit des Modells sind abhängig von der Konsistenz der individuellen Beziehungserfahrungen: Es wird angenommen, dass inkonsistente Erfahrungen den Aufbau eines wesentlich differenzierteren Netzwerkes erfordern als dies bei eher einheitlichen Erfahrungen der Fall ist.

Weiterhin kann angenommen werden, dass nicht alle Ebenen und nicht alle Beziehungserfahrungen gleich stark im Gesamtmodell wirken, sondern dass es eine spezifische Dominanz innerhalb der inneren Arbeitsmodelle gibt. Besondere Bedeutung wird dabei den frühen Bindungspersonen zugeschrieben, die sich meist aus der elterlichen Repräsentanz zusammensetzen. So ist „davon auszugehen, dass frühere Erfahrungen die Modellbildung späterer Beziehungen beeinflussen, wodurch den kindlichen Bezugspersonen besondere Bedeutung zukommt" (König et al., 2007, 450). Auch Shaver, Collins und Clark (1996) sowie Bretherton (1985) sind der Ansicht, dass diese abstrakten und generellen Modelle in nachfolgenden Beziehungen und Situationen stärker wirken. Berlin und Cassidy (1999) vermerken diesbezüglich: „The attachment to the principal attachment figure may be more likely than other attachments to influence other bonds, including attachments to other caregivers" (S. 704). Diese Fortführung der alten kognitiven Schemata bleibt laut Bowlby (1979) sogar zunächst dann bestehen, wenn das Individuum neue, veränderte Interaktionserfahrungen erlebt, die die alten mentalen Modelle aktuell nicht bestätigen: „Similarly, he [the person] expects to be perceived and treated by them [new interaction partners] in ways that would be appropriate to his self-model, and to continue with such expectations despite contrary evidence" (ebd., 142). Aktuell wird die Gültigkeit dieser Annahme von vielen Bindungsforschern noch immer betont. Zimmermann (2009) kommt zu dem Schluss, dass die internalen Arbeitsmodelle den „Umgang mit ihnen [den frühen Bezugspersonen] und später auch mit anderen Personen stark beeinflussen" (S. 204). Die Annahme der Dominanz der frühen inneren Repräsentationen wird darüber hinaus von weiteren Forschern unterstützt (Sroufe, Egeland & Kreutzer, 1990; van IJzendoorn, 1996; Berlin, Cassidy & Appleyard, 2008).

Welches Modell des Beziehungsnetzwerkes in einer spezifischen Situation wirksam wird, ist abhängig von mehreren Faktoren: Zum einen hängt es von der Stärke des Modells ab, die beeinflusst ist von der Intensität der gesammelten Erfahrungen und der Häufigkeit seiner Anwendung. Ebenso wichtig erscheint die Spezifität eines Modells (Ist es überhaupt globaler anwendbar oder klar umrissen und nicht übertragbar?) und dessen Situationsangepasstheit. Es ist demnach möglich, „dass ein Modell aufgrund seiner Dominanz bevorzugt wirksam wird, oder aber weil es aufgrund einer spezifischen Situation eher passt" (König et al., 2007, 450). Daher ist die Anwendung eines spezifischen Interaktionsmodells nicht immer personengebunden und somit zum Teil unabhängig vom Interaktionspartner zu verstehen.

Eine besondere Bedeutung wird der repräsentationalen Ebene bei der Erfassung der Bindungsqualität in der mittleren Kindheit sowie im Jugend- und Erwachsenenalter beigemessen, da sich das Bindungsverhaltenssystem in etwa ab dem fünften Lebensjahr schwerer aktivieren (vgl. Grossman et al., 1999) und auf der Verhaltensebene kaum mehr erfassen lässt. Die dezidierte Beschreibung einer empirischen Methode zur Erfassung der Bindungsqualität von Kindern im Alter zwischen fünf und acht Jahren auf der Ebene mentaler Repräsentationen erfolgt im folgenden Kapitel.

2.1.6.2 Erfassung der Bindungsqualität auf der Ebene mentaler Repräsentationen im Kindesalter

Die „Fremde Situation", die die Qualität der Bindung eines Kindes anhand der beobachtbaren Verhaltensweisen in Trennungs- und Wiedervereinigungssequenzen mit einer Bindungsperson misst, galt bis Mitte der 1980er Jahre nahezu als alleinige Methode zur Erfassung kindlicher Bindungsmuster. Es dauerte über zwei Jahrzehnte bis es einer Gruppe von Bindungsforschern gelang, auch internale Arbeitsmodelle von Bindung empirisch zu erfassen. In etwa ab dem dritten Lebensjahr verfügen Kinder über fortgeschrittene kognitive und sprachliche Fähigkeiten, die es ermöglichen, die Bindung „methodisch über ihre symbolischen Spielhandlungen, verbale Narrative oder Bildbeschreibungen ..., d.h. auf einer Repräsentationsebene" zu erfassen (Gloger-Tippelt, 2004, 83). Diese sich weiterentwickelnden Fähigkeiten machten sich Main, Kaplan und Cassidy (1985) für eine Gruppe sechsjähriger Kinder und deren Familien im Rahmen einer Studie an der Universität in Berkeley zunutze, „indem sie zu den Beobachtungen des Bindungsverhaltens nach einer längeren Trennung Analysen des Diskurses über Bindungsthemen hinzufügten" (Grossmann & Grossmann, 2008a, 353). Auf diese Weise konnten sowohl spezielle Verhaltens- als auch Sprachsektionen analysiert werden, wobei der Fokus bei letztgenannten insbesondere auf die inhaltliche und sprachliche Kohärenz gelegt wurde. Die Bindungsqualität der Kinder war bereits fünf Jahre zuvor mit Hilfe der „Fremden Situation" eruiert worden. Das Ergebnis der Nachuntersuchung erbrachte einen statistisch bedeutsamen Zusammenhang zwischen der Bindungsqualität mit 6 Jahren und der Bindungsqualität derselben Kinder im Alter von 12 Monaten in der Fremden Situation mit der Mutter. Es war somit „deutlich zu erkennen, wie der Geist des Kindes hinsichtlich der einer bestimmten Beziehung innerlich organisiert war und sich auch in Abwesenheit der Bindungsperson, also ohne

Interaktion, in seinen verbalen und nichtverbalen Äußerungen zeigte" (ebd., 314). Nach der Berkeley Studie mit ihren bahnbrechenden Ergebnissen wurden weitere Verfahren zur Erfassung der Bindung auf der Ebene internaler Arbeitsmodelle etabliert, die jedoch jeweils unterschiedliche Ebenen des mentalen Bindungsmodells ansprechen (vgl. Gloger-Tippelt, 2004). Aufgrund der Vielzahl existierender Methoden zur Erfassung der Bindungsqualität über mentale Repräsentationen und der Tatsache, dass in der vorliegenden Arbeit die folgende methodische Herangehensweise Anwendung gefunden hat, beschränkt sich das vorliegende Kapitel auf die Beschreibung der Erfassung der Bindungsqualität in der mittleren Kindheit auf einer projektiven Ebene über Geschichtenergänzungen im Puppenspiel. Fünf Jahre nach der Studie in Berkeley entwickelten Inge Bretherton und Doreen Ridgeway im Jahre 1990 ein Geschichtenergänzungsverfahren (*Attachment Story Completion Task*, kurz: *ASCT*; Bretherton, Ridgeway & Cassidy, 1990a), welches sich aus einer spezifischen Abfolge von sieben Kerngeschichten, den sogenannten „Story Stems" (Bretherton & Ridgeway, 1990b) zusammensetzt. In der Pilotphase der Erprobung des *ASCT* kam es zu einem Zusammenschluss der Forschungsgruppe um Inge Bretherton mit Helen Buchsbaum, Robert Emde und David Oppenheim, die z.T. unabhängig voneinander an der Konstruktion ähnlicher Verfahren zur Erfassung internalisierter moralischer Regeln und Verbote bzw. an Trennungsgeschichten zur Erfassung der Bindungs-Explorations-Balance von Vorschulkindern arbeiteten (*Attachment Dollplay Interview*; Oppenheim, 1997). Die zuvor erwähnten Kerngeschichten, bestehend aus einer Aufwärm-, einer Abschluss und fünf Geschichten mit spezifischem bindungsrelevantem Inhalt (Missgeschick, Schmerz, Angst, Trennung, Wiedervereinigung), finden sich daher auch in der aus dieser gemeinsamen Zusammenarbeit resultierenden und zu einem späteren Zeitpunkt entwickelten *MacArthur Story Stem Battery* (kurz: *MSSB*) wieder (Bretherton & Oppenheim, 2003). Neben den bisher dargestellten Verfahren liegt mit dem *Manchester Child Attachment Story Task* (kurz: *MCAST*; Green, Stanley, Smith & Goldwyn, 2000) ein weiteres Geschichtenergänzungsverfahren vor, welches sich in der inhaltlichen Darbietung der Geschichten, in Hinblick auf die benötigten Materialien und hinsichtlich der Auswertung von den zuvor genannten Verfahren unterscheidet.

Das *Geschichtenergänzungsverfahren zur Bindung 5- bis 8-jähriger Kinder* (kurz: *GEV-B*; Gloger-Tippelt & König, 2009) stellt die deutsche Adaptation des *ASCT* dar und beruht somit auf den von Bretherton et al. (1990b) etablierten Geschichten. Die Anfänge der Geschichten werden den Kindern in standardisierter Form und Abfolge vom Testleiter präsentiert. Die Bindungsthemen der für die Klassifikation relevanten Geschichten reichen von einem Missgeschick des Kindes (verschütteter Saft) über eine Verletzung durch einen Sturz (verletztes Knie) bis zu einer Trennungs- und Wiedervereinigungsgeschichte (Gloger-Tippelt & König, 2008). Aufgabe des Kindes ist es, die Geschichte an einem bestimmten Punkt weiter zu spielen und das Spiel sprachlich zu begleiten. Dabei kommt es zu einer Identifizierung des Kindes mit der jeweils gleichgeschlechtlichen Hauptfigur der Geschichten. Beobachtet wird, auf welche Art und Weise die Bindungsfiguren, die in den Spielszenen durch eine Mutter-, eine Vater- und eine Großmutterfigur repräsentiert werden, auf die in den Geschichten dargestellten Bindungsbedürfnisse und Wünsche der Hauptfigur eingehen. Eine detaillierte inhaltliche Beschreibung des GEV-B erfolgt in Kapitel 4.2.1.

Die bis dato gewonnenen Forschungsergebnisse weisen darauf hin, „dass Kinder ihre Verarbeitung von wiederkehrenden Alltagserfahrungen mit den Bindungspersonen ins Spiel einbringen, aber auch ihr allgemeines Wissen (in Form von Skripts, mentalen Ereignisschemata)" (Gloger-Tippelt, 2004, 100). Über die inneren Repräsentationen der Kinder, die im Spiel über die Darbietung spezifischer bindungsrelevanter Inhalte angesprochen werden, können Rückschlüsse auf die Qualität der Bindung eines Kindes gezogen werden. Die bisherigen Ergebnisse sprechen zudem dafür, dass die Bindungsrepräsentationen im GEV-B von der Beziehungsqualität zu beiden Elternteilen beeinflusst sind. Die Frage, ob es sich bei der im GEV-B erfassten Bindungsrepräsentation um die Abbildung eines generalisierten Bindungsmodells handelt, konnte jedoch bisher noch nicht abschließend geklärt werden: „Es ist nicht auszuschließen, dass dadurch, dass in den Geschichtenergänzungen beide Eltern gleichzeitig vorkommen, beziehungsspezifische Bindungsmodelle mit einem generalisierten Modell konfundiert sind." (König et al., 2007, 458f.). Zur Beantwortung dieser Frage wäre die Durchführung eines modifizierten Geschichtenergänzungsverfahrens notwendig, das die inneren Repräsentationen zu beiden Elternteilen getrennt erfasst. Erste Untersuchungen zu der vorherigen Fragestellung werden derzeit (Juni 2010) an der Universität Düsseldorf durchgeführt. Bis diesbezügliche Ergebnisse vorliegen kann laut Aussage der Autoren davon ausgegangen werden, dass das GEV-B ein generalisiertes Bindungsmodell erfasst.

2.1.7 Kontinuität von Bindung im Lebenslauf

Das sich in der frühen Kindheitsphase entwickelnde innere Arbeitsmodell der Bindung weist nach Bowlby (1983) eine zeitliche Stabilität auf, die in der Annahme begründet liegt, dass das reziproke Interaktionsverhalten zwischen dem Kind und seinen erwachsenen Bindungspersonen auf einer gewissen Kontinuität basiert und somit zu einer ständigen Verfestigung der entstehenden internalen Abbildungen von Bindung führt. Die frühe Eltern-Kind-Beziehung funktioniert gemäß Bowlby (1982) als Prototyp für alle nachfolgenden Beziehungen und hat somit einen entscheidenden Einfluss auf das Interaktionsverhalten eines Menschen in sozialen Situationen. Indem er die realen Interaktionserfahrungen als leitend für die Entwicklung von Vertrauen in die Verfügbarkeit und Sensitivität einer Bezugsperson beschreibt, eröffnet Bowlby jedoch gleichzeitig die Möglichkeit einer positiven Beeinflussung unsicherer Bindungsqualitäten durch neue positive Bindungserfahrungen, die gegen die Unbeeinflussbarkeit früher Bindungserfahrungen im Sinne einer Prototypentheorie spricht und eher einen dynamischen Entwicklungsprozess von Bindung beschreibt. Auch Gloger-Tippelt (2003) beschreibt diese Fähigkeit der Veränderung der mentalen Bindungsrepräsentationen, die in der entwicklungsbedingten Ausdifferenzierung von Sprache und Gedächtnisleistung begründet liegt, da diese wachsenden Fähigkeiten in zunehmendem Maße „innere Operationen und damit Veränderungen der Modelle ermöglichen" (S. 66). Darüber hinaus betonen Fraley (2002) sowie Lewis, Feiring und Rosenthal (2000) gemäß eines dynamisch-flexiblen Ansatzes den Einfluss neuer Beziehungserfahrungen auf bestehende Bindungsmodelle. Kritischen Lebensereignissen wie dem Verlust eines Elternteils durch Trennung oder Tod sowie dem Aufwachsen in Familien mit psychisch oder physisch schwer kranken Familienmitgliedern wird ein großer Stellenwert in der Etablierung unterschiedlicher, vornehmlich negativ geprägter Bindungsrepräsentationen beigemessen (vgl. auch Waters, Hamilton & Weinfield, 2000; Zimmermann, Spangler, Schieche & Becker-Stoll, 1995). Andererseits sind auch positive Veränderungen der Bindungsqualität möglich, „wenn sich z.B. durch eine neue vertrauensvolle Beziehung oder durch therapeutische Interventionen bestimmte Verhaltensweisen oder kommunikative Strukturen innerhalb der Familie nachhaltig verändern" (Römer, 2008, 23).

Vor dem Hintergrund verschiedener Altersgruppen der Probanden differieren die bisherigen Befunde zahlreicher Studien zur Überprüfung von Kontinuität bzw. Diskontinuität in der Bindungsqualität. Gloger-Tippelt (2003) stützt die Auffassung, dass aufgrund der Annahme einer weitgehenden Stabilität in den Interaktionserfahrungen mit den nahen fürsorgenden Personen „für die Kindheit bis zum Schuleintritt eine Kontinuitätsannahme entwicklungspsychologisch eine naheliegende und eine theoriekonforme Hypothese darstellt" (S. 67). Studien, die sich mit der Erfassung der Stabilität innerer Arbeitsmodelle von der Kindheit bis ins Erwachsenenalter beschäftigen weisen hingegen diskrepante Ergebnisse auf, so dass hinsichtlich dieser langen Lebensspanne bisher weder die Kontinuitätshypothese noch eine diskontinuierliche Entwicklung mentaler Repräsentationen belegt werden konnte.

Bindungsrepräsentationen neigen voraussichtlich besonders dann zu deutlicher Stabilität, wenn die Interaktionserfahrungen mit den familiären und außerfamiliären Bezugspersonen weitgehend kongruent ablaufen und konstant bleiben. Inkonsistente Beziehungserfahrungen können unter Umständen jedoch auch zu einer Diskontinuität innerhalb der Bindungsentwicklung führen, die je nach der Qualität der veränderten Beziehungserfahrungen eine Verbesserung der Bindungsqualität in Richtung einer sicheren Bindung oder im Falle negativer

Erlebnisse eine ungünstige Neuorganisation der inneren Arbeitsmodelle bewirken.

2.2 Lernbehinderung

Eine thematische Annäherung an den Begriff der Lernbehinderung erfordert zwangsläufig einen kurzen Exkurs zum Lernbegriff. Lernen, so sieht es der Gehirnforscher Manfred Spitzer, gehört untrennbar zu der Natur des Menschen: „Wenn man irgendeine Aktivität nennen sollte, für die der Mensch optimiert ist, so wie der Albatros zum Fliegen oder der Gepard zum Rennen, dann ist es beim Menschen das Lernen" (Spitzer, 2007, 10). Umgangssprachlich wird der Begriff des Lernens besonders im Kontext von Schule verwendet. Der psychologische Lernbegriff ist jedoch wesentlich weiter gefasst, da dieser auch das Lernen von Angst und Sicherheit, den Erwerb von Vorlieben und Abneigungen, die Ausbildung von Gewohnheiten, die Befähigung zu planvollem Handeln und problemlösendem Denken sowie den Einsatz kognitiver Strategien mit berücksichtigt. Nähert man sich dem Thema Lernbehinderung, so spielt hier jedoch tatsächlich insbesondere der schulpädagogische Aspekt des Lernens eine Rolle, „denn Lernbehinderung wird erst erkennbar, ja, man kann sagen: erst existent, wenn die Kinder mit den schulischen Anforderungen konfrontiert werden." (Schröder, 2000, 109f.).

Ein Definitionsversuch des Begriffs *Lernbehinderung* erfolgt in Kapitel 2.2.1. Dabei wird insbesondere der starke Wandel bezüglich der Auffassung von Lernbehinderung mittels einer dezidierten Beschreibung der Entwicklung von einem zunächst monokausalen, defektorientierten zu einem multifaktoriellen Erklärungsansatz der Lernbehinderung thematisiert. Das anschließende Kapitel 2.2.2 behandelt die schulrechtlichen und -organisatorischen Rahmenbedingungen im Förderschwerpunkt Lernen und informiert über verschiedene Formen und Orte sonderpädagogischer Förderung. Eine Erörterung ausgewählter Bedingungsfaktoren gravierender Lernstörungen sowie eine Beschreibung der Personengruppe der Kinder und Jugendlichen mit sonderpädagogischem Förderbedarf und ihrer Perspektiven erfolgt in den Kapiteln 2.2.3 bis 2.2.5.

2.2.1 Begriffsbestimmung, Klassifikation, Prävalenz

Historisch gesehen liegt dem Begriff der Lernbehinderung die Vorstellung einer intellektuellen Minderbegabung zugrunde, was dazu führte, dass in den 1960er Jahren für schulpraktische Zwecke die Begründung zur Sonderschulüberweisung anhand unterschiedlicher IQ-Grenzwerte zwischen 60/65 und 90 (vgl. Kanter 1980, 36f.) objektiviert wurde. In der heutigen Zeit wird dieser monokausale, defektologische Ansatz in diesen engen Grenzen nicht mehr vertreten. Die Bereinigte Amtliche Sammlung der Schulvorschriften NRW (kurz: BASS, Ministerium für Schule und Weiterbildung des Landes Nordrhein-Westfalen, 2009/2010) weist dementsprechend in der „Verordnung über die sonderpäd-agogische Förderung, den Hausunterricht und die Schule für Kranke" in § 5 Abs. 1 darauf hin, dass eine Lernbehinderung immer dann vorliegt, „wenn die Lern- und Leistungsausfälle schwerwiegender, umfänglicher und langandauern-der Art sind und durch Rückstand der kognitiven Funktionen *oder* [Hervorhe-bung v. Verf.] der sprachlichen Entwicklung *oder* [Hervorhebung v. Verf.] des Sozialverhaltens verstärkt werden." Eine kognitive Minderbegabung wird dem-gemäß nur noch als *ein* möglicher Verstärkungsfaktor einer Lernbehinderung angesehen und nicht mehr als isolierter Bedingungsfaktor im Rahmen einer son-derpädagogischen Diagnostik verstanden. Bereits Ende der 1970er Jahre nah-men verschiedene Vertreter der Heil- und Sonderpädagogik Abstand vom soge-nannten medizinischen Modell oder „individualtheoretischen Paradigma" (Blei-dick, 1977, 208), welches darauf angelegt war, ein spezifisches Leitsymptom in Form einer beeinträchtigten kognitiven Entwicklung zu operationalisieren und somit zu einer Objektivierung des Subjekts führte. Kobi (1993) erklärt diesbe-züglich:

> *Der Behinderte erscheint als ein Objekt, welches ‚etwas (störend-überflüssiges) hat' oder dem ‚etwas (störend-normwidrig) fehlt': d.h. die Behinderung wird nach den reifikationswirksamen Kriterien des Habens oder Nichthabens und nicht nach solchen des interaktionalen Seins dingfest gemacht. Behinderung ist ein Ding, kein Seinsmodus* (S. 44).

Trotz vielfältiger Versuche, den Begriff der Lernbehinderung inhaltlich diffe-renzierter zu beschreiben, konnte bis heute diesbezüglich kein Konsens gefun-den werden (Gienger & Ross, 2009). Erschwert wird dieser Umstand aus meh-reren Gründen. Zum einen gibt es Schwierigkeiten bezüglich einer einheitli-chen Begriffsbildung. Klauer und Lauth (1997) beklagen diesbezüglich einen „terminologische[n] Wirrwarr" (S. 703), Hasselhorn und Gold (2006) sprechen von einer ‚babylonischen Sprachverwirrung' (S. 173), die sich in der Existenz differierender Begrifflichkeiten wie „Lernbeeinträchtigungen, Lernschwächen, Lernbehinderungen, Lernstörungen, Lernschwierigkeiten, Lernbenachteiligun-gen usw." (Klauer et al., 1997, 701) widerspiegelt, welche sich auch inhaltlich unterscheiden und nicht synonym zu verwenden sind. In der Art und Weise wie sich die verschiedenen Begriffe zum Themenkomplex der Lern- und Leistungs-störungen unterscheiden, differieren auch die Auffassungen zum Begriff der Lernbehinderung, welcher sich somit nur schwer einheitlich definieren lässt. Diese inhaltliche Heterogenität ist der Tatsache geschuldet, dass eine Behinde-rung des Lernens in sehr heterogenen Formen auftritt, so dass es kaum möglich erscheint, von *der* Lernbehinderung per se zu sprechen, unter deren Begrifflichkeit spezifische und zu anderen Lernbeeinträchtigungen klar abgrenzbare Kriterien subsummiert werden können. Diesen Umstand verdeutlicht Kobi (1980) folgendermaßen:

> *Das Phänomen ‚Lernbehinderung‘ existiert nicht in der eindeutigen und relativ leicht faßbaren Form wie Masern oder Mumps. Es gibt [...] kein eindeutig bestimmbares Bild der Lernbehinderung; wir werden mit Lernbehinderungen konfrontiert, die je ein anderes Gesicht haben und unter sich mindestens so sehr differieren wie normale Begabungen und Lernfähigkeiten (S. 22).*

Ebenso formuliert Bleidick (1980), dass es kein ‚Syndrom Lernbehinderung i.e.S.‘ (S. 135) gibt, was dazu führt, dass der „Begriff ‚lernbehindert‘ einen äußerst heterogenen Personenkreis umschreibt" (Lauth, 2000, 23). Dieses Fehlen konkreter und klar umschriebener Kriterien zur Erstellung der „Diagnose" Lernbehinderung veranlasst Eberwein (1997) zu der kritischen Frage, ob man dabei überhaupt von einem Faktum sprechen kann oder doch eher von einem Konstrukt ausgehen sollte. Werning und Lütje-Klose (2003) sowie Linderkamp und Grünke (2007) verweisen darüber hinaus auf die Tatsache, dass weder in der europäischen und angloamerikanischen Literatur noch in den (inter)national anerkannten Klassifikationssystemen ICD-10 und DSM-IV eine dem Begriff Lernbehinderung inhaltlich entsprechende Begrifflichkeit bzw. Diagnose aufgeführt wird.

Trotz terminologischer und inhaltlicher Unstimmigkeiten bezüglich des Konzepts Lernbehinderung gilt in der heutigen Zeit als unumstritten, dass bei einer Lernbehinderung nahezu ausnahmslos von einer Multisymptomatik ausgegangen werden muss, die ihrer jeweiligen Komplexität entsprechend individuell definiert werden muss. Die Vielfältigkeit der Erscheinungsformen sowie die unterschiedlichen Ausprägungsgrade und Intensitäten von Beeinträchtigungen im Lern- und Leistungsverhalten sind auf der einen Seite einer Multikausalität (ausführlicher dazu in Kapitel 2.2.3) geschuldet, auf der anderen Seite können sie als Resultat davon gesehen werden, dass Lernprozesse bei Kindern und Jugendlichen generell nicht einheitlich verlaufen, sondern stets einer Vielzahl an förderlichen und hemmenden Faktoren unterliegen. Ausgehend von den Empfehlungen zum Förderschwerpunkt Lernen der Kultusministerkonferenz (KMK) aus dem Jahr 1999 drückt sich die komplexe Symptomatik einer Lernbehinderung darin aus, dass die Beeinträchtigungen im Lern- und Leistungsverhalten „vielfach in Verbindung mit Beeinträchtigungen der motorischen, sensorischen, kognitiven, sprachlichen sowie sozialen und emotionalen Fähigkeiten" (KMK Empfehlungen zum Förderschwerpunkt Lernen in Drave, Rumpler & Wachtel, 2000, 301) auftreten.

Der Begriff „Lernbehinderung" findet nahezu ausschließlich im schulischen Kontext Verwendung und kann somit vornehmlich als eine „schulorganisatorische Setzung" (Linderkamp et al., 2007, 18) verstanden werden. Lernbeeinträchtigungen werden im Leistungsbereich Schule immer dann auffällig, wenn Lernende hinter den curricular vorgegebenen Anforderungen und Zielen der Institution zurückbleiben. Ein sonderpädagogischer Förderbedarf im Förderschwerpunkt Lernen ergibt sich für all jene Schüler, die erhebliche Beeinträchtigungen des Lern- und Leistungsverhaltens aufweisen, welche sich zudem auf mehrere Lernbereiche beziehen und in ihrer Intensität so gravierend sind, dass auch mit zusätzlichen Lernhilfen eine entsprechende Förderung in der Regelschule nicht mehr möglich ist. Dabei gehen Klauer et al. (1997) von einem dimensionalen Klassifikationssystem von Beeinträchtigungen aus, welches zwischen leichten und schweren Ausprägungen bezogen auf die Dimension Umfang sowie bezüglich der Dimensionsebene Zeit zwischen eher überdauernden und eher vorübergehenden Beeinträchtigungen differenziert.

Tabelle 1: Dimensionales Klassifikationskonzept von Beeinträchtigungen (Klauer & Lauth, 1997, 703)

| | | Dimensionen des Umfangs und der Breite | |
		bereichsspezifisch	umfassend-allgemein
Zeitdimension	eher überdauernd	Lese-Rechtschreib-schwäche	Lernbehinderung
	eher vorübergehend	Motorische Unruhe	Spätentwicklung

Anhand dieser dimensionalen Begriffsbildung wird deutlich, dass erst dann von einer Lernbehinderung gesprochen werden sollte, wenn sich Abweichungen im Lern- und Leistungsbereich als zeitlich überdauernd *und* als generalisiert herausstellen. Eine Lernbehinderung wird somit immer dann diagnostiziert, „wenn ‚mehr' und ‚dauerhaftere' Beeinträchtigungen als bei anderen Lernstörungen erkannt werden." (Lauth, 2000, 21). Konkretisieren lässt sich dies mit dem Hinweis auf deutliche Rückstände in den zentralen Unterrichtsfächern (d.h. insbesondere in Mathematik und Deutsch) in einer Größenordnung von etwa zwei bis drei Schuljahren vorliegen sollten, die über mehrere Jahre persistieren und sich in geringen Testleistungen und in der Tatsache ausdrücken, dass die betroffenen Kinder nicht in die nächst höhere Klassenstufe versetzt werden können und somit ganze Schuljahre wiederholen müssen. Zudem nennen Grünke (2004), Lauth (2000) sowie Lauth und Schlottke (2005) weitere Kriterien, die auf das Vorhandensein einer Lernbehinderung hinweisen. Dazu gehört zum einen eine reduzierte Allgemeinintelligenz. Auf der anderen Seite werden das Auftreten sozialer Verhaltensstörungen oder umschriebener Entwicklungsstörungen im Bereich Sprache als komorbide Störungsbilder aufgeführt. Hinzu kommt, dass vor der Initiierung eines Verfahrens zur Feststellung des sonderpädagogischen Förderbedarfs im Bereich Lernen bei Vorliegen der oben genannten Kriterien in jedem Fall ausgeschlossen worden sein sollte, dass die Lernbehinderung auf eine Sinnesschädigung zurückzuführen oder Folge eines unzureichenden Lern- und Förderangebots ist. Ferner lassen sich neben den zuvor aufgeführten Kriterien weitere typische Merkmale zur Charakterisierung lernbehinderter Kinder und Jugendlicher nennen, die in den Kapiteln 2.2.4 und 2.2.5 eine vertiefte Beschreibung finden.

Kritisch anzumerken sei an dieser Stelle, dass die erwähnten Leitmerkmale des Umfangs und der Schwere, die sich an einer nur schwer verifizierbaren Leistungsnorm orientieren, sowie der überdauernden zeitlichen Ausprägung als Kriterien für die Diagnose „Lernbehinderung" für die in der vorliegenden Studie untersuchten Kinder gänzlich unzutreffend sind, da es sich bei diesen Schülern um Lernanfänger im ersten oder zweiten Schulbesuchsjahr handelt. Diesen Kindern wurde bereits mit oder kurze Zeit nach der Einschulung anhand eines speziellen Prüfverfahrens zur Ermittlung des sonderpädagogischen Förderbedarfs (AO-SF)[4] eine schwerwiegende Beeinträchtigung im Lern- und Leistungsverhalten attestiert, so dass ein langjähriges Versagen im Kontext der Regelschule sowie der Versuch, in diesem Rahmen spezielle Fördermaßnahmen anzubieten, um einer Überweisung in die Förderschule vorzubeugen, ausgeblieben sind. Darüber hinaus kritisiert Eberwein (1996a), dass „in Schulen für Lernbehinderte nicht selten Kinder aufgenommen werden, deren Normalschulversagen nicht auf einer Lernbehinderung, d.h. einer Beeinträchtigung ihrer Lernfähigkeit, sondern z.B. auf sozialer Randständigkeit und den sich daraus ergebenden Schwierigkeiten beruht [...]" (S. 41). Auch Linderkamp et al. (2007) betonen den hohen Anteil sozial benachteiligter Kinder an Förderschulen mit dem Schwerpunkt Lernen. Explizit verweisen sie darüber hinaus auf die Risikovariable Migration, die nicht selten dazu führt, dass die Regelschule diesen Kindern aufgrund ihrer mangelnden Kenntnisse der deutschen Sprache scheinbar nicht gerecht werden kann. Auch in diesen Fällen erscheint der Begriff Lernbehinderung hinsichtlich der erwähnten Kriterien unzutreffend und eine Folge „der mangelnden Differenzierung zwischen echten lernbehinderten und nur fälschlicherweise als lernbehindert angesehenen Schülern" (Kronig, 2003, 136) zu sein. Diese kritischen Anmerkungen weisen erneut auf das Hauptproblem der Lernbehindertenpädagogik hin, welches sich darin manifestiert, das Phänomen Lernbehinderung einheitlich zu operationalisieren.

---

4   Die Abkürzung AO-SF bedeutet „Ausbildungsverordnung Sonderpädagogische Förderung" und beschreibt ein Verfahren zur Ermittlung des sonderpädagogischen Förderbedarfs eines Kindes oder Jugendlichen im Rahmen der Schulordnung des Landes Nordrhein-Westfalen. Anhand der im Verfahren gewonnenen Ergebnisse wird im Anschluss der Ort der sonderpädagogischen Förderung (Förderschule vs. Integration) bestimmt.

Trotz sinkender Schülerzahlen seit dem Jahr 2002 stellt die Gruppe der Lernbehinderten im Jahr 2008 mit rund 43,5% die größte Gruppe aller im Förderschulwesen unterrichteten Schüler dar. Insgesamt wurden in diesem Jahr in der Bundesrepublik Deutschland 171.113 Schülerinnen und Schüler an Förderschulen mit dem Förderschwerpunkt Lernen sonderpädagogisch gefördert (vgl. KMK, 2009), was einem Anteil von ca. 1,4% an der Gesamtschülerpopulation entspricht. In Nordrhein-Westfalen, dem mit rund 18 Millionen Einwohnern bevölkerungsreichsten Bundesland, verringerte sich der Anteil der Schüler mit dem Förderschwerpunkt Lernen seit dem Schuljahr 2003/2004 von insgesamt 53.085 um rund 21,2% auf 41.824 Förderschüler im Schuljahr 2009/2010. Gleichzeitig stieg die Anzahl an Förderschülern im Förderschwerpunkt Lernen, die sonderpädagogisch an allgemeinbildenden Schulen gefördert werden von 12,7% im Schuljahr 2001/02 auf 27,2% im Schuljahr 2009/10 an. Die weiterhin steigenden Schülerzahlen an Förderschulen insgesamt müssen mit dem Anstieg von Schülern der übrigen Förderschwerpunkte erklärt werden, wobei besonders die Schülerzahlen im Förderschwerpunkt „Emotionale und Soziale Entwicklung" in den vergangenen Jahren mit rund 47,4% einen deutlichen Anstieg verzeichnen.

Tabelle 2: Anteil der Schüler/innen mit sonderpädagogischem Förderbedarf in ausgewählten Schwerpunkten in NRW (vgl. MSWF NRW, 2002; MSJK NRW, 2003-2005; MSW NRW, 2006-2010)

Schuljahr	Schüler/innen insgesamt (alle Schwerpunkte)		Förderschwerpunkt Lernen		Förderschwerpunkt Emotionale und Soziale Entwicklung	
	FS[a]	AB[b]	FS	AB	FS	AB
2001/2002	104.082	12.155	50.750	6.446	11.611	1.926
2002/2003	107.946	13.402	52.367	7.157	12.378	2.225
2003/2004	110.629	13.913	53.085	7.557	13.216	2.165
2004/2005	111.060	14.515	52.078	7.773	13.782	2.356
2005/2006	109.798	15.615	49.860	8.314	14.026	2.640
2006/2007	109.883	16.571	48.111	8.751	14.659	3.062
2007/2008	109.636	18.098	46.314	9.651	15.231	3.380
2008/2009	108.854	19.915	44.048	10.640	16.218	3.692
2009/2010	107.976	22.013	41.824	11.375	17.110	4.290

a an Förderschulen
b an Allgemeinbildenden Schulen (darin enthalten: Freie Waldorfschulen, Gemeinsamer Unterricht behinderter und nichtbehinderter Schüler/innen, sonderpädagogische Fördergruppen an allgemeinbildenden Schulen)

Das Geschlechterverhältnis an Förderschulen mit dem Schwerpunkt Lernen weist mit einem prozentualen Anteil von 60% auf einen Überhang männlicher Absolventen hin – nur 40% aller Förderschüler sind folglich weiblichen

Geschlechts. Statistisch unübersehbar stellt sich die Förderschule Lernen bei einem Verhältnis von 2:3 als eine Schule der Jungen heraus. Sowohl Mädchen deutscher Herkunft als auch Mädchen aus Migrantenfamilien durchlaufen die Schule mit größerem Lernerfolg als ihre männlichen Schulkameraden, die gehäuft in statusniedrigen Schulformen wie der Haupt- oder Förderschule zu finden sind.

Darüber hinaus ist das Sonderschulrisiko für Schüler mit ausländischer Staatsbürgerschaft oder einem Migrationshintergrund bei deutscher Staatszugehörigkeit doppelt so hoch wie das eines herkunftsdeutschen Kindes (vgl. Kronig, 2003). Im Jahr 2006 waren 19,4% der Förderschüler im Förderschwerpunkt Lernen nichtdeutscher Herkunft. Im Vergleich zu den allgemeinbildenden Schulen, in denen im Jahr 2006 etwa jeder zehnte Schüler einen Migrationshintergrund aufwies, traf dies auf etwa jeden fünften Schüler an einer Förderschule Lernen zu (vgl. Diefenbach, 2010). „Als neue Kunstfigur der Bildungsbenachteiligung kann somit der in Armut lebende Junge mit Migrationshintergrund angesehen werden, der eine Sonderschule für Lernbehinderte besucht" (Kottmann, 2006, 176).

2.2.2 Formen und Orte institutioneller Förderung im Förderschwerpunkt Lernen

Die schulische Förderung lernbehinderter Schüler ist mit wachsenden Integrationsbemühungen zu Beginn der 1970er Jahre nicht mehr nur auf Förderschulen beschränkt, sondern findet vielmehr in allen Schulformen und Schulstufen statt, in denen die personellen, sächlichen und räumlichen Voraussetzungen dafür gegeben sind. Unabhängig vom jeweiligen Förderort sind dabei Erziehung und Unterricht von Schülern mit sonderpädagogischem Förderbedarf in jedem Fall als eine Einheit zu betrachten (vgl. KMK, 2000).

Darüber hinaus werden in den vergangenen Jahren vermehrt auch prä- und postschulische Angebote zu den Maßnahmen sonderpädagogischer Förderungsbemühungen gezählt. Im Vorfeld schulischer Förderung ist demgemäß eine stärkere Fokussierung auf präventive Maßnahmen im Rahmen von Frühförderung zu verzeichnen, die die Voraussetzungen für einen Verbleib lernschwacher Schüler in der allgemeinen Schule schaffen sollen. Abgerundet wird das Modell sonderpädagogischer Unterstützung in der Endphase oder im Anschluss schulischer Förderung durch berufsorientierende und –begleitende Maßnahmen.

Unter welchen Voraussetzungen eine integrative Beschulung lernbehinderter Kinder im Gemeinsamen Unterricht möglich ist und für welche Schüler die Förderschule mit dem Förderschwerpunkt Lernen weiterhin als Ort bestmöglicher schulischer Förderung erhalten werden soll, wird in den folgenden Kapiteln 2.2.2.1 und 2.2.2.2 näher erläutert. Die Beschreibung der beiden Formen institutioneller Förderung im Kontext von Lernbehinderung erfolgt auf einer rein organisatorisch-deskriptiven Ebene. Weiterführende Forschungsergebnisse zur kognitiven und sozial-emotionalen Entwicklung lernschwacher Kinder in homogenen und heterogenen Lerngruppen finden sich u.a. bei Ahrbeck, Bleidick und Schuck (1997), Schumann (2007), Haeberlin, Bless, Moser und Klaghofer (2003) sowie Bless (2007).

2.2.2.1 Die Förderschule mit dem Schwerpunkt Lernen

Bereits Ende der 1970er Jahre beschreibt Bleidick (1977) die Schule für Lernbehinderte als „pädagogische Feuerwehr" (S. 217) für alle im Regelschulsystem lernversagenden Kinder. Auch in der heutigen Zeit erscheint diese Schulform einigen Vertretern der Sonderpädagogik weiterhin als ein „Sammelbecken für Schulversager unterschiedlicher Genese" (Eberwein, 1996b, 56). Nicht zuletzt fußt dieser Vorwurf auf der Tatsache, „dass der Hilfsschul- und Lernbehindertenpädagogik Vermengungen mit Sprachbehinderung und Verhaltensauffälligkeit seit jeher" vorgeworfen wird (Schröder, 2000, 68). Diese mangelhafte Abgrenzung der Förderschwerpunkte „Lernen", „Sprache" und „Verhalten" erscheint auch Schlichting und Schulz (2000) als ein bis dato ungelöstes Problem. Trotz dieser kritischen Befunde ist die Förderschule mit dem Förderschwerpunkt Lernen der am stärksten frequentierte Ort sonderpädagogischer Förderung im gesamten Sonderschulwesen. Wie im vorherigen Kapitel bereits erwähnt besuchten im Jahr 2008 in Deutschland etwa 393.000 Schüler eine Förderschule, was einem prozentualen Anteil von rund 1,4% aller Schüler in Deutschland entspricht. Von diesen Förderschülern besuchten 171.113 Schüler (ca. 43,5%) die Förderschule „Lernen" (vgl. KMK, 2009).

Die Überweisung eines Schülers an eine Förderschule wird in Deutschland immer dann notwendig, „wenn die sonderpädagogische Förderung in der allgemeinen Schule nicht gewährleistet werden kann" (KMK, 2000, 310). Darüber hinaus muss in einem speziellen Verfahren ein sonderpädagogischer Förderbedarf des entsprechenden Schülers festgestellt werden. „Sonderpädagogischer Förderbedarf ist bei Kindern […] gegeben, die in ihrer Lern- und Leistungsentwicklung so erheblichen Beeinträchtigungen unterliegen, dass sie auch mit zusätzlichen Lernhilfen der allgemeinen Schulen nicht ihren Möglichkeiten entsprechend gefördert werden können (ebd., 302). Dieses Nichtgewährleistenkönnen einer adäquaten Förderung kann dabei sowohl mit der Schwere der Behinderung als auch mit einer nicht ausreichenden personellen, materiellen oder räumlichen Ausstattung der allgemeinen Schule begründet werden. Schüler an Förderschulen mit dem Schwerpunkt Lernen werden in der Regel auf der Grundlage eines von der Regelschule abweichenden, modifizierten und reduzierten Curriculums und eigenständigen Richtlinien und Rahmenlehrplänen unterrichtet. Diese Pläne sind an den Lehrplänen der allgemeinen Schule orientiert, um einen möglichen Schulwechsel in die Regelschule eher verwirklichen und besser begleiten zu können, wenn Aussicht auf ein erfolgreiches Durchlaufen der allgemeinen Schule vorhanden ist. Trotz dieses bestehenden Rückführungsauftrages der Förderschulen sind es vornehmlich die Förderschulen für Sprachbehinderte, für Kranke und – mit einer Rückschulungsquote von 10-12% im bundesdeutschen Durchschnitt – die Schulen für Verhaltensgestörte, bei denen eine Rückführung der Schüler in das Regelschulsystem gelingt. „Für alle anderen Gruppen von behinderten und beeinträchtigten Kindern, auch für Kinder mit Lernbehinderungen galt und gilt ohnehin: Einmal Sonderschule – immer Sonderschule! Obwohl insbesondere für die letztgenannte Gruppe eine regelmäßige Überprüfung vorgesehen war und ist" (Vernooij, 2007, 73; vgl. auch Dupuis & Kerkhoff, 1992).

Als ein besonderer inhaltlicher Schwerpunkt und wesentlicher Bestandteil didaktisch-methodischer Bemühungen ist die Lebensweltorientierung schulischer Unterrichtsinhalte im Förderschwerpunkt Lernen anzusehen. Erfahrungen, Interessen und Neigungen der Schüler sollen bei der Gestaltung des Unterrichts Berücksichtigung finden und den Lernprozess positiv verstärken. Neben einer realitätsnahen Unterrichtsgestaltung gehören vermehrt auch praxisnahe Maßnahmen zu den Angeboten der Förderschule Lernen, die insbesondere jugendliche Schüler für einen Beruf interessieren sollen und somit gezielt der Berufsvorbereitung dienen. Zu diesem Zweck ist eine Kooperation mit Berufsschulen, der Agentur für Arbeit, den Kammern und (handwerklichen) Betrieben der jeweiligen Region wichtig. Um die Schüler gemäß ihrer individuellen Ressourcen zu fördern und ihnen die Teilhabe am gesellschaftlichen Leben zu ermöglichen, „ist eine differenzierte und in besonderem Maße individualisierte Förderung notwendig, die auf die jeweiligen Lernvoraussetzungen und Lerngegebenheiten eingeht" (KMK, 2000, 313). Aus diesem Grunde werden im Sinne einer Prozess- und Förderdiagnostik in zeitlichen Abständen aktuelle und individuelle Förderpläne für die einzelnen Schüler erstellt.

Zur Schaffung eines förderlichen Lernklimas und vor dem Hintergrund einer individuellen, personenzentrierten Förderplanung mitsamt der Einbeziehung alltagsnaher Erfahrungsaspekte stellt die Umsetzung einer effektiven Elternarbeit ein weiteres vorrangiges Ziel der Schulen für Lernbehinderte dar.

2.2.2.2 Der Gemeinsame Unterricht (GU)

Das grundlegende Prinzip der integrativen Schule ist es, dass alle Kinder miteinander lernen, wo immer dies möglich ist, egal, welche Schwierigkeiten und Unterschiede sie haben. Integrative Schulen müssen die unterschiedlichen Bedürfnisse ihrer Schülerinnen und Schüler anerkennen und auf sie eingehen, indem sie sich auf unterschiedliche Lernstile und Lerngeschwindigkeiten einstellen. Sie müssen durch geeignete Lehrpläne, organisatorische Rahmenbedingungen, Unterrichtsmethoden und Materialeinsatz sowie durch Partnerschaften mit ihren Gemeinden hochwertige Bildung für alle sichern. Es sollte ein Kontinuum an Unterstützung und Dienstleistungen geben, um dem Kontinuum an besonderen Bedürfnissen zu entsprechen, dem man in jeder Schule begegnet (Salamanca-Erklärung, 1994, 16).

Im Gemeinsamen Unterricht (kurz: GU) lernen Kinder mit und ohne Behinderung zusammen in Regelklassen der allgemeinbildenden Schule – es handelt sich bei diesem Modell somit um eine Form der *schulischen* Integration von Menschen mit Behinderung. Sonderpädagogische Fachkräfte unterstützen diese Kinder in ihren Lern- und Entwicklungsprozessen und werden in Abhängigkeit der Anzahl integrativ beschulter Kinder mit einer entsprechenden Wochenstundenzahl zusätzlich zu einer Regelschullehrkraft in den Integrationsklassen eingesetzt. Die spezifischen Aufgaben der sonderpädagogischen Fachkräfte umfassen eine begleitende Diagnostik sowie spezielle Fördermaßnahmen in Bezug auf Motorik, Wahrnehmung, Sprache und Sozialverhalten. Der Aufbau wirksamer Lernstrategien und Arbeitstechniken ist ein weiterer Schwerpunkt sonderpädagogischer Förderung im Gemeinsamen Unterricht. Eine enge Kooperation der Sonderpädagogen und Klassenlehrer ist dabei unabdingbar, um das pädagogische Handeln und die jeweiligen Fördermaßnahmen gezielt miteinander abstimmen zu können. Der Kerngedanke des Gemeinsamen Unterrichts ist der Verzicht auf eine separierte Beschulung behinderter und nichtbehinderter Kinder, sondern deren gemeinsame wohnortnahe Beschulung zur Förderung eines selbstverständlichen Umgangs miteinander. Dabei stellt der GU nur eine Form der (integrativen) Beschulung von Kindern mit Beeinträchtigungen dar. Die tatsächliche Vielfalt der Möglichkeiten schulischer Förderung und Erziehung behinderter Schüler veranschaulicht Sander (1998) anhand der folgenden Abbildung, wobei die farblich unterlegten Formen am ehesten dem Modell des Gemeinsamen Unterrichts im Sinne einer integrativen Pädagogik entsprechen.

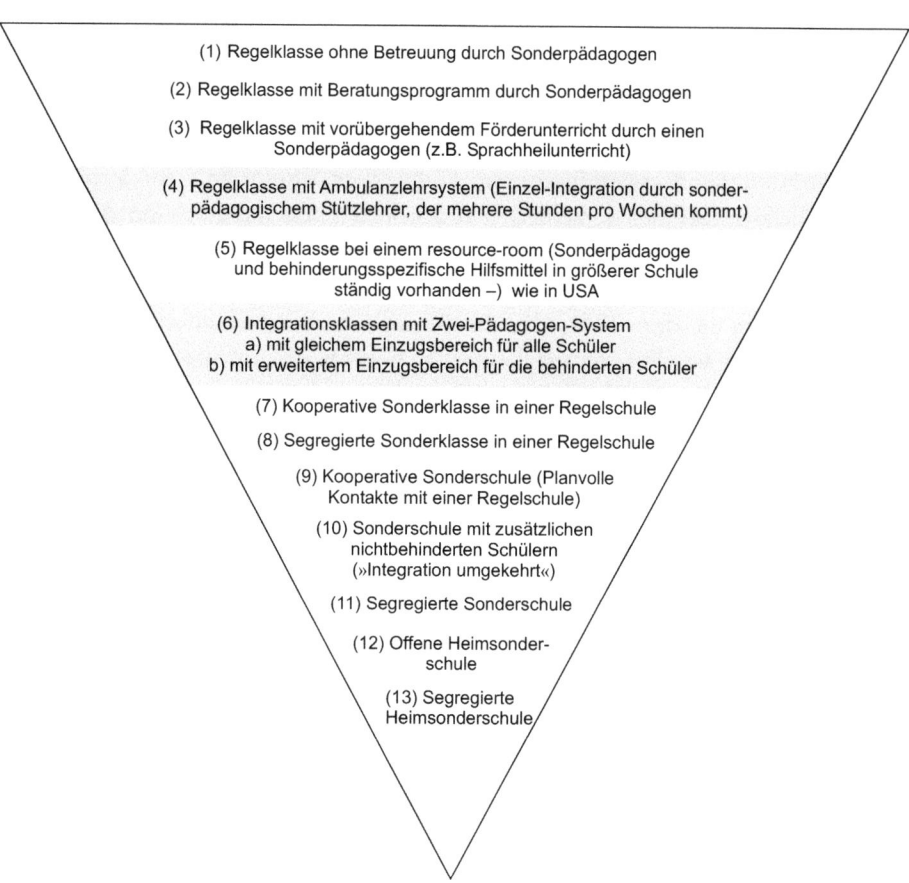

(1) Regelklasse ohne Betreuung durch Sonderpädagogen

(2) Regelklasse mit Beratungsprogramm durch Sonderpädagogen

(3) Regelklasse mit vorübergehendem Förderunterricht durch einen Sonderpädagogen (z.B. Sprachheilunterricht)

(4) Regelklasse mit Ambulanzlehrsystem (Einzel-Integration durch sonderpädagogischem Stützlehrer, der mehrere Stunden pro Wochen kommt)

(5) Regelklasse bei einem resource-room (Sonderpädagoge und behinderungsspezifische Hilfsmittel in größerer Schule ständig vorhanden –) wie in USA

(6) Integrationsklassen mit Zwei-Pädagogen-System
a) mit gleichem Einzugsbereich für alle Schüler
b) mit erweitertem Einzugsbereich für die behinderten Schüler

(7) Kooperative Sonderklasse in einer Regelschule

(8) Segregierte Sonderklasse in einer Regelschule

(9) Kooperative Sonderschule (Planvolle Kontakte mit einer Regelschule)

(10) Sonderschule mit zusätzlichen nichtbehinderten Schülern (»Integration umgekehrt«)

(11) Segregierte Sonderschule

(12) Offene Heimsonderschule

(13) Segregierte Heimsonderschule

Abb. 2: Formen der schulischen Erziehung behinderter Kinder geordnet nach Möglichkeiten des Sozialkontakts mit nichtbehinderten Kindern (»umgekehrte Pyramide«), (Sander, 1998, 56)

Der Gemeinsame Unterricht richtet sich grundsätzlich an Kinder aller Förderschwerpunkte, wobei zwischen zielgleicher und -differenter Integration unterschieden werden muss. Kinder mit Sinnes- und Sprachbehinderungen, sowie Schwierigkeiten im emotional-sozialen Bereich werden in der Regel zielgleich mit den nichtbehinderten Kindern unterrichtet, lernbehinderte Kinder werden zumeist lernzieldifferent beschult, d.h. sie werden „nicht in allen Unterrichtsfächern nach den Lernzielen der allgemeinen Schulen unterrichtet. Die unterschiedlichen Angebote und Anforderungen entsprechen ihren individuellen Lernvoraussetzungen" (KMK, 2000, 309). Ein wesentlicher Aspekt integrativer Beschulung besteht in der Möglichkeit, im Lern- und Leistungsbereich sowie in Bezug auf soziale Umgangsformen voneinander lernen zu können. Gleichaltrige Rollenmodelle können insbesondere sozial auffälligen und lernschwachen Kindern eine wesentliche Orientierung bieten.

Als erstes Bundesland hat 1968 das Saarland den GU in seinem Schulge-setz als mögliche Schulform behinderter Kinder verankert. Bis in die Mitte der 1990er Jahre sind die meisten Bundesländer diesem Beispiel gefolgt, 1994 schließlich auch die Kultusministerkonferenz (Lersch, 2001). Im Schuljahr 07/08 wurden bundesweit insgesamt 17,4% aller Kinder mit sonderpädagogi-schem Förderbedarf der verschiedenen Förderschulen integrativ an Allgemein-bildenden Schule unterrichtet (vgl. Landesarbeitsgemeinschaft Hessen Gemein-sam leben – Gemeinsam lernen e.V.). Aufgrund der Tatsache, dass schulpoli-tische Themen in der BRD von den einzelnen Bundesländern unterschied-liche bearbeitet werden, unterscheiden sich auch die Integrationsquoten und -modelle einiger Bundesländer in einem nicht unerheblichen Ausmaß. Beispiel-haft sei an dieser Stelle Nordrhein-Westfalen, das bevölkerungsstärkste Bundes-land, erwähnt: Dort kann in den vergangenen neun Schuljahren ein Anstieg der integrativ beschulten Kinder mit gravierenden Lern- und Leistungsbeeinträchti-gungen von 12,7% im Schuljahr 01/02 auf 27,2% im Schuljahr 09/10 verzeich-net werden (vgl. Tabelle 2).

2.2.3 Bedingungsfaktoren gravierender Lern- und Leistungsstörungen

Wie bereits einleitend in Kapitel 2.2 erwähnt stellt die Fähigkeit zu lernen – wenn auch nicht ausschließlich zum Menschen gehörend – etwas typisch Menschliches dar. Wenn das menschliche Gehirn wie kein zweites dazu aus-gerichtet ist, neue Informationen aufzunehmen und selbst komplexe Inhalte zu lernen, stellt sich die Frage, welche Faktoren dazu führen, dass es einigen Kin-dern und Jugendlichen nicht oder nur mit größter Anstrengung gelingt, spezifi-sche, curricular vorgegebene Inhalte zu lernen. Der Frage nach den Bedingungs-faktoren schulischer Lern- und Leistungsbeeinträchtigungen soll demgemäß im vorliegenden Kapitel nachgegangen werden.

Ebenso komplex wie der Lernvorgang als solches, der sich aus neurophysiolo-gischen, biochemischen, sozio-emotionalen, kognitiven und motivationalen Pro-zessen zusammensetzt, stellen sich auch die Beeinträchtigungen des Lernens dar. Eine Lernbehinderung ist in den seltensten Fällen monokausal bedingt. Vielmehr muss bei der Entstehung eines Förderbedarfs im Bereich des Lern- und Leistungsverhaltens von einem mehrdimensionalen Bedingungsgeflecht, d.h. von einem „multiplen Verursachungs- und Erklärungsmodell" (Kanter, 2001, 121) ausgegangen werden. Schmetz (2000) stellt diesbezüglich in Anleh-nung an Kanter (1980) fest:

Endogene und exogene Faktoren (z.B. genetische Ursachen, prä-, peri-, post-natale Schäden, hirnorganische Funktionsstörungen, motorische Störungen, Sinnesschäden) wirken mit Umweltbedingungen (z.B. Sozialisationserschwerun-

gen und psychosoziale Beeinträchtigungen aufgrund ungünstig verlaufender familialer Sozialisation) in Form von biosozialer Interaktion und Kumulation (S. 327).

Im Folgenden werden verschiedene Bedingungsvariablen erwähnt, die gemäß dem Grundsatz der Multikausalität in ihrer Gesamtheit, nicht jedoch als isoliert voneinander auftretende Verursachungsmomente zu betrachten sind. Als eine häufig zitierte und breit erforschte Verursachungsvariable gravierender Lernstörungen ist die soziale Schichtzugehörigkeit eines Individuums zu nennen. Cloerkes (1997) verweist ganz allgemein auf die Tatsache, dass Behinderung in der Gesellschaft ungleich verteilt ist, indem er konstatiert: „Das Risiko, behindert zu werden, steigt mit sinkender Sozialschichtzugehörigkeit oder ‚Armut' und zwar prinzipiell für alle Behinderungsarten" (S. 66). Der Begriff der Unterschicht wird dabei nicht ausschließlich über die Variable eines geringen Bruttogesamteinkommens bedingt durch niedrigere berufliche Positionen der Eltern (meist der Väter) operationalisiert. In Familien aus niedrigen sozialen Schichten lassen sich zumeist weitere Risikobedingungen wie beengte Wohnverhältnisse bei hoher Anzahl an Familienmitgliedern, ein Mangel an stabilen Familienstrukturen und Beziehungen zwischen den Familienmitgliedern, Einelternschaft, mangelnde Anregung und Förderung des kindlichen Explorations- und Bewegungsdrangs, beschränkte Sozialkontakte der Familie u.v.m. nachweisen (vgl. Schröder, 2000). Der statistische Zusammenhang von sozialer Randständigkeit und Sonderschulbedürftigkeit wurde erstmalig in den 1970er Jahren erforscht (Begemann, 1970; Klein, 1973) und hat bis zum heutigen Tage nur wenig an seiner Aktualität eingebüßt. Auch heute noch ist eine Überrepräsentation sozial benachteiligter Schüler an Schulen mit dem Förderschwerpunkt Lernen erkennbar. So stellt Wocken (2000) in seinem Bericht zu der von ihm initiierten LAUF-Studie zur Erfassung der „Lernausgangslage an Förderschulen" fest, dass Lernbehinderung „weitaus eher ein soziales denn ein kognitives Defizit" abbildet (S. 500). Auch Hänsel und Schwager (2004) betonen diesbezüglich: „Trotz der vielen Namenswechsel ist eines gleich geblieben – die Sonderschule ist damals wie heute Armenschule" (S. 501). Dennoch sei mit Cloerkes (1997) darauf hingewiesen, dass nur etwa 10% aller Kinder aus Familien mit einem niedrigen sozioökonomischen Status als lernbehindert eingestuft werden. Auch Mand (1996) stellt diesbezüglich fest: „‚Lernbehinderte' Schüler stammen aus sozialen Randgruppen, aber nicht alle randständigen Schüler sind lernbehindert" (S. 171). Somit ist die soziale Schichtzugehörigkeit als *monokausales* Verursachungsmodell gescheitert. Mand (1996) konstatiert weiter, dass die Defizite für das Lernen weder beim Schüler, noch bei dessen sozialer Herkunft zu suchen seien, sondern dass Lernbehinderung als „Kommunikationsproblem zwischen zwei Kulturen" (S. 172) verstanden werden muss: Der Schüler wird mit Eintritt in die Mittelschichtsinstitution Schule plötzlich für sein in seinem familiären Lebenskontext angemessenes Verhalten sanktioniert. Auf die Sanktionen des Lehrers erfolgen für den institutionellen Kontext nicht adäquate Schülerreaktionen: Lehrer und Schüler lehnen sich gegenseitig als andersartig ab. Die Überweisung des Schülers an eine Schule für Lernbehinderte ist nicht selten die Folge dieser gescheiterten Kommunikation. In einer Studie des Rheinisch-Westfälischen Instituts für Wirtschaftsforschung weisen Corak, Fertig und Tamm (2005) darauf hin, dass speziell und in zunehmendem Maße Kinder aus Zuwandererfamilien in der BRD von Armut betroffen sind: „These children experienced an almost three-fold increase in the risk of poverty" (S. 5). Für diese Kinder und Jugendlichen ergibt sich ein besonders hohes Risiko einer Förderschulüberweisung, da in diesen Fällen von einer doppelten kulturellen Benachteiligung gesprochen werden kann: Die herkunftsbezogenen und die schichtspezifischen Differenzen wirken kumulativ und erhöhen das Risiko, an den kulturellen Anforderungen der Institution Schule zu scheitern. Die besonderen Armutslagen von Familien mit Migrationshintergrund können somit als eine Ursache für die Überrepräsentation von Migranten in der Förderschule verstanden werden. Weitaus bedeutsamer für die erhöhte Überweisungsquote von Kindern nichtdeutscher Herkunft erscheint jedoch die von Gomolla und Radtke (2002) in ihrer Studie zur Erfassung der Herstellung ethnischer Differenz in der Schule nachgewiesene „Mechanik der Diskriminierung" (S. 263). Diese ist darin zu erkennen, dass die Schule gleiche „Mitgliedschaftsbedingungen" an alle Kinder stellt, die sich darin äußern, dass bereits die Grundschule „voll sozialisierte Schüler mit einer erfolgreichen Kindergartenkarriere" (ebd., 263) nebst ausreichender Kenntnisse der deutschen Sprache erwartet. Die Diskriminierung besteht darin, dass Kinder aus Familien mit Migrationskontexten diese für alle geltenden Mitgliedschaftsbedingungen weniger gut erfüllen können als herkunftsdeutsche Kinder, was eine Ein- bzw. Überweisung von Migrantenkindern in spezialisierte Förderkontexte wahrscheinlicher macht. Hinzu kommt, dass

> Kinder aus sozial randständigen Bereichen, Kinder nicht-deutscher Herkunft ... im Lauf ihrer primären Sozialisation oftmals Bedeutungsstrukturen aufgebaut [haben], die mit schulischen Inhalten und Anforderungen konfligieren. Fremdheit, Verunsicherung, Orientierungs- und Hilflosigkeit können dann die Folge sein, die zu Lern-Behinderungen und Leistungsversagen führen. (Werning, 2002, 158).

Auch schulische Erwartungsnormen können bei der Kategorisierung einer Lernbehinderung eine Rolle spielen. Aus Sicht der Systemtheorie stellt sich Lernbehinderung als „Ausdruck der nicht gelungenen und fehlenden Passung zwischen den individuellen Lernmöglichkeiten des Kindes und der normativen Erwartungshaltung von Schule" (Schmetz, 2000, 326) dar. Lernbehinderung kann in diesem Fall als eine „*relationale* (behindert in Bezug auf schulische Erwartungs-normen, nicht schlechthin) Größe" (Kanter, 2001, 122; vgl. auch Eberwein, 1996a) betrachtet werden.

Interaktionistische Erklärungsmodelle stellen mit ihrem Etikettierungsansatz und der Theorie des labeling approach ebenfalls die gesellschaftliche Konstruk-tion von Lernbehinderung gegenüber einer individuumzentrierten Betrachtungs-weise in den Vordergrund. Hier wird „das Forschungsinteresse nicht mehr vor-rangig auf die Person gerichtet, die sich abweichend verhält (z.B. den lernschwa-chen Schüler), sondern vielmehr auf die sozialen Reaktionen der Umwelt auf ein konkretes Verhalten" (Werning et al., 2003, 56).

Die Auffassung von Lernbehinderung als eine feststehende und damit zeit-stabile individuelle Seinskategorie wird heute in der Sonderpädagogik kaum mehr vertreten. Individuumzentrierte Perspektiven, die die Entstehung einer Lernbehinderung mit tieferliegenden intraindividuellen Defekten und Dysfunk-tionalitäten der betroffenen Person selbst erklären, spielen als Verursachungs-variable für die Entstehung einer Lernbehinderung in der sonderpädagogischen Diskussion somit nur noch eine untergeordnete Rolle. Es konnte nachgewiesen werden, dass „organmedizinisch nachweisbare Verursachungen von Lernbeein-trächtigungen [...] nur einen äußerst geringen Anteil an der Gruppe der schuli-schen Lernversager dar[stellen]" (Werning, 2002, 135). Somit kann der medizi-nische Ansatz nur noch für eine kleine Gruppe der Lernbehinderten als Erklä-rungsansatz geltend gemacht werden.

Dem Kriterium der Intelligenz wird anstelle medizinisch objektivierba-rer Schädigungen auch heute noch ein zentraler Stellenwert bei der Definition einer Lernbehinderung beigemessen. Intelligenztests spielen demzufolge auch weiterhin bei der Ermittlung des sonderpädagogischen Förderbedarfs eine zen-trale Rolle und werden – wenn auch nicht mehr als einziges – Entscheidungs-kriterium zur Feststellung einer Lernbehinderung herangezogen. Kritiker wei-sen jedoch darauf hin, „dass die Beziehung zwischen Leistungsfähigkeiten und Leistungsergebnissen keineswegs perfekt ist." (Helmke & Weinert, 1997, 105), was sich unter anderem in großen Überschneidungsbereichen ermittelter IQ-Werte von Förderschülern im Vergleich zu Grund- und Hauptschülern darstellt (Thimm & Funke, 1980).

Besondere Beachtung bei der Verursachung gravierender Lern- und Leis-tungsstörungen für die zugrunde liegende Untersuchung spielt die Berücksich-tigung komplexer kontextueller Lern- und Lebensbedingungen sowie das Vor-handensein sozio-emotionaler Beziehungserfahrungen. Lernen als komplexe Handlung ist als ein interaktiver Prozess zwischen dem Individuum und seiner Umwelt zu verstehen, dessen Umsetzung nach Schmetz (2000) in der Regel nur dann erfolgreich gelingen kann, *wenn die emotionale und soziale Beziehung z.B. des Kindes zu den Bezugs-personen in seinem Lebenskontext einer überwiegend positiven Gestaltung un-terliegt. Lernen ist also in gleicher Weise auf die kognitive sprachliche, emotio-nale, motorische und soziale Entwicklung zu beziehen, die erst in interaktiven Bezügen zur Ausprägung gelangen* (S. 324).

In den Empfehlungen zum Förderschwerpunkt Lernen der Kultusministerkon-ferenz vom 1.10.1999 werden Beeinträchtigungen des Lernens mit einer dau-erhaften bzw. zeitweiligen Erschwerung der Beziehung zwischen Individuum und Umwelt erklärt, die dazu führt, dass die betroffenen Schüler „die Ziele und Inhalte der Lehrpläne der allgemeinen Schule nicht oder nur ansatzweise erreichen können." (Drave el al., 2000, 300). Auch Werning (2002) rekonst-ruiert Lernstörungen als „gestörte Beziehungsmuster zwischen Individuum und Umwelt" (S. 163f.) Aufgrund der Annahme einer Störung auf der Beziehungs-ebene zwischen dem schulpflichtigen Kind und seiner sozialen Umwelt als Ver-ursachungsvariable einer Lernbehinderung werden in den KMK Empfehlungen neben den lernbehinderten Schülern explizit auch deren Eltern als Adressaten der Hilfsangebote im Förderschwerpunkt Lernen benannt. Dieser Beratungsbe-darf der Eltern liegt vor allem in der Auffassung begründet, dass „Ausmaß und Folgen einer Lernbeeinträchtigung *insbesondere* [Hervorhebung von Verf.] vom soziokulturellen Umfeld, von der Einstellung und dem Verhalten von Bezugs-personen, vor allem von Familienmitgliedern, beeinflusst" werden (Drave et al., 2000, 301). Lernbehinderungen werden aus dieser kontextuellen Perspek-tive nicht losgelöst von der sozio-emotionalen Lebenssituation eines Individu-ums interpretiert, sondern müssen immer auch vor dem Hintergrund von des-sen interaktiv-kommunikativen Handlungsprozessen betrachtet werden. Bereits Ende der 1970er Jahre fasste Grossmann (1977) in seinem Artikel über die „Frühe Entwicklung der Lernfähigkeit in der Sozialen Umwelt" verschiedene Forschungsbeiträge (vgl. dazu u.a. White, 1959; Carew, Chan & Halfar, 1976) zusammen, die die frühen Beziehungs- und Bindungserfahrungen eines Kindes mit seinen engen Bezugspersonen als Schlüsselmomente für die qualitative Aus-prägung der kindlichen Lernhaltung beschreiben. Zwar geht es in diesen Aus-führungen nicht explizit um die Entstehung von Lernstörungen, jedoch erklärt der Autor, auf welche Art und Weise ungünstige Beziehungs- und Bindungs-erfahrungen beim Kind dazu führen können, dass sich ein eher passives und vermeidendes Lernverhalten einstellt, welches Grossmann (1977) unter dem Begriff der „Neophobie", der Angst oder Scheu vor dem Erkunden der Umwelt, zusammenfasst (S. 174). Grossmann greift bei der Beschreibung der Entstehung einer positiven Lernhaltung explizit auf die Erkenntnisse der Bindungstheorie zurück. Bindungssicherheit, die sich in der Gewissheit ausdrückt, bei Gefüh-len von Angst und Unsicherheit auf eine sichere Basis in Form einer Bindungs-person zurückgreifen zu können, ermöglicht dem Kind aktives Erkundungs- und

Spielverhalten und somit auch Lernen. Kinder, die sich der Verfügbarkeit ihrer personalen Umwelt nicht sicher sein können stellen bald ihr exploratives Verhalten ein. Erst „aktivierte Neugierde, die ermutigt wird, und soziale Bekräftigung von Erkundungsverhalten auf der Grundlage einer sicheren Bindung, führt zur Nutzung von Angeboten (…). Ängstlichen Kindern nützen die besten Angebote nichts, sie sind nicht in der Lage, zuzugreifen." (ebd., 173). Ein besonderes Entstehungsrisiko einer Lernbehinderung ergibt sich für Kinder mit einer desorganisierten Bindung. „Desorganisiert-unsicher gebundene Kinder sind gehemmter in ihren Explorationsaktivitäten und weniger konzentriert, haben weniger Frustrationstoleranz und weniger Selbstvertrauen, sind in ihrer Intelligenzentwicklung retardiert und erreichen schlechtere Schulnoten. Mit anderen Worten: sie sind häufig lernbehindert" (Schleiffer, 2000, 100). Basierend auf den Ergebnissen bindungsorientierter Forschungen muss die Entwicklung der kindlichen Lernfähigkeit demnach im Kontext der sozialen Verankerung, d.h. des sozialen Bindungsgefüges eines Kindes und nicht ausschließlich durch das Kind selbst verstanden werden. Unsichere und insbesondere hochunsichere Bindungen können somit als eine wesentliche Verursachungsvariable gravierender Lern- und Leistungsstörungen verstanden werden.

2.2.4 Das Lernverhalten lernbehinderter Kinder und Jugendlicher

Bei der Beschreibung der Gruppe von Schülern mit Schwierigkeiten im Bereich des Lernens ist es zunächst wichtig, auf die korrekte Bezeichnung dieser Schülerschaft zu achten. Die Kultusministerkonferenz (KMK) spricht in ihren Empfehlungen zur sonderpädagogischen Förderung aus dem Jahre 1999 von „Kindern und Jugendlichen mit Beeinträchtigungen des Lern- und Leistungsverhaltens, insbesondere des schulischen Lernens." (KMK, 2000, 301). Diese genannten Beeinträchtigungen können bei unterschiedlichen Schülern in unterschiedlichen Ausprägungsgraden auftreten und unterschiedliche Aspekte des Lernprozesses betreffen, so dass das Bild des lernbehinderten Schülers kein einheitliches ist. Bei all der beschriebenen Heterogenität lassen sich nach Grünke (2004) in Anlehnung an Bleidick (1998) jedoch einige spezifische Leitmerkmale darstellen, die für den Großteil der lernbehinderten Schüler zutreffend sind: Sie lernen in Bezug zu einer sozialen Vergleichsnorm wesentlich langsamer und insgesamt weniger als Kinder ohne Lernstörungen. Hinzu kommt, dass sie einmal Gelerntes schneller wieder vergessen und quantitativ insgesamt weniger Transferleistung zeigen. Das Lernen abstrakter Begrifflichkeiten fällt ihnen schwer. Neben den erwähnten Leitmerkmalen lassen sich mit Grünke (2004) folgende Begleitmerkmale beschreiben:

Lernbehinderte Schüler
- *zeigen eine schlechtere Sprachleistung,*
- *verfügen über eine weniger gegliederte Wahrnehmungs- und Vorstellungsfähigkeit,*
- *lassen sich leichter ablenken,*
- *sind emotional instabiler und können ihr Gefühls- und Willenserleben schlechter differenzieren,*
- *neigen zu extremen Verhaltensäußerungen (wie Aggressivität, gehemmte Zurückgezogenheit, Undistanziertheit oder erschwerte soziale Anpassungsfähigkeit)"* (S. 66).

Das Lernverhalten von Kindern mit Lernbeeinträchtigungen unterscheidet sich somit in einigen Aspekten deutlich von dem gleichaltriger Regelschüler. Die Mehrzahl der Untersuchungen im Zuge der „Developmental-Difference-Kontroverse" (vgl. Souvignier, 2008, 666) konnte die Hypothese stützen, dass lernbehinderte Kinder generell zwar die gleichen Entwicklungsstadien durchlaufen wie normalbegabte Schüler, dabei jedoch in ihrer Entwicklung verzögert sind und somit hinter den Leistungsanforderungen der jeweiligen Altersnorm zurückbleiben. Auch Klauer et al. (1997) stellen fest, dass „leistungsschwache/ lernbehinderte Kinder sich weniger durch dauerhafte Fähigkeitsdefizite [etwa im Bereich des Gedächtnisses oder des Denkens] auszeichnen, als vielmehr durch die Art, wie sie Lernvorgänge bewältigen (z.B. ‚Raten' statt systematischer Inspektion der Materialvorlage)" (S. 707). Insbesondere bei der Bewältigung sprachgebundener Aufgaben weisen lernbehinderte im Vergleich zu nicht-lernbehinderten Kindern größte Schwierigkeiten auf (vgl. Bebko & Luhaorg, 1998). Entsprechende Interventions- und Fördermaßnahmen können diesen Kindern helfen, ihre ungünstigen Lernvoraussetzungen positiv zu beeinflussen und neue Lern- und Arbeitsstrategien zu erwerben.

2.2.5 Interaktions- und Sozialverhalten lernbehinderter Kinder und Jugendlicher

In seinem Stufenmodell der psychosozialen Entwicklung beschreibt Erikson (1973) acht Krisen, die die gesunde Persönlichkeit im Laufe ihrer Identitätsbildung in unterschiedlichen Lebensphasen bewältigen muss. Die Krise der mittleren Kindheit, die sich in etwa vom sechsten Lebensjahr bis zur Pubertät erstreckt, ist unter der Überschrift „Werksinn gegen Minderwertigkeitsgefühl" zusammengefasst. In dieser Phase ist das Kind lernbegierig und unternehmungslustig. Es bekommt Anerkennung über die Herstellung von Dingen und baut seine kognitiven Fähigkeiten im handelnden Umgang mit seiner Umwelt weiter aus. Erfolgreich zu sein ist nun wichtig für das Kind. Sein Motto lautet ‚Ich bin, was ich lerne' (ebd., 98). Das große Ereignis in dieser Phase ist der Schuleintritt. Kinder werden nun an das Erlernen schulischer Inhalte herangeführt und lernen die Kulturtechniken Schreiben, Lesen und Rechnen. Kinder in diesem Alter möchten nicht mehr nur „so tun, als ob", sondern aktiv an der Welt der Erwachsenen teilnehmen. Sie entwickeln einen Werksinn. Neben dem spielerischen Lernen soll die Schule den Kindern daher die Möglichkeit bieten, diesen Arbeitseifer zu entfalten und sich selbst zu bestätigen, indem sie etwas Nützliches leisten. Gelungene Erfahrungen vermitteln einem Kind ein Gefühl von Kompetenz und Sachverstand, Misserfolge hingegen generieren Gefühle der Minderwertigkeit und Inkompetenz (vgl. Miller, 1993). Neben der Nichterfüllung erwarteter Leistungen bringt dieses Stadium die Gefahr mit sich, an anderen Anforderungen der Schule zu scheitern. So kann es möglich sein, dass „das Familienleben [...] das Kind nicht genügend für das Schulleben vorbereitet [hat], oder die Schule [...] die Erwartungen früherer Stadien [enttäuscht], weil nichts von dem, was es schon so gut konnte, beim Lehrer etwas gilt" (Erikson, 1973, 103). Inwieweit wünschenswerte Lernvoraussetzungen entwickelt werden, ist somit auch eine Frage des sozioökonomischen Kontextes. Das Lernen und Lernverhalten eines Kindes wird immer dann gefördert, „wenn beide Lebenswelten [Schule und Elternhaus] strukturell ähnlich sind – sie dem Kind also miteinander vereinbare Rollen, Tätigkeiten, Wertorientierungen, Sozialbeziehungen und Realitätskonstruktionen abverlangen" (Lauth, 2000, 27; vgl. auch Lauth, Brunstein & Grünke, 2004). Lernbehinderte Schüler erleben vielfach, dass es keine derartige Passung zwischen ihren vorschulischen Erfahrungen mitsamt den in ihrer Lebenswelt vermittelten Normen und Regeln und den Erwartungen und Werten des Schulsystems gibt und werden daher im Verlauf ihrer schulischen Sozialisation oftmals bereits kurze Zeit nach ihrem Eintritt in die Schule mit Gefühlen des Scheiterns und Nichtkönnens konfrontiert.

Die Interaktionen zwischen Lehrern und Schülern oder zwischen Schülern untereinander dienen der Verständigung der Beteiligten über den Sinn und Bedeutungsgehalt schulischen Lernens. Lernbeeinträchtigte Schüler stammen im Gegensatz zu den Lehrpersonen zumeist aus unteren sozialen Schichten. Bei der Definition der schulischen Lernsituation können Probleme und Störungen der sozialen Interaktion entstehen, wenn Lernende und Lehrende nicht in der Lage sind, mögliche subkulturelle Differenzen zu überwinden. Missverständnisse in der Interaktion und Kommunikation können dabei bereits durch unterschiedliche Sprachstile hervorgerufen werden. Nach Bernstein (1981) ist der restringierte Sprachstil der Unterschicht gekennzeichnet durch einen geringen Wortschatz, kurze, oft unfertige Sätze und eine starke kontextuelle Gebundenheit. Schüler im Förderschwerpunkt Lernen sind somit nicht nur sozial, sondern auch sprachlich benachteiligt und in ihren kommunikativen Fähigkeiten eingeschränkt. Borchert (2000) stellt bezüglich der sprachlichen Differenzierungsfähigkeit lerngestörter Kinder fest:

Da die Instruktionen der Lehrkräfte an ihre Schüler oftmals unvollständig und lückenhaft ausfallen, werden insbesondere lerngestörte Kinder benachteiligt. Aufgrund ihrer mangelnden Fähigkeiten zur Generalisierung und zur selbständigen Regelerweiterung können sie sich nur bedingt fehlende Inhalte selbst erschließen, so daß sie dem Risiko eines anwachsenden Lerndefizits ausgesetzt sind (S. 359).

Schmetz (2000) betont demgemäß die besondere Verantwortung der Förderschullehrer, deren zentrale Aufgabe darin besteht, ihre lernbehinderten Schüler zur mündlichen Kommunikation zu befähigen.

‚Restringiertes' Sprachverhalten des Kindes kann im Sinne differenztheoretischen Denkens nicht negativ bewertet werden, sondern ist als individuelle Ausdrucksform anzuerkennen. Aufgabe der Lehrkraft ist es, im sprachlichen Dialog auf handlungsorientierter Ebene mit dem Kind die sprachliche Ebene zu erweitern, damit es lernt, sach-, situationsangemessen und allgemein verständlich mit anderen zu kommunizieren (S. 333).

In einer Metaanalyse über 152 Studien konnten ebenfalls eingeschränkte kommunikative Fähigkeiten lernbehinderter Schüler eruiert werden. Die Autoren Kavale und Forness (1996) fanden heraus, dass sowohl gleichaltrige Mitschüler als auch die Betroffenen selber angeben, über weniger gut ausgeprägte Kommunikationsstrategien zu verfügen als Menschen ohne Lernstörung. Zudem beschreiben die Betroffenen ein Defizit bezüglich der Interpretation nonverbaler Kommunikationsinhalte: „More than 8 out of 10 students were less able to comprehend aspects of nonverbal interaction than nondisabled peers" (ebd., 232). In Lehrerurteilen interagieren diese Schüler weniger mit ihren Klassenkameraden und zeigen weitere Auffälligkeiten im Kontakt- und Sozialverhalten (z.B. Hyperaktivität, Impulsivität, mangelndes Taktgefühl), welche die Interaktion insgesamt negativ beeinflussen. Bauminger und Kimhi-Kind (2008) kommen in einer weiteren Studie zur Erfassung der sozialen Informationsverarbeitung lernbehinderter Jungen der 4. bis 6. Klassenstufe an israelischen Schulen zu dem Ergebnis, dass die lernbehinderten Probanden aufgrund ihrer kognitiven Probleme (z.B. in den Bereichen der Aufmerksamkeit und des Gedächtnisses) sowie ihrer sozial-emotionalen Defizite größere Schwierigkeiten in der Entschlüsselung sozialer Situationen aufweisen als ihre nichtbehinderten Mitschüler. Gasteiger Klicpera, Klicpera und Hippler (2001a, 2001b) verweisen jedoch in ihrer Literaturübersicht zu sozialen Anpassungsschwierigkeiten bei lernbehinderten Schülern und Schülern mit speziellen Lernbeeinträchtigungen auf die Dominanz angloamerikanischer Untersuchungen in diesem speziellen Forschungsbereich.

Neben den Defiziten im Interaktionsverhalten führen nicht zuletzt häufig auch normabweichende Verhaltensformen lernbehinderter Schüler zu weiterer Erschwernissen in der Bewältigung schulischer Anforderungen. Bezugnehmend auf von Bracken (1976) beschreibt Bleidick (1977) bereits Ende der 1970er Jahre Verhaltensstörungen bei Lernbehinderten „als geradezu gängige sekundäre Verbildung" sowie als „konsekutive Mehrfachbehinderung" (S. 212). Rutter (1989) weist im Rahmen der epidemiologischen Isle of Wight Langzeitstudie von 1964 bis 1974 ebenfalls auf eine deutliche Überschneidung von speziellen Lernstörungen und dissozialen Verhaltensweisen hin. Darüber hinaus stellt Myschker (1999) zum Zusammenhang von Lern- und Verhaltensstörungen für den deutschen Sprachraum fest:

Lern- und Verhaltensstörungen kovariieren häufig miteinander, wobei nicht immer zu erkennen ist, welche Störung am Beginn des Fehlentwicklungs-Prozesses stand, oder ob sich nicht beide Störungen in einem gemeinsamen Prozess manifestieren. Lernstörungen führen zu Kompensationsversuchen. Diese Kompensationsversuche können für die Umwelt im Bereich des Akzeptablen liegen und nicht als auffällig gelten. Werden sie jedoch nicht akzeptiert, vielmehr abgelehnt, können sie sich bei dem Betroffenen zu Verhaltensstörungen entwickeln (S. 57).

Dieses Erklärungsmodell beschreibt eine linear-kausale Verkettung der Phänomene Lern- und Verhaltensstörung: Aus der Primärstörung Lernbehinderung kann sich bei Nichtakzeptanz der Verhaltensweisen durch die soziale Umwelt deviantes Verhalten im Sinne einer Sekundärstörung entwickeln (für einen Überblick über weitere Erklärungsmodelle vgl. Schildberg, Jäpelt & Palmowski, 2000; Spiess, 2000). Ungeachtet eines reziproken oder relationalen Erklärungszusammenhangs und der Wirkrichtung der beiden Konstrukte bringt Opp (1995) mit seinem Kombinationsbegriff der „Lern- und Verhaltensstörung" (S. 520) einen Zusammenhang beider Phänomene deutlich zum Ausdruck. Nach Schulze (2003) ist insgesamt eine „Zunahme von Schülern und Schülerinnen mit kombinierten Lern- und Verhaltensproblemen [zu verzeichnen], die aus den vorhandenen pädagogischen Rahmenbedingungen herauszufallen drohen" (S. 185). Das gegenüber normal begabten Kindern zweifach erhöhte Risiko lernbehinderter Schüler, kinder- und jugendpsychiatrisch auffällig zu werden, spielt dabei nicht zuletzt eine wesentliche Rolle. Störungen des Sozialverhaltens (ICD-F91) treten neben hyperkinetischen Störungen (ICD-F90) und tiefgreifenden Entwicklungsstörungen (ICD-F84) bei dieser Schülerpopulation am häufigsten auf (vgl. Grünke, 2004 bezugnehmend auf Marcus & Schmidt, 1993). Zahlreiche Untersuchungen weisen demgemäß auch die Förderschule Lernen „als Ort mit den höchsten Zahlen an Gewalthäufigkeit" aus (Schumann, 2007, 82 bezugnehmend auf Tillmann, Holler-Nowitzki, Holtappels, Meier &

Popp, 2000 sowie Scheithauer, Hayer & Petermann, 2003). Dabei spielen auch bei der Entstehung von Verhaltensauffälligkeiten nicht zuletzt die differierenden Sozialisationskontexte der Lernenden und Lehrenden eine entscheidende Rolle. Gemäß der Annahme „Verhaltensauffällig *ist* ein Kind nicht, verhaltensauffällig *wird es jemandem*" besteht die Möglichkeit, dass ein Kind im Schulsystem erstmalig für Verhaltensweisen sanktioniert und ausgeschlossen wird, die im häuslichen und außerschulischen sozialen Umfeld als „normal" oder gar als wünschenswert konnotiert werden. Lehrkräfte müssen sensibel für diese Abweichungen sein und situationsadäquat darauf reagieren.

Das gleichzeitige Auftreten von Schwierigkeiten in den Bereichen Leistung, Interaktion/Kommunikation, Verhalten und Entwicklung im Förderschwerpunkt Lernen stellt erhöhte Anforderungen an die entsprechenden sonderpädagogischen Fachkräfte. Bevor eine Vermittlung curricular vorgegebener Unterrichtsinhalte an der Förderschule Lernen gelingend stattfinden kann, müssen zunächst die basalen Entwicklungsschritte vollzogen werden, die die kognitive Aneignung komplexer Lerninhalte überhaupt erst ermöglichen – das bedeutet: Lernbehinderte Schulanfänger müssen zunächst mit dem Equipment ausgestattet werden, welches Kinder in Regelschulkontexten bei der Einschulung idealer Weise bereits mitbringen. Dazu gehören die Fähigkeit, still sitzen zu können, hinreichende feinmotorische Kompetenzen (Stifthaltung, Handhabung einer Schere), eine ausreichende Aufmerksamkeitsspanne, schulrelevantes Vor- und Alltagswissen, sowie die Fähigkeit, sich verständlich ausdrücken und verbale Anweisungen umsetzen zu können (produktiver und rezeptiver Wortschatz).

Zusätzlich zu einer individuellen ganzheitlichen Förderung im schulischen Bereich benötigen Kinder im Förderschwerpunkt Lernen demnach auch Hilfestellung in emotionalen und lebenspraktischen Belangen. Welchen zentralen Stellenwert frühe Bindungserfahrungen und die Qualität der Lehrer-Schüler-Beziehung in diesem erweiterten Lernkontext einnehmen, wird im folgenden Kapitel 2.3 umfassend erörtert.

2.3 Bindung, Emotionalität und Bildung im Kontext von Lernbehinderung

> *„The young student may enter school with a new lunchbox but he/she also brings along ‚old feelings', reflecting the accumulation of all experiences from the previous five years."*
> (Erickson & Pianta, 1989, 37).

Das vorangehende Zitat verdeutlicht auf eine sehr eindrucksvolle Art und Weise, dass ein Kind beim Eintritt in die Schule bereits unzählige Beziehungserfahrungen gemacht hat und diese als einen festen Bestandteil seiner Persönlichkeit zu jeder Zeit und in jedem Kontext in sich trägt und für den Abgleich neuer Erfahrungen heranzieht. Erickson und Pianta (1989) gehören Ende der 1980er Jahre zu den ersten Forschern, die sich mit dem Zusammenhang zwischen bindungstheoretischen Grundannahmen und frühen Schulerfahrungen befassen. Ihrer Forschungsarbeit geht es um die Erfassung einer „direct relation between quality of attachment in infancy and outcomes at the time of school entrance and later periods in the child's development" (ebd., 45). Bei den von ihnen beschriebenen internalisierten „alten Gefühlen", die einen Einfluss auf die neuen Erfahrungen im Kontext Schule haben, handelt es sich demgemäß primär um die frühen Bindungserfahrungen eines Schülers mit seinen engen Bezugspersonen. Erickson und Pianta verdeutlichen, dass Bindungssicherheit als protektiver Faktor wirken kann, der den Aufbau neuer stabiler Beziehungen zu Lehrkräften und Klassenkameraden unterstützt und dazu führt, dass die Lernumgebung mit ausreichender Neugier, Enthusiasmus und Vertrauen erkundet werden kann. Auch Vygotski (1978) beschreibt diese Notwendigkeit funktionierender Beziehungsstrukturen für die bestmögliche und effektive Aneignung von Bildungsangeboten und Grossmann und Grossmann (2006) betonen dementsprechend: „Wenn man Bildung will, muss man sich auf Bindungen einlassen. Wenn nicht zu Hause, dann in der Schule" (S. 13).

Unsicheres Bindungsverhalten hingegen kann die kindliche Lernhaltung negativ beeinflussen oder sogar hemmen. Bezug nehmend auf Bretherton und Waters (1985) verweisen Erickson et al. (1989) auf die Entstehung einer unsicheren Bindung mitsamt der daraus resultierenden Probleme, die insbesondere bei Familien mit einem niedrigen sozioökonomischen Status beobachtet werden kann, da in diesen Kontexten häufig verschiedenste Stressoren simultan auftreten, welche einen negativen Einfluss gleichermaßen auf Eltern *und* Kinder ausüben und sich ungünstig auf die reziproke Beziehungsgestaltung auswirken. Wie in den vorangehenden Kapiteln bereits dezidiert beschrieben, weisen Kinder im Förderschwerpunkt Lernen neben ihren Schwierigkeiten im Lern- und Leistungsverhalten gehäuft auch sozial-emotionale Probleme auf, die sich unter anderem darin äußern können, dass diese Kinder nicht in der Lage sind, offen auf die Aneignung, die Anwendung und die Umsetzung neuer Lerninhalte und Beziehungsangebote zu reagieren und diese anzunehmen. Das Verhalten dieser Kinder ist gekennzeichnet durch Ablehnung. Diese Ablehnung kann sich dabei auf die inhaltlich-sachlich Ebene beziehen und sich in Form von Leistung- und Schulvermeidung äußern – negiert und abgewehrt wird in diesem Fall der Lerngegenstand. Ebenso ist es aber auch möglich, dass der direkte Kontakt zur Lehrperson abgelehnt wird: Kinder mit einem derartigen unsicher-vermeidenden Beziehungsverhalten sind beispielsweise nicht in der Lage, aktiv um Hilfe zu fragen oder an sie gerichtete Hilfsangebote anzunehmen.

In einem aktuelleren Artikel „Über das Zusammenspiel von psychischer Sicherheit und kulturellem Lernen" stellen Grossmann et al. (2006) den engen Zusammenhang zwischen Bindung und Bildung dar und plädieren für die Etablierung einer „integrierten Theorie der Entwicklung von Bindung und Bildung" (S. 10). Lernstörungen dürfen gemäß der Autoren nicht als feststehende Persönlichkeitseigenschaften einzelner Individuen missverstanden werden, sondern müssen immer im Zusammenhang mit den gesammelten Erfahrungen erfasst werden, die die Betroffenen im Laufe ihrer Entwicklung mit den für sie zuständigen erwachsenen Menschen gemacht haben. „Bildung wird nachweislich durch unzureichende Bindungserfahrungen im Elternhaus oder in der Schule beeinträchtigt. Das Etikett ‚Lernstörungen' kann sogar die Erkenntnis der tatsächlichen Ursachen und damit angemessene Hilfen verhindern" (ebd., 11). Auch Zimmermann und Spangler (2001) postulieren demgemäß: „Ein indirekter Einfluss der Familie auf den schulischen Kontext zeigt sich auch hinsichtlich der Fähigkeit zum effektiven Umgang mit Emotionen vermittelt über Erfahrungen emotionaler Verfügbarkeit innerhalb sicherer Bindungsbeziehungen" (S. 468). Die Qualität erfahrener Vertrauensbeziehungen hat demnach einen nicht unerheblichen Einfluss auf die Emotions- und Verhaltensregulation in kognitiven Anforderungssituationen und somit auf Lernen.

Die vorausgehenden Ausführungen verdeutlichen, dass menschliche Lernprozesse zu einem bedeutsamen Anteil von frühen Bindungserfahrungen beeinflusst und somit affektlogisch strukturiert sind. Neben den Gefühlen einer ausreichenden Bindungssicherheit spielen auch weitere Emotionen eine Rolle in Lern- und Leistungssituationen. In diesem Sinne argumentiert Tschira (2005), dass jegliches Lernen ohne die Anwesenheit von Gefühlen prinzipiell nicht denkbar ist und Spitzer (2007) betont: „Wer beim Lernen aufmerksam, motiviert und emotional dabei ist, der wird mehr behalten" (S. 139). Umgekehrt wirken sich negative Gefühle wie Angst und Unsicherheit ungünstig auf den Lernprozess aus, da diese Affekte die langfristige Verknüpfung des neu zu Lernenden mit bereits bekannten Inhalten und den Transfer des Gelernten auf andere Situationen hemmen. Emotionen können demnach Lernprozesse sowohl anregen als auch behindern.

Ciompi (1997) erläutert den Zusammenhang zwischen Affekten und Kognitionen, indem er „Affekte als grundlegende Operatoren von kognitiven Funktionen" beschreibt (S. 93). Der Autor verwendet den mathematisch-physikalischen Begriff „Operator" um eine Kraft zu beschreiben, die auf eine Variable einwirkt und diese beeinflusst. Im Rahmen der vorliegenden Arbeit wird aus Gründen der Lesbarkeit primär auf die für das Lernen relevanten Aspekte seiner Theorie eingegangen. Ciompi beschreibt Affekte als „die entscheidenden Energielieferanten oder ‚Motoren' und ‚Motivatoren' aller kognitiven Dynamik" (ebd., 95). Diese nahezu allgemein anerkannte Wirkung von Emotionen auf Denkvorgänge beschreibt die anregende und mobilisierende Wirkung einer emotionalen Beteiligung auf die kognitive Dynamik. Ebenso können Gefühle aber auch hemmend auf Lernvorgänge wirken. Dies ist immer dann zu beobachten, wenn Schüler große Versagensängste aufweisen oder Gefühle von Scham verspüren, wenn es darum geht, vor der Klasse zu sprechen. Weiterhin betont der Autor, dass „Affekte (...) andauernd den Fokus der Aufmerksamkeit [bestimmen]" (ebd., 95). Gefühle der Freude wirken sich positiv auf die Aufmerksamkeitsleistung eines Menschen aus. Negative Emotionen wie Unsicherheit und Angst wirken sich ungünstig auf die Aufmerksamkeit aus, da der Fokus in diesem Fall nicht auf den Lerngegenstand gerichtet werden kann. Diesbezüglich argumentiert Werning (2002): „Mitarbeits- und Lernbereitschaft, Offenheit für Unterrichtsinhalte, Kooperationsbereitschaft, Frustrationstoleranz, Kreativität, all dies ist nicht unabhängig von der Gefühlslage einer Person zu verstehen" (S. 162). Die letzte für den Lernkontext wichtige These Ciompis (1997) drückt sich in der Annahme aus, dass „Affekte ... wie Schleusen oder Pforten [wirken], die den Zugang zu unterschiedlichen Gedächtnisspeichern öffnen oder schließen" (S. 97). Bower (1981) konnte diesbezüglich belegen, dass intensive Gefühlsregungen bei Lernprozessen und affektiv ausreichend ansprechendes Lernmaterial sich positiv auf die Gedächtnisleistung auswirken.

Zusammenfassend lässt sich festhalten, dass Bindung, Emotionalität und Bildung untrennbar miteinander verknüpft sind, d.h. dass „emotionale Prozesse im Prinzip in allen Lern- und Leistungssituationen eine Rolle spielen" (Zimmermann et al., 2001, 463). Kinder mit gravierenden Lern- und Leistungsbeeinträchtigungen im Förderschwerpunkt Lernen weisen gehäuft Defizite in ihrer primären Sozialisation auf, die neben den Schwierigkeiten auf dem Gebiet des Lernens noch weitere Auffälligkeiten in den Bereichen Interaktion/Kommunikation, Aufmerksamkeit, Motivation und Sozialverhalten bedingen. Es muss ferner angenommen werden, dass lernbehinderte Kinder aus sozial randständigen Milieus im institutionalisierten Kontext der Schule einen täglichen Spagat zwischen zwei Lebenswelten mit teils gänzlich verschiedenen Wertekontexten vollziehen. Verbindliche Regeln und verlässliche Bezugspersonen und Strukturen zu erleben kann diesen Kindern aufgrund abweichender Lebenserfahrungen zunächst deutlich schwer fallen und sie verunsichern. Im Förderschwerpunkt Lernen kann es demnach vielfach zu Beginn der Schullaufbahn nicht nur um die Vermittlung der Kulturtechniken Lesen, Rechnen und Schreiben gehen, sondern verstärkt und primär um den Aufbau von Vertrauen in Personen, Strukturen und Regeln sowie um die Vermittlung basaler Lernvoraussetzungen.

„Was als sogenanntes ‚Schulkind' in die erste Klasse kommt, verfügt bereits über eine mehr oder weniger gut entwickelte Lernhaltung" so schließt bereits Grossmann (1977, 172f.) Ende der 1970er Jahre. Die Lernhaltung lernbehinderter Kinder ist aufgrund mangelhafter sozialer Erfahrungen häufig weniger positiv und förderlich ausgeprägt wie dies bei Kindern aus anregungsreicheren Kontexten der Fall ist. Emotionale und soziale Mangelerfahrungen können dazu führen, dass Lernprozesse gehemmt werden und sich negativ auf Kognition, Motivation und Aufmerksamkeit auswirken.

Inwieweit frühe soziale Erfahrungen sich dabei sogar auf die Entwicklung des kindlichen Gehirns auswirken, wird im folgenden Kapitel näher erläutert.

2.3.1 The Experience-Based Brain: Erfahrung, Gehirnentwicklung und Lernen

The evidence is strong that experience-based brain development in the early years sets brain and biological pathways that effect health (physical and mental), learning and behaviour throughout life. Early child and brain development is profoundly affected by the quality of caregiving ... and support in the early years, including pregnancy. (Mustard, 2006, 572).

Wissenschaftliche Forschungen weisen darauf hin, dass zwischen dem Grad der frühkindlichen Förderung, der Qualität des emotionalen Umfelds sowie der qualitativen Ausgestaltung der Eltern-Kind-Interaktionen und den späteren intellektuellen, kognitiven und sozial-emotionalen Fähigkeiten eines Menschen ein direkter Zusammenhang besteht. Braun (2001) spricht von „lern- und erfahrungsinduzierten neuronalen und synaptischen Veränderungen" (S. 22).

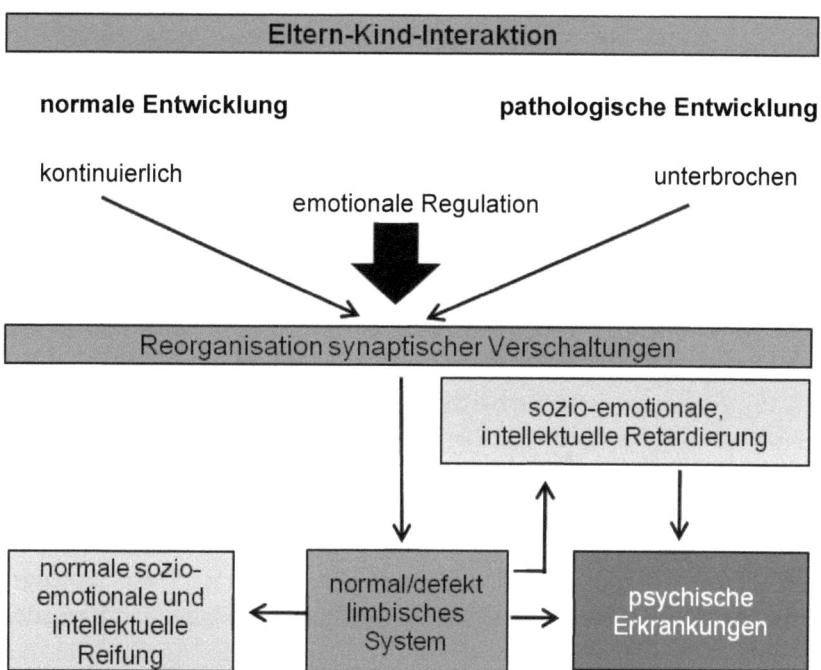

Abb. 3: Die Interaktion zwischen Kind und Eltern „prägt" die Entwicklung des limbischen Systems und das Verhalten (Braun et al., 2002, 124)

Abbildung 3 kann entnommen werden, dass sich andauernde Mangelerlebnisse ungünstig auf die Reorganisation synaptischer Verschaltungen im (kindlichen) Gehirn auswirken können. Braun et al. (2002) beschreiben den Einfluss sozialer Erfahrungen auf die Neurobiologie des Gehirns wie folgt:

Kommt es zu emotionaler Deprivation oder treten Negativerlebnisse auf, so könnte es zu einem Ausbleiben der Synapsenselektion bzw. zu Fehlverschaltungen kommen, sodass ein in seiner Leistungsfähigkeit eingeschränktes bzw. verändertes Netzwerk entsteht, das dann unter Umständen zu nicht optimal an die Umweltbedingungen angepassten Verhaltensweisen führen kann. (S. 124)

Die gut ausgestattete Umwelt eines Kindes aktiviert und bewahrt demnach jene Nervenbahnen, die im Falle mangelhafter Erfahrungen aufgrund von ungenügendem Gebrauch zugrunde gegangen wären. Myers (2008) erkennt in diesem Phänomen die „biologische Realität der Früherziehung" (S. 124).

Mit Hilfe bildgebender Verfahren ist es in den letzten Jahren vermehrt gelungen nachzuweisen, „welch nachhaltigen Einfluss frühe Bindungserfahrungen darauf haben, wie und wofür ein Kind sein Gehirn benutzt" (Gebauer & Hüther, 2004, 28). Darüber hinaus wird betont „dass der erste emotionale

Lernprozess, die Entstehung der Mutter-Kind-Bindung, eine wichtige regulatorische Funktion bei der psychischen und intellektuellen Reifung spielt" (Braun, 2001, 22). Klinische tierexperimentelle Studien weisen immer mehr in die Richtung, dass positive und negative Gefühlserfahrungen während der frühen Lebensphase auch beim Menschen die Entwicklung synaptischer Schaltkreise im limbischen System beeinflussen, welches u.a. die Gedächtnis- und Motivationsleistung sowie das Affektverhalten und die generelle Verhaltensregulation eines Menschen steuert (Trepel, 1999). Als Folge von Fehlverschaltungen in den limbischen Emotionsschaltkreisen resultiert ein „falsch geknüpftes neuronales Netzwerk, das Verhaltens- und Lernstörungen bis hin zu psychischen Erkrankungen bewirken kann" (Bock, Helmeke, Ovtscharoff jr., Gruß & Braun, 2003, 19). So konnte wissenschaftlich belegt werden, dass Kinder unter chronischer und unberechenbarer Stressbelastung Defizite in ihrer Lernfähigkeit erleiden (Begley, 1998). Es besteht demnach eine enge Verknüpfung zwischen frühen emotionalen (Beziehungs-) Erfahrungen und der späteren Lernleistung, der Verhaltensregulation sowie der Prädisposition psychischer Erkrankungen. Nach Brisch (2004) wirkt die primäre Bindungsperson je nach Ausprägungsgrad der feinfühligen Unterstützung des Kindes „als psychobiologischer Regulator bzw. Dysregulator der Hormone des Kindes (…), welche die direkte Gentranskription steuern" (S. 38). Untersuchungen konnten belegen, dass die Qualität der frühen Mutter-Kind-Interaktion den Cortisolspiegel des Säuglingsgehirns und somit die Stressbereitschaft des Neugeborenen, die sich wiederum auf dessen Lernbereitschaft auswirkt, signifikant beeinflusst.

Auch Hüther (2001) betont die negativen Auswirkungen unsicherer Bindung an die primären Bezugspersonen, die mit verstärkter Selbstbezogenheit des Kindes kompensiert wird und dazu führt, dass sich die Kinder verstärkt gegenüber äußeren Eindrücken und Anregungen isolieren. Er schlussfolgert: „Für das Lernverhalten der Kinder bedeutet dies ein Rückgang an Motivation, Verstehen, Behalten, Erinnern, Erkennen von Zusammenhängen und eine eingeschränkte Fähigkeit beim Erkennen und Lösen von Konflikten" (ebd., 94). Aus der sonderpädagogischen Forschung ist bekannt, dass Förderschüler „zu einem überwiegenden Teil aus Lebens- und Erziehungsbedingungen [kommen], die ihre Entwicklung in den frühen Lebenslagen beeinträchtigt oder gar beschädigt haben" (Klein, 2001, 59). Zu diesen schädigenden Einflüssen können und müssen auch unzureichende bzw. ungünstige frühe Bindungs- und Beziehungserfahrungen gezählt werden, da in zahlreichen Untersuchungen belegt werden konnte, dass ein niedriges sozioökonomisches Niveau und das Aufwachsen in Armutslagen mitsamt der damit einhergehenden Faktoren (begrenzter Wohnraum, Langzeitarbeitslosigkeit der Eltern, wenig anregungsreiches soziales Umfeld, repressiver oder permissiver Erziehungsstil der Eltern etc.) die Wahrscheinlichkeit einer unsicheren bzw. hochunsicheren Bindung potenziert (vgl. Egeland & Farber,

1984; Erickson et al., 1989; Lyons-Ruth, Alpern & Repacholi, 1993; van IJzendoorn & Bakermans-Kranenburg, 1996).

Aufgrund der neuronalen Plastizität des menschlichen Gehirns ist es auch älteren Kindern und sogar Erwachsenen noch möglich, synaptische und neuronale Verschaltungen im Gehirn vor dem Hintergrund neuer Erfahrungen zu verändern und zu optimieren. Im sonderpädagogischen Kontext von Lern- und Verhaltensauffälligkeiten sollte der Vermittlung bindungskorrigierender Erfahrungen im sozialen Miteinander von Schülern und Lehrkräften somit ein besonderer Stellenwert eingeräumt werden, damit Schüler nachfolgende Bildungsangebote optimal annehmen können.

2.3.2 Bindungsverhalten im schulischen Kontext

Eine der zentralen Hypothesen Bowlbys (1976) besteht in der Annahme, dass die Qualität und Effektivität der Bindung eines Kindes an eine Bezugsperson neben den aktuellen situativen Gegebenheiten maßgeblich von den real erlebten Erfahrungen des Kindes mit seinen primären Bindungspersonen beeinflusst ist. Mit der Hypothese des sozialen Netzwerkes („social-network hypothesis"; van IJzendoorn, Dijkstra & Bus, 1995, 117) wird angenommen, dass sicher gebundene Kinder harmonischere Beziehungen zu Gleichaltrigen und Lehrern aufbauen können als Kinder mit unsicheren Bindungsmustern. Wie bereits in Kapitel 2.3 erläutert beschreiben auch Erickson et al. (1989) den Einfluss früher Bindungserfahrungen auf die Anpassung der Schüler an die sozialen Gegebenheiten im Kontext Schule. Die Autoren gehen davon aus, dass die früh angelegten internalisierten Arbeitsmodelle von Bindung spätere schulische Erfahrungen beeinflussen, da die Schüler ihre Erfahrungen zunächst an die bereits bestehenden kognitiven Schemata assimilieren. Eine Änderung der bestehenden Schemata bedarf vieler störender, die Erwartungen enttäuschender und damit korrigierender Erfahrungen mit signifikant Anderen. Auch nach aktuellem Forschungsstand lassen frühe Bindungserfahrungen Voraussagen für den Umgang mit Gleichaltrigen und Lehrpersonen im Schulalter zu und beeinflussen in einem besonderen Maße die Schüler-Lehrer-Interaktion. Howes und Ritchie (2002) stellen bezüglich dieser Transmission früher Bindungserfahrungen in den schulischen Kontext fest „ ... when children encounter a new adult, such as a teacher, they tend to act toward her or him in ways that are consistent with their prior relationship history, their working model" (S. 63f.).

Inwieweit sich die Verhaltensweisen sicher und (hoch)unsicher gebundener Schüler im institutionalisierten Kontext der Schule voneinander unterscheiden können und welche Auswirkungen sich dabei unter Umständen für die Schüler-Lehrer-Beziehung ergeben wird in den folgenden Kapiteln umfassend erläutert.

2.3.2.1 Verhaltensweisen sicher gebundener Schüler

Die Entwicklung eines sicheren Bindungsmodells (Typ B) gelingt auf der Grundlage der feinfühligen Beantwortung der affektiven Signale des Kindes durch seine nahen erwachsenen Bindungspersonen. Die Strategie sicher gebundener Kinder, mit Nähe und Distanz umzugehen, ist ausbalanciert. Bei Gefühlen der Unsicherheit schaffen es diese Kinder, die Bindungsperson als sichere Basis zu nutzen und dort adäquate, den aktuellen Bedürfnissen angemessene Unterstützung zu bekommen. Sind die Bindungsbedürfnisse befriedigt, können sicher gebundene Kinder weitläufig explorieren und ihre Umwelt erkunden.

Im schulischen Kontext beschreibt Geddes (2006) das Lernverhalten sicher gebundener Schüler anhand eines Lerndreiecks („learning triangle"), welches sich zwischen den Dimensionen Schüler, Lehrer und Lerngegenstand aufspannt.

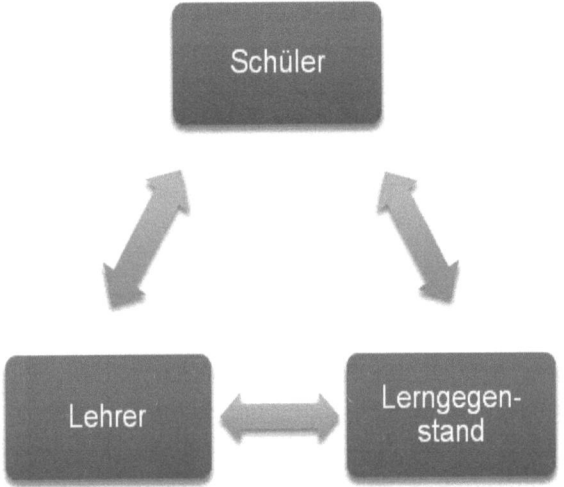

Abb. 4:   Lerndreieck eines sicher gebundenen Schülers nach Geddes (2006, 59)

Abbildung 4 zeigt, dass sich das Lernverhalten des sicher gebundenen Schülers durch ein Gleichgewicht zwischen der Interaktion mit sowie der Unterstützung durch den Lehrer und der Involviertheit in die jeweilige Aufgabe auszeichnet. Sicher gebundene Schüler vertrauen auf die Unterstützung des Lehrers und können diesen als sichere Vertrauensbasis bei der Beschäftigung mit dem Lerngegenstand nutzen und bei Problemen aktiv um Hilfe fragen. Werden Lehrperson und Lernumgebung auf diese Weise als sichere Basis anerkannt, so kann der Schüler seine Umwelt explorierend erkunden, bekommt darüber einen Vertrauenszuwachs in die eigenen Fähigkeiten und wird zunehmend selbständiger in seinem Lern- und Arbeitsverhalten. Gloger-Tippelt, König, Zweyer und Lahl (2007) verweisen darüber hinaus auf den positiven Effekt sicheren Bindungsverhaltens auf der Ebene sozial-emotionaler Strategien indem sie erläutern, dass

„ein sicheres Bindungsmodell bei Schulbeginn (...) offenbar die Emotionsregulation und Fähigkeit zum Aushandeln von Konflikten mit Gleichaltrigen [fördert], sodass bindungssichere Kinder weniger körperlich aggressive, weniger depressiv-ängstliche oder hyperaktive Verhaltensweisen zeigen" (S. 217).

An dieser Stelle sei darauf hingewiesen, dass ein sicheres Bindungsmuster nicht zwangsläufig bestimmte positive Verhaltensweisen voraussagen kann, sondern lediglich die Wahrscheinlichkeit der Performanz günstiger Strategien erhöht. Es ist zu beachten, dass im schulischen Kontext von einer reziproken Wirkung hinsichtlich Schülerverhalten und Lehrererwartung ausgegangen werden muss. Sicher gebundene Kinder verfügen zwar prinzipiell über einen Vertrauensvorschuss für die Etablierung neuer Beziehungen, jedoch müssen die kontextuellen Bedingungen des Schulsystems und die darin agierenden Personen die emotionalen Vorgeschichten ihrer Schüler auch wertschätzend anerkennen und diese annehmen. Nur dort, wo die sichere Beziehung eines Kindes zu seinen erwachsenen Bezugspersonen in der Ausgestaltung einer ebenso sicheren Lehrer-Schüler-Beziehung fortgesetzt werden kann, wird dieser Vertrauensvorschuss wirksam und ermöglicht dem Kind ein ausreichendes Neugier- und Explorationsverhalten und die Zuversicht, in problematischen Situationen auf die Hilfe der Lehrperson zurückgreifen zu können. Ein Schulsystem mit Lehrern, welche die affektiven Erfahrungen ihrer Schüler ignorieren und die emotionalen Aspekte des Lernens negieren und keine vertrauensvollen Beziehungen zu ihren Schülern aufbauen, wird auch sicher gebundenen Schülern aller Wahrscheinlichkeit nach nicht als sichere Lernbasis dienen können.

2.3.2.2 Bindungsunsicheres Schülerverhalten

Der Start in die Schule ist immer auch mit bindungsrelevanten Situationen verbunden. So müssen die Schüler die Trennung von ihren primären Bezugspersonen aushalten und sich in einem für sie gänzlich neuen Kontext mit ihnen zunächst unbekannten Klassenkameraden und Lehrpersonen zurechtfinden. Es bedarf der Kontaktanbahnung und des Aufbaus neuer Freundschaften sowie einer gelungenen Schüler-Lehrer-Beziehung. Neben diesen sozialen Aspekten muss auch die sächlich-materielle Lernumgebung mit ausreichender Neugier und Enthusiasmus vertrauensvoll erschlossen werden. Dies alles gelingt umso besser, wenn ein Kind bereits vor dem Schuleintritt positive Bindungserfahrungen erleben durfte und sich bei Schuleintritt ausreichend sicher fühlt, die neuen Herausforderungen aktiv zu bestreiten. Bezugnehmend auf erste Ergebnisse des Minnesota Mother-Child Interaction Research Project, welches im Jahr 1975 als Langzeitstudie unter der Leitung von Egeland und Sroufe initiiert wurde, beschreiben Erickson und Pianta (1989) die Annahme, dass unsicher gebundene Kinder aus Familien mit einem niedrigen sozioökonomischen Status seltener als sicher gebundene Kinder dazu in der Lage sind, Verhaltensweisen zu entwickeln, die mit einem erfolgreichen Start in die Schule assoziiert werden. Kinder in unsicheren Bindungsbeziehungen machen verstärkt die Erfahrung, mit ihren noch unscharf ausgeprägten emotionalen, sozialen und kognitiven Kompetenzen allein gelassen zu werden, was zu einer emotionalen Überforderungssituation führt, die wiederum mangelndes Selbstvertrauen und Gefühle der Inkompetenz generiert. Diesbezüglich konstatieren auch Ahnert und Harwardt (2008): „Von daher wird angenommen, dass für Kinder mit *unsicheren* Bindungserfahrungen Lernfreude und Anstrengungsbereitschaft gedämpft bleiben und im Laufe der Entwicklung sogar nachhaltig geschwächt werden könnten" (S. 147).

Im schulischen Kontext geraten unsicher gebundene Kinder darüber hinaus vielfach in Interaktionen, die ihre bestehenden inneren Arbeitsmodelle von Bindung bestätigen und somit zu deren Stabilisierung beitragen. Das im familiären Kontext als adaptiv zu beschreibende Bindungsverhalten des Schülers passt oftmals nicht zu den sozialen Gegebenheiten des Schulsystem und führt vielfach aufgrund dieser nicht gelingenden Passung von Verhaltensweisen und Kontext dazu, dass bei der Bezugsperson Gefühle von Ärger, Enttäuschung und Ablehnung provoziert werden. Neben der Störung sozialer Prozesse wird auch das Lern- und Arbeitsverhalten dieser Kinder von ihrem unsicheren Bindungsmodell negativ beeinflusst: Konkret bedeutet dies, dass sich pädagogische Arbeitsbündnisse bindungsunsicherer Schüler nicht mehr ausgewogen „zwischen der Dominanz der Orientierung an der Sache und der Dominanz der Orientierung an der Person" aufspannen (Helsper & Hummrich, 2009, 610).

Nachfolgend sollen die Verhaltensweisen unsicher gebundener Schüler beschrieben werden, wobei zwischen den Bindungsqualitäten unsicher-vermeidend (Typ A) und unsicher-ambivalent (Typ C) unterschieden werden soll.

Das Lernverhalten **unsicher-vermeidender** Schüler ist gekennzeichnet durch die Verleugnung der Bedeutung des in der Lernsituation förderlichen Beziehungsaspektes zwischen Lehrer und Schüler (vgl. Abb. 5). Diese Kinder „konzentrieren sich defensiv auf den Sachaspekt der pädagogischen Kommunikation und vermeiden es, Bindungsverhalten zu zeigen" (Schleiffer, 2009, 54). Schüler mit einer vermeidenden Bindungsstrategie lassen sich nur ungern helfen und fordern aktiv keine Unterstützung seitens der Lehrperson ein, da Hilfe für sie die Gefahr der Abhängigkeit impliziert. Solche Kinder bemühen sich angesichts einer größeren Herausforderung nicht um Unterstützung, sondern verlassen sich auf sich selbst, wobei sie allerdings nur das lernen, was zu lernen ihnen aus eigener Kraft möglich ist (Geddes, 2009). Aufgrund dieser Zurückhaltung gestaltet sich die Beziehung zwischen dem unsicher-vermeidenden gebundenen Schüler und der Lehrperson überwiegend frustrierend und konfliktreich. Wissenschaftliche Studien ergaben, dass insbesondere Kinder mit einem unsicher-vermeidenden Bindungsstil verstärkt den Ärger ihrer Lehrkräfte provozieren (Erickson et al., 1989). Bei älteren Kindern kann sich die Vermeidung auch in einer eher psychischen Distanzierung äußern. Diese Kindern zeigen weniger eine direkte Abkehr von der Bezugsperson als eher eine geringe emotionale Beteiligung innerhalb sozialer Interaktionen (vgl. König, 2002, 24).

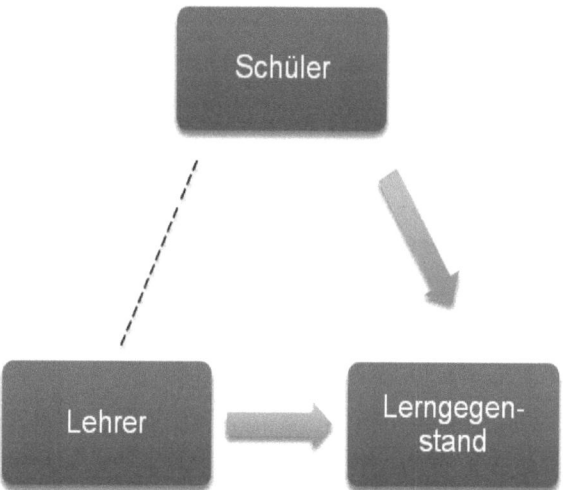

Abb. 5:   Lerndreieck eines unsicher-vermeidend gebundenen Schülers nach Geddes (2006, 77)

Unsicher-vermeidend gebundene Kinder haben in sozialen Interaktionen mit ihren Bezugspersonen gelernt, Gefühle von Kränkung und Zurückweisung zu unterdrücken und ihre Frustration vor der Außenwelt zu verbergen. Gemäß Gloger-Tippelt et al. (2007) kann diese Unterdrückung negativer Emotionen bei mehrfacher Zurückweisung durch Klassenkameraden oder Lehrpersonen aber auch misslingen. Ein Scheitern der Abwehr frustrierender emotionaler Erlebnisse kann zu einer Herabsetzung der Impulskontrolle mit aggressiven Verhaltenstendenzen führen oder eher passiv-depressive Verhaltensweisen wie z.B. sozialen Rückzug hervorbringen. Solomon, George und DeJong (1995) weisen darauf hin, dass Kinder mit unsicher-vermeidenden Bindungsmustern in Lehrerurteilen erhöhte externalisierende Auffälligkeiten im Sinne aggressiver Handlungsstrategien zeigen. Ergebnisse einer Düsseldorfer Studie zur Erfassung der Bindungsrepräsentation und des Problemverhaltens fünf- und sechsjähriger Kinder (Gloger-Tippelt et al., 2007) ergaben darüber hinaus, dass sowohl Mütter als auch Lehrer unsicher-vermeidend gebundener Kinder bei diesen eine höhere motorische Unruhe und eine geringe Aufmerksamkeitsleistung wahrnahmen, als dies für sicher gebundene Kinder berichtet wurde.

Anders als unsicher-vermeidend gebundene Kinder betonen Kinder mit einem **unsicher-ambivalenten** Bindungsmuster aufgrund ihres permanent hyperaktivierten Bindungssystems die Abhängigkeit von der Lehrerin, was sich in einem erhöhten Bedürfnis sozialer Zuwendung äußert und effektives Lernen verhindert. Diese Kinder haben früh gelernt, dass ihre fürsorgenden Erwachsenen unberechenbar in ihrem Kontaktverhalten auftreten. Diese frühen Erfahrungen führen dazu, dass diese Kinder ständig in Beziehung zu ihren Bezugspersonen gehen: Nicht beachtet zu werden verängstigt diese Kinder zutiefst. Von Lehrkräften werden Schüler mit einem ambivalenten Bindungsstil demnach oftmals als sehr anhänglich (Erickson et al., 1989) sowie als in erhöhtem Maße verletzlich beschrieben. Das Verhalten dieser Schüler zeichnet sich durch eine erhöhte Unfähigkeit der Konzentration auf den Lerngegenstand aus, welche aus der Angst resultiert, bei einer Fokussierung auf den Sachaspekt der Lernsituation die Aufmerksamkeit und Zuwendung der Lehrperson zu verlieren: Aktiv-entdeckendes Lernen kann daher nicht oder nur in eingeschränktem Umfang und verminderter Qualität stattfinden. „Wichtiger als der Inhalt ist es, wie und warum jemand ihnen etwas beizubringen sucht" (Schleiffer, 2009, 54). Das Lerndreieck dieser Kinder (Abb. 6) weist demnach einen erhöhten bidirektionalen Austausch auf der Beziehungsebene zwischen Lehrer und Schüler auf, der dazu führt, dass die Beschäftigung mit dem Lerngegenstand in der kommunikativen Auseinandersetzung auf beiden Seiten eingeschränkt bzw. unterbrochen wird. Um die ungeteilte Aufmerksamkeit der Lehrperson zu binden, weinen unsicher-ambivalent gebundene Kinder häufiger und lassen sich zudem nur schwer wieder beruhigen (Howes & Ritchie, 2002). Im schulischen Setting kommt es normalerweise irgendwann zu dem Punkt, an dem der Schüler realisiert, „dass der Lehrer unfähig ist, dessen massive Bindungsbedürfnisse zu erfüllen" (Julius, 2008, 253). Die Aufmerksamkeitssuche äußert sich in diesem Fall oftmals in sozial unerwünschten, d.h. abweichenden Verhaltensmustern,

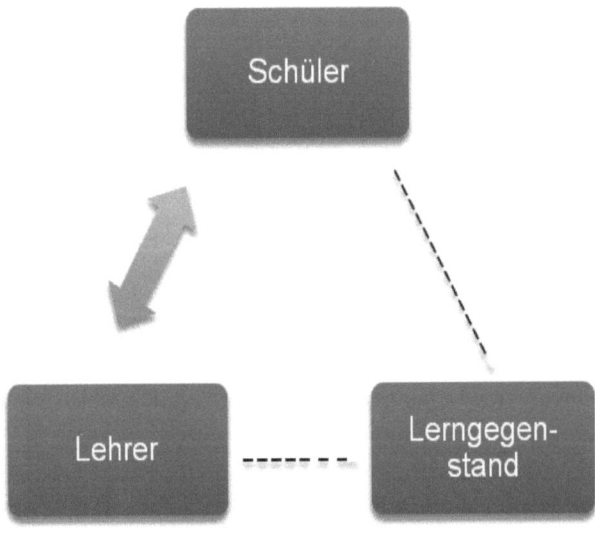

Abb. 6: Lerndreieck eines unsicher-ambivalent gebundenen Schülers nach Geddes (2006, 97)

die wiederum den Ärger der Lehrkraft provozieren und damit zurückweisendes Bindungsverhalten des Lehrers bedingen, welche das internale Arbeitsmodell des ambivalent gebundenen Schülers erneut bestätigen und somit zu dessen Stabilität beitragen. Darüber hinaus erscheinen die Kontaktversuche dieser Schüler häufig eher oberflächlich, da unbewusst die Befriedigung basaler Grundbedürfnisse im Vordergrund steht und es nicht darum geht, tiefgründige, emotional ausbalancierte Beziehung mit anderen Menschen einzugehen (vgl. Bombèr, 2007).

Je nach Bindungstyp sind unsicher gebundene Kinder im schulischen Kontext demnach „too defensive or too ambivalent to use their partners' resources optimally" (van IJzendoorn et al., 1995, 117). Kinder mit einer unsicheren Bindungsgeschichte sind demzufolge in einem erhöhten Maße dem Risiko ausgesetzt, ungünstige Lernprozesse zu erfahren, wenn ihre zuständigen Lehrpersonen nicht feinfühlig auf die von ihnen ausgesendeten Signale reagieren und die individuelle Lerngeschichte ihrer Schüler unberücksichtigt bleibt.

2.3.2.3 Bindungsdesorganisation im schulischen Kontext

Schüler mit einem hochunsicheren Bindungsstil werden als „the most worrying pupils" (Geddes, 2006, 103) beschrieben. Diesen Schülern ist es aufgrund früher Erlebnisse nicht gelungen, adaptive Verhaltensstrategien zu entwickeln. Als Resultat dieser Fehlanpassung an die Erfordernisse der sozialen und sächlichen Umwelt verweisen wissenschaftliche Untersuchungen auf einen Zusammenhang zwischen desorganisierter Bindung und einer schlechten Anpassung an schulische Erfordernisse, so dass Schleiffer (2002) die desorganisierte Bindung im Titel des an dieser Stelle zitierten Aufsatzes als „gemeinsame[n] Risikofaktor für Dissozialität und Lernbehinderung" beschreibt. Die unzureichend entwickelte Selbstregulationsfähigkeit dieser Schüler führt zu schlechteren Schulleistungen und diese wiederum zu Gefühlen der Selbstunwirksamkeit und einem negativ ausgeprägten Fähigkeitsselbstkonzept. Insgesamt mangelt es insbesondere diesen hochunsicher gebundenen Schülern in der Lernsituation an ausreichender emotionaler Sicherheit, um effektiv lernen zu können. Aufgrund chaotischer Erfahrungen in der frühen Kindheit ist es desorganisiert gebundenen Kindern nicht möglich, ihre Bezugsperson als sichere Basis zu nutzen. Im schulischen Kontext werden erfahrungsbedingt somit auch Lehrpersonen nicht als vertrauenswürdig anerkannt und vielfach als Ansprechpartner offensiv abgelehnt. Neben Gefühlen des Misstrauens gegenüber der Lehrperson, wird auch die Sachebene der Lernsituation negiert, da zu bearbeitende Aufgaben potenziell die bereits existierenden Gefühle der Inkompetenz und Unzulänglichkeit noch verstärken können. Das Lerndreieck (Abb. 7) dieser Schüler weist demnach Unterbrechungen aller der Lernsituation immanenten wichtigen Dimensionen auf: Sowohl die Interaktion auf der Beziehungsebene als auch die gegenständliche Beschäftigung mit dem Lerninhalt sind mit erhöhter Wahrscheinlichkeit gestört bzw. lediglich rudimentär ausgeprägt.

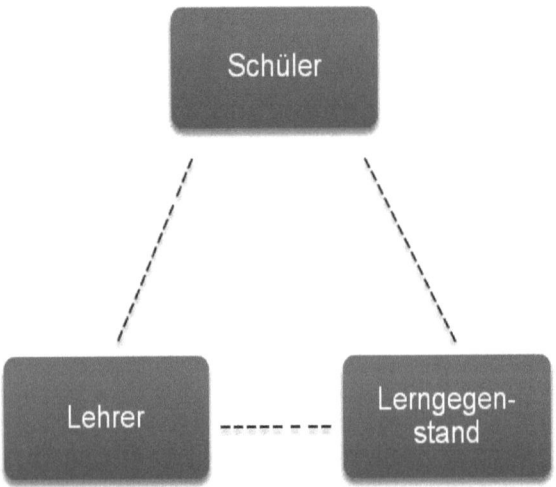

Abb. 7: Lerndreieck eines desorganisiert gebundenen Schülers nach Geddes (2006, 115)

Im Ergebnis einer im Rahmen der Universität Düsseldorf durchgeführten Untersuchung weisen hochunsicher gebundene Lernanfänger im Lehrerurteil die höchsten Raten aggressiver Verhaltensweisen und insgesamt ein signifikant stärker ausgeprägtes allgemeines Problemverhalten als sicher gebundene Kinder auf (vgl. Gloger-Tippelt et al., 2007). Zudem konnte bei Schülern mit desorganisierter Bindungsrepräsentation eine gesteigerte motorische Unruhe und eine erhöhte Ablenkbarkeit festgestellt werden. Geddes (2006) verweist diesbezüglich auf die Gefahr der Verwechslung einer Bindungsdesorganisation mit dem klinischen Bild der Aufmerksamkeitsdefizit-/Hyperaktivitätsstörung (ADHS; ICD-10 F90.0 / F90.1), da es vielfach zu Überlappungen in den Symptomkomplexen der genannten Störungsbilder kommen kann. Weitere Untersuchungen identifizierten darüber hinaus kontrollierende Verhaltensmuster desorganisiert gebundener Kinder im Alter von sechs Jahren, welche entweder in kontrollierend-bestrafender Form oder als besorgt-fürsorgliches Verhalten gegenüber der elterlichen Bezugsperson auftreten kann (Main & Cassidy, 1988; Wartner, Grossmann, Fremmer-Bombik & Suess, 1994). Ähnliche Verhaltensmuster sind ggf. auch im schulischen Kontext vorstellbar.

Zusammenfassend lässt sich sagen, dass eine Bindungsdesorganisation in besonderem Maße zu einer „Dauerthematisierung von Beziehungsfragen" (Schleiffer, 2009, 55) führt, die eine vertiefte Auseinandersetzung mit dem Lerngegenstand und somit den Lernprozess als solchen massiv behindert. Desorganisiert gebundene Schüler bedürfen daher in besonderem Maße der Unterstützung durch kompetente erwachsene Bezugspersonen. Auf der Struktur- und Sachebene sind verlässliche und vorhersehbare Routinen ebenso hilfreich und unerlässlich wie bindungskorrigierende Erfahrungen und die Erlebbarkeit von Schule als sicherer Basis auf der Ebene sozialer Beziehungen.

2.3.3 Die Lehrer–Schüler–Beziehung als Chance: Bindungskorrigierende Erfahrungen im sonderpädagogischen Kontext

Erziehung und Unterricht werden in den Empfehlungen zum Förderschwerpunkt Lernen der Kultusministerkonferenz aus dem Jahre 1999 ausdrücklich als eine Einheit verstanden (vgl. KMK, 2000, 305). Mit Göppel (2007) stellt sich bezüglich der Grundvoraussetzungen gelingenden Unterrichtens und Erziehens die Frage: „Wer [aber] hat ‚erzieherischen Einfluss'?" (S. 44). Bittner (1996) betont die Notwendigkeit einer ausreichenden emotionalen Verbundenheit der erziehenden Person mit ihrem jeweiligen Zögling, indem er konstatiert: „Wo der Lehrer für das Kind eine ganz ferne, neutrale Person bleibt, die weder Liebe, noch Haß noch Respekt noch sonst ein Gefühl auf sich zieht, kann er auch keinen nennenswerten erzieherischen Einfluß ausüben" (S. 189). Erfolgreiche Erziehung basiert somit auf dem Austausch emotionaler Erlebnisinhalte, der im besten Fall in ein stabiles und sicheres Beziehungsverhältnis eingelagert ist.

Lernbehinderte Schüler sind in der schulischen Förderung in besonderem Maße „auf Geborgenheit und Sicherheit, Zuwendung und Wärme, Anerkennung und Vertrauen [angewiesen], um Selbstwertgefühl und Leistungskraft entfalten zu können" (KMK, 2000, 302f.). Zahlreiche Studien (Begemann, 1970; Klein, 1973; Wocken, 2000; Hänsel et al., 2004) belegen einen signifikanten Zusammenhang zwischen sozialer Benachteiligung und Lernbehinderung mit den daraus resultierenden kindlichen Entwicklungsgefährdungen (vgl. Neuhäuser, 2000). Darüber hinaus weisen lernbehinderte Kinder neben den Schwierigkeiten im Lern- vermehrt auch Störungen im Bereich des Sozialverhaltens auf (vgl. Opp, 1995; Myschker, 1999; Schulze, 2003; Grünke, 2004). Insbesondere diese Verhaltensabweichungen bergen ein erhöhtes Konfliktpotenzial bezüglich sozialer Interaktionserfahrungen. Nicht zuletzt deswegen spricht Hillenbrand (1999) in seinem Lehrbuch der Verhaltensgestörtenpädagogik von einem „Primat der Beziehung" (S. 213) in der pädagogischen Auseinandersetzung mit verhaltensauffälligen Kindern, in dem er die Grundvoraussetzung für erfolgreiches pädagogisches Handeln erkennt. Aufgrund des kumulativen Auftretens von sozioökonomisch bedingten Entwicklungsrisiken, Verhaltensproblemen und Lernschwierigkeiten muss dem Beziehungsaspekt zwischen Lehrkräften und Schülern auch in der Lernbehindertenpädagogik ein besonderer Stellenwert beigemessen werden. Zweifelsohne sind Lehrer demnach wichtige *Bezugs*personen für ihre Schüler – aber sind sie auch *Bindungs*personen?

Howes (1999) beschreibt drei Kriterien, die prinzipiell erfüllt sein müssen, um alternative, außerfamiliale Bindungspersonen für ein Kind identifizieren zu können: Zum einen die Bereitschaft der Bezugsperson zu einer emotionalen und körperlichen Zuwendung und Versorgung des Kindes, weiterhin eine Kontinuität und Konsistenz bezüglich der Verfügbarkeit und des Verhaltens der Bindungsfigur im Leben des Kindes. Mit Schleiffer (2005) kann der dritte Aspekt mit der „Bereitschaft zu einer affektiven Investition" (S. 160) der Bezugsperson in Bezug auf das ihr anvertraute Kind beschrieben werden.

Die ersten Schuljahre bieten aufgrund der hohen affektiven Eingebundenheit der Schüler eine besondere Möglichkeit, bestehende negative Bindungserfahrungen durch feinfühliges und konsistentes Lehrerverhalten zu verbessern und eine Reorganisation der inneren Arbeitsmodelle von Bindung herbei zu führen (vgl. Erickson et al., 1989). Auch die genannten Kriterien zur Identifizierung einer Bindungsfigur im außerfamiliären Kontext lassen sich am ehesten für Lehrkräfte im Anfangsunterricht der Primarstufe realisieren. So verweisen Alexander, Entwisle und Thompson (1987) im Sinne des erstgenannten Kriteriums insbesondere in der Grundschulzeit auf die Notwendigkeit einer emotionalen Versorgung der Schüler durch die Lehrer, die aus einer erhöhten affektiven Bedürftigkeit der Schulanfänger resultiert: „In the primary grades, the teacher also wipes runny noses and consoles hurt feelings, joining formal and nurturant responsibilities in a role peculiar to the elementary teacher" (S. 680). Diesbezüglich weist auch Benkmann (1998) auf die Tatsache hin, dass besonders im Grundschulalter „Sach- und Beziehungsgesichtspunkte noch weitgehend eine Einheit [bilden]. Es gibt keine gespaltene Aufmerksamkeit zwischen Sache und Beziehung" (S. 483). Das Kriterium einer kontinuierlichen Versorgung und Unterrichtung durch eine konsistente Bezugsperson lässt sich ebenfalls am ehesten für die Grundschule realisieren (Klassenlehrerprinzip vs. Fachlehrerunterricht). In der Primarstufe dient der Klassenlehrer den Schülern zumeist vom ersten bis zum vierten Schuljahr, d.h. durch die gesamte Grundschulzeit hindurch, als feste Bezugsperson, die durch den hohen Anteil an Unterrichtsstunden in besonderer Weise auf die individuellen Bedürfnislagen und die emotionalen Befindlichkeiten ihrer Schüler eingehen kann. Das dritte Kriterium, welches sich in der Bereitschaft zu einer affektiven Investition in den Schüler ausdrückt, ist jedoch schulformunspezifisch und allein abhängig vom persönlichen Engagement der jeweiligen Lehrerpersönlichkeit. Generell lassen sich alle beschriebenen Kriterien in sämtlichen Schulstufen und -formen erreichen, wenn die Lehrperson ausreichend sensibel und feinfühlig ist.

Aus Sicht der Bindungstheorie wird einer positiven Lehrer-Schüler-Beziehung insbesondere für bindungsunsichere Kinder eine positive Wirkung beigemessen (vgl. Howes, 2002), die sich in einer Korrektur abweichender Entwicklungsverläufe abbilden lässt (Grossmann et al., 2006). Auch Werner (1997) beschreibt als ein Ergebnis der Kauai-Längsschnittstudie die stabile Beziehung zu einer nahestehenden Lehrperson als potenziellen Schutzfaktor, indem sie resümiert: „Unter den am häufigsten angetroffenen positiven Rollenmodellen im Leben widerstandsfähiger Kinder, die erhebliche Entwicklungsrisiken im Leben überwinden, ist ein Lieblingslehrer" (S. 198).

Zwar nutzen bindungsunsichere Kinder in Beziehungen mit unbekannten erwachsenen Bezugspersonen ihre in den inneren Arbeitsmodellen früh angelegten Verhaltens- und Denkmuster und provozieren damit vielfach bei ihrem Gegenüber ihnen bekannte Reaktionsweisen, sie bleiben jedoch „trotzdem gegenüber neuen Erwachsenen noch längere Zeit offen für neue Bindungen, die anders als die bisherigen sein können" (Grossmann et al., 2006, 14). Die Richtung des „Beziehungspfades" ist bei Schulkindern demnach noch nicht abschließend festgelegt. In dieser Offenheit besteht die große Chance für unsicher gebundene (lernbehinderte) Schüler durch bindungskorrigierende Erfahrungen im Kontext der Schule zu mehr innerer Sicherheit und einem vertrauensvolleren Umgang mit der sozialen Umwelt zu gelangen. Sozial randständige Familien begegnen therapeutischen und pädagogischen Interventionen vielfach mit großer Skepsis, so dass sich bindungsbezogene Interventionen, die auf Veränderungen der Bindungsbeziehungen innerhalb des familiären Systems zielen, mit großer Wahrscheinlichkeit nicht realisieren lassen. Julius (2008) verweist daher auf die große Bedeutung von Interventionen, die auf die Optimierung der Beziehungen von Kindern zu außerfamiliären Bezugspersonen zielen. In diesem Zusammenhang betont er die besondere Eignung von Lehrkräften, die sich in speziellem Maße als „alternative Bindungsfiguren anbieten, da es kaum andere, im Sozialbereich tätige Professionelle gibt, die so viel Zeit mit Kindern verbringen" (ebd., 252). Interventionen im Sinne korrigierender Beziehungserfahrungen lassen sich somit auch in pädagogischen Settings realisieren, wenn die Lehrpersonen über ausreichendes bindungstheoretisches Wissen verfügen und verstehen, dass Kinder ihre frühen Beziehungserfahrungen auf neue Bezugspersonen übertragen und komplementäre, d.h. im Falle unsicherer Bindung, negative Reaktionen von Seiten der Lehrkraft erwarten und diese über entsprechende abweichende Verhaltensformen bei der neuen Bezugsperson reaktivieren möchten. Pädagogische Strategien, die aus der Bindungstheorie abgeleitet werden, bieten die Möglichkeit, „ein tieferes Verständnis für eine große Bandbreite von störenden Verhaltensweisen zu entwickeln (...)." (Julius, 2001, 185).

Ein weiteres Interventionsprogramm zur Verbesserung der Lehrer-Schüler-Beziehung wurde von Pianta (1999) entwickelt. Anhand eines Fragebogenverfahrens, der Student-Teacher Relationship Scale (Pianta, 2001) welches auf den Grundannahmen der Bindungstheorie basiert, soll es Lehrern gelingen, ihre Beziehung zu bestimmten Schülern einzuschätzen und auf den Skalen Abhängigkeit, Konflikt und Nähe sowie einem Gesamtwert abzubilden. Mit Hilfe des

Verfahrens sollen speziell Beziehungen mit einem hohen Konfliktpotenzial iden-tifiziert und gezielt verbessert werden. Um die Optimierung einer konflikt-belasteten Lehrer-Schüler-Beziehung zu erreichen, verbringen die Lehrkräfte in Anlehnung an ein von Barkley (1997) entwickeltes Trainingsprogramm für Eltern täglich ca. eine Viertelstunde Zeit mit den als schwierig identifizierten Kindern, wobei die Kinder selbst die jeweiligen Tätigkeiten bestimmen dürfen. Innerhalb dieser „Banking Time" (Pianta, 1999, 139f.), in der ihrer Bezeichnung entsprechend positive Beziehungserfahrungen angespart werden sollen, verhält sich die Lehrperson weitgehend non-direktiv und verzichtet so weit wie mög-lich auf Bewertungen und Ratschläge.

Eine neue sichere Beziehung zu einem Lehrer entwickelt sich jedoch kei-nesfalls von heute auf morgen. Basierend auf den Beziehungserfahrungen vieler Jahre weisen bereits die inneren Arbeitsmodelle von Grundschulkindern eine enorme Stabilität auf. Bindungskorrigierende Diskontinuitätserfahrungen mit feinfühligen Lehrkräften, die eine positive Beeinflussung der Bindungsmuster unsicher gebundener Schüler bezwecken, müssen daher „über einen längeren Zeitraum angewendet werden, bis sie das Potenzial haben, tiefgreifende Verän-derungen im Kind zu bewirken" (Julius, 2008, 254).

Die „heilenden Kräfte guter (…) Schulen" (Grossmann et al., 2006, 13) zei-gen sich am ehesten, wenn Kinder mit ihrer Lebensgeschichte ernst genom-men werden und Lehrkräfte über ein hinreichendes entwicklungspsychologi-sches Grundwissen verfügen, um die Verhaltenstendenzen ihrer Schüler bes-ser verstehen und adäquat auf diese reagieren zu können. Im Zuge der zweiten internationalen PISA-Untersuchungen im Jahre 2003 konnte die BRD als eines von insgesamt fünf Ländern identifiziert werden, in denen die Unterstützung durch Lehrer im Schülerurteil am negativsten eingeschätzt wurde (Senkbeil et al., 2004). Diese Ergebnisse weisen darauf hin, dass es hinsichtlich der Bedeut-samkeit gelingender Lehrer-Schüler-Beziehungen auch weiterhin einer vertief-ten Aufklärung bedarf. Die Vermittlung umfassender entwicklungspsychologi-scher, insbesondere bindungstheoretischer Grundkenntnisse sowie die Initiie-rung und Begleitung spezieller beziehungsorientierter Interventionsprogramme (vgl. Julius, 2002) sollte besonders all jenen Lehrkräften zuteil werden, die in ihrer Arbeit tagtäglich Schüler aus prekären familiären Ausgangslagen begleiten.

3. Fragestellung und Hypothesen

In der vorliegenden Arbeit soll untersucht werden, ob sich die Bindungsrepräsentationen lernbehinderter Kinder von denen gleichaltriger nichtlernbehinderter Kinder unterscheiden. Ein spezieller Fokus liegt dabei auf der quantitativen Verteilung der Bindungsdesorganisation, da diese als potentieller Risikofaktor für die weitere Entwicklung des Kindes verstanden werden kann. Ein weiterer Bestandteil der Arbeit ist die Untersuchung des Einflusses bestehender Bindungsrepräsentationen lernbehinderter Schulkinder auf die Lehrer-Schüler Beziehung und das Verhalten der Kinder im schulischen Kontext. Darüber hinaus soll untersucht werden, inwieweit unterschiedliche institutionelle Förderorte (Förderschule vs. Integrativer Unterricht) die Beurteilung von Sonderpädagogen hinsichtlich der Beziehung zu den einzelnen Schülern und der Verhaltensbeschreibung der Schüler beeinflussen. Inwiefern die professionelle Ausbildung der Lehrkräfte im Gemeinsamen Unterricht (Sonderpädagogen vs. Grundschullehrer) bei der Beziehungs- und Verhaltensbeurteilung der Schüler eine Rolle spielt, ist ebenso Gegenstand der vorliegenden Arbeit.

Nachfolgend werden die einzelnen Forschungshypothesen und deren wissenschaftstheoretische Begründungen näher beschrieben.

3.1 Bindungsrepräsentationen lernbehinderter Förderschüler

Ein Kind ist bereits von Geburt an mit den primären Verhaltenssystemen der Bindung und der Exploration ausgestattet. Während das Bindungsverhaltenssystem in Angst- und Stresssituationen aktiviert wird und Nähe und Sicherheit von Seiten einer Bindungsperson gewährleisten soll, setzt Exploration immer dann ein, wenn sich ein Kind ausreichend sicher fühlt, um seine Umwelt erkunden zu können. Das Bindungs- und das Explorationsverhaltenssystem wirken demnach als phylogenetisch angelegte Verhaltenssysteme komplementär zueinander: Ein aktiviertes Bindungsverhaltenssystem unterdrückt die Kindern angeborene Neigung zur Exploration ihrer Umwelt. Nur eine ausreichende Bindungssicherheit ermöglicht dem Kind ein angstfreies Neugier- und Erkundungsverhalten und kann somit als Basis für Lernen verstanden werden. Derart sichere Bindungsrepräsentationen setzen hinreichend sichere und stabile soziale Kontexte voraus. Dazu gehören neben mindestens einer verfügbaren und verlässlichen Bezugsperson auch sichere sozioökonomische Grundlagen. Untersuchungen ergaben: Je stärker eine Stichprobe von den Verhältnissen einer risikoarmen Mittelschichtpopulation abweicht, desto größer ist die Anzahl der Fälle, in denen bei den untersuchten Kindern eine Bindungsdesorganisation klassifiziert wird. Zulauf-Logoz (2008) verweist bei Stichproben mit einem niedrigen sozioökonomischen Niveau auf einen prozentualen Anteil von Kindern mit einem desorganisierten Bindungsstil in Höhe von 24% bis 34%. Im Vergleich dazu liegt der Prozentanteil von Kindern mit einer Desorganisation aus Mittelschichtsstichproben bei 15% bis 18%. Ebenso stützen sich Howes et al. (2002) auf Ergebnisse empirischer Studien indem sie darauf verweisen, dass mehr als 80% der Kinder, die in schwierigen Lebenslagen wie beispielsweise chronischer Armut aufwachsen, eher unsichere als sichere Bindungsqualitäten aufweisen. Sozioökonomische Unsicherheit und damit verbundene familiäre Armut stellen demnach Risikofaktoren für die Ausbildung einer unsicheren Bindung in speziellem Maße einer Bindungsdesorganisation dar.

Wie die nationale Forschung seit Jahrzehnten belegt, kommen Kinder mit Schwierigkeiten im Lern- und Leistungsverhalten signifikant häufiger aus derart belasteten Familien als aus Mittelschichtskontexten. Bereits in den 1970er Jahren belegten zahlreiche sozialstatistische Untersuchungen, dass „über 90% der Schüler in der Schule für Lernbehinderte aus unteren bis untersten sozialen Schichten stammen" (Werning et al., 2003, 48). Auch aktuelle Untersuchungen zeigen weiterhin eine für Förderschulfamilien charakteristische „sozioökonomische Deprivation" (Wocken, 2007), die sich in extrem niedrigen Berufspositionen der Eltern verbunden mit hohen Arbeitslosenquoten und einem geringen Familieneinkommen ausdrückt. Anhaltende sozioökonomische Benachteiligung wirkt sich kumuliert mit weiteren kritischen Lebensereignissen oder chronischen Belastungen wie lang anhaltender Arbeitslosigkeit und beengten Wohnverhältnissen negativ auf die psychosoziale Entwicklung von Kindern aus. Untersuchungen haben ergeben, dass Kinder aus sozial benachteiligten Familien neben beeinträchtigten schulisch-akademischen Karrieren auch vermehrt Verhaltens- und emotionale Probleme aufweisen als Kinder aus sozioökonomischen Bedingungen, die eher der gesellschaftlichen Norm entsprechen. (Petermann, Niebank und Scheithauer, 2004). Darüber hinaus wird angenommen, dass eine anregende Wohnumwelt in armen Familien weniger häufig anzutreffen ist als in Familien mit größeren finanziellen Möglichkeiten, wodurch sich „indirekt weniger positive Mutter-Kind-Interaktionen und ein weniger sicheres Bindungsverhalten" (ebd., 338) ergeben.

Ausgehend von diesen Erkenntnissen ist zu erwarten, dass lernbehinderte Kinder im Gegensatz zu Regelschülern häufiger eine emotionale Dysbalance in ihrem Bindungsverhalten aufweisen, die sich in einer Hyperaktivierung (unsicher-ambivalent), einer Deaktivierung (unsicher-vermeidend) oder einer Strategielosigkeit im Sinne einer Bindungsdesorganisation manifestiert, und die dazu führt, dass sie ihre kognitiven Fähigkeiten nur eingeschränkt entfalten können und dadurch in ihrem Lern- und Leistungsverhalten eingeschränkt sind.

Bisher gibt es in der internationalen Forschung kaum Studien, die sich direkt mit dem Zusammenhang von Bindung und Lernbehinderung und somit mit den Bindungsrepräsentationen lernbehinderter Schulkinder beschäftigen. Al-Yagon und Mikulincer (2004) betonen: „However, despite the growing awareness of the contribution of close relationships to adjustment among typically develop-ing individuals (...), relatively few studies have focused on close relationships in children with LD [learning disabilities]" (S. 12). Weitaus häufiger lassen sich Studien zum Zusammenhang von kognitiver Leistungsfähigkeit, schulischer Angepasst- und Eingebundenheit und Bindung finden (Jacobsen, Edelstein und Hofmann, 1994; van IJzendoorn et al., 1995; Jacobsen & Hofmann, 1997; Gra-not & Mayseless, 2009). Die zum Thema „Bindung und Lernbehinderung" ver-fügbaren Arbeiten stammen zudem nicht aus dem europäischen Raum, sondern zumeist aus Israel (Bauminger et al., 2008; Al-Yagon et al., 2004). Eine Zusam-menfassung dieser Untersuchungen zeigt: Kinder mit einer Lernbehinderung „consistently demonstrated less attachment security and more insecurity com-pared with children without" (Bauminger et al., 2008, 318). Da in der nicht-europäischen, zumeist angloamerikanischen Literatur eine grundlegend andere Definition des Begriffes „Lernbehinderung" verbunden mit unterschiedlichen Vorstellungen bezüglich Förderort und -umfang vorherrscht als dies in der Bun-desrepublik Deutschland der Fall ist und die Studienanzahl inklusive der Fall-zahl wie vorausgehend bereits erwähnt bis dato eher gering ausfällt, können die gewonnenen Ergebnisse nicht ohne weitere Prüfung auf die deutschen Verhält-nisse übertragen werden.

Hinzu kommt, dass die Bindungsrepräsentationen der israelischen Kinder mit bindungsdiagnostischen Verfahren ermittelt wurden, die in der deutschen Forschung bisher keine Anwendung gefunden haben und sich fundamental von der Methode der Geschichtenergänzungen, die in der vorliegenden Arbeit Ver-wendung findet, unterscheiden. Bei den in den israelischen Studien eingesetz-ten diagnostischen Verfahren handelt es sich jeweils um Selbsteinschätzungs-fragebögen für Kinder. Dabei differenziert die „Attachment Style Scale" (Finzi, Har-Even, Weizmann, Tyano & Shnit, 1996) zwischen den drei Bindungstypen sicher, unsicher-vermeidend und unsicher-ambivalent, wohingegen die „Kerns Security Scale" (kurz: KSS, Kerns, Klepac & Cole, 1996; Kerns, Aspelmeier, Gentzler & Grabill, 2001) über einen festgelegten Cut-Off Wert lediglich zwi-schen den Ausprägungen sicher und unsicher unterscheidet. Darüber hinaus muss erwähnt werden, dass bisher lediglich geringe Zusammenhänge zwischen einzelnen Selbsteinschätzungsbögen zur Erfassung der Bindungsqualität gefun-den wurden. Crowell, Fraley und Shaver (1999) gehen davon aus, dass mit den unterschiedlichen Messinstrumenten auch unterschiedliche Aspekte von Bin-dung erfasst werden, die untereinander in keinem direkten Zusammenhang ste-hen.

Die Bindungsdesorganisation, die häufig im Zusammenhang mit relativer Armut erfasst (Zulauf-Logoz, 2008) und von Schleiffer (2000) „als gemeinsa-mer Risikofaktor für Dissozialität und Lernbehinderung" (S. 95) erklärt wird, kann mit den zuvor genannten diagnostischen Instrumenten nicht erfasst wer-den. Das Geschichtenergänzungsverfahren zur Bindung 5- bis 8-jähriger Kinder ermöglicht die Erfassung der Bindungsdesorganisation bei lernbehinderten Kindern und bietet somit die Möglichkeit, die theoretischen Annahmen zum Zusammenhang einer hochunsicheren Bindung und einer Lernbehinderung empirisch zu prüfen. Die folgende Arbeit kann daher als eine erste lokal begrenzte Grundlagenforschung in der BRD verstanden werden. Die ersten Hypothesen, die mit Hilfe des Geschichtenergänzungsverfahrens zur Bindung 5- bis 8-jähriger Kinder (Gloger-Tippelt et al., 2009) überprüft werden sollen, lauten:

H1a: *Lernbehinderte Förderschüler sind häufiger unsicher gebunden als Regelschüler.*

H1b: *Lernbehinderte Förderschüler sind häufiger hochunsicher (desorganisiert) gebunden als Regelschüler.*

3.2 Bindung, Lernen und Lernbehinderung

Zwischen einer sicheren Bindung, der Quantität und Qualität der Exploration und dem Lernen eines Kindes besteht ein enger Zusammenhang. Angstfrei und neugierig die Welt zu erkunden gelingt immer dann, wenn sichere Bindungen zu den engen Bezugspersonen bestehen und diese als sicherer Hafen für die Exploration der Umwelt angesehen werden. Schleiffer (2005) drückt dieses antagonistische Verhältnis von Exploration und Bindung wie folgt aus: „Nur wenn eine ausreichende Bindungssicherheit eine unproblematische Selbstreferenz sichert, ist das psychische System offen für fremdreferentiell Neues" (S. 163). Stabile soziale Kontexte und verlässliche Bezugspersonen sind demnach unerlässlich für eine Erkundung der Umwelt und somit für Lernen. Wie bereits an anderer Stelle erwähnt leben Kinder mit Lernbehinderungen in ihrer großen Mehrzahl in sozial deprivierten Milieus (Begemann, 1970; Klein, 1996). „Schüler, die als lernbehindert klassifiziert werden, wachsen mit vielfältigen sich überschneidenden sozialen, sozio-emotionalen, kulturellen und gesundheitlichen Entwicklungsrisiken auf, die sich ungünstig auf ihre schulische Leistungsfähigkeit auswirken können." (Opp, 2006, 69).

Aufgrund dieser Vielzahl an kumulativen Risikofaktoren für die kindliche Entwicklung liegt die Vermutung nahe, dass die Etablierung hochunsicherer Bindungsstile bei lernbehinderten Kindern in einem erhöhten Maße wahrscheinlich ist als bei Kindern, die in stabileren sozialen Kontexten aufwachsen. Die Bindungsdesorganisation konnte bereits in einigen Studien mit Schwierigkeiten im schulischen Lern- und Leistungsverhalten in Verbindung gebracht werden: So erreichten 7-jährige Kinder in einer isländischen Längsschnittstudie (Jacobsen et al., 1994) im Vergleich zu Kindern mit organisierten Bindungsstilen die niedrigsten Werte in einem nonverbalen Intelligenztest. Auch Lyons-Ruth et al. (1999) verweisen auf einen statistisch bedeutsamen Zusammenhang zwischen einer Bindungsdesorganisation und einer Maladaptation an schulische Erfordernisse. Dennoch muss erwähnt werden, dass eine Vielzahl weiterer Untersuchungen zum Zusammenhang von Bindungssicherheit und kognitiver Kompetenz – zumeist gemessen über einen Intelligenz- oder Entwicklungsquotienten – keinen Zusammenhang zwischen den genannten Konstrukten herstellen konnten und sich die Ergebnisse insgesamt als sehr divergierend darstellen (vgl. hierzu auch Londerville & Main, 1981; Matas, Arend und Sroufe, 1978). Lediglich die Vorhersage einer höheren *sozialen* Kompetenz sicher gebundener Kinder gegenüber unsicher gebundenen Kindern zeichnet sich einheitlich bei allen Untersuchungen ab.

Auf der Grundlage der bestehenden Forschungsergebnisse überprüft die vorliegende Arbeit den möglichen Zusammenhang von Bindung und kognitiver Leistung bei lernbehinderten Kindern. Spezielle Beachtung erfährt dabei die Bindungsdesorganisation, die erfahrungsgemäß am ehesten in Verbindung mit dem Auftreten von Lernproblemen gebracht werden kann. Zum Zwecke der Beantwortung der vorliegenden Fragestellung wurde die Intelligenz von 63 lernbehinderten Schulkindern in unterschiedlichen Schulkontexten (28 Schüler an Schulen mit dem Förderschwerpunkt Lernen vs. 35 integrativ beschulte Förderschüler) mit dem Grundintelligenztest Skala 1 (kurz: CFT 1, Weiß & Osterland, 1997) erfasst.

Aufgrund der Tatsache, dass die bis dato vorliegenden Forschungsergebnisse kein einheitliches Bild in Richtung eines statistischen Zusammenhangs zwischen der kognitiven Leistung eines Kindes und dessen Bindungsqualität abbilden, lauten die folgenden Forschungshypothesen:

H2a: *Bei lernbehinderten Förderschülern lassen sich in Abhängigkeit der Bindungsklassifikation signifikante Unterschiede in Bezug auf deren Grundintelligenz feststellen.*

H2b: *Desorganisiert gebundene Förderschüler weisen im Vergleich zu den organisiert gebundenen Schülern geringere IQ Summenwerte auf.*

3.3 Qualitative Unterschiede in der Schüler–Lehrer–Beziehung in Abhängigkeit der Bindungsklassifikation

Eine weitere Fragestellung dieser Forschungsarbeit beschäftigt sich mit der Transmission früher Bindungserfahrungen in den schulischen Kontext. Die Bindungstheorie geht davon aus, dass Kinder die Erfahrungen mit ihren Bezugspersonen mit zunehmendem Alter als innere Arbeitsmodelle von Bindung internalisieren und zu repräsentationalen Systemen zusammenfassen. Diese mentalen Bindungsrepräsentationen „regulieren das Verhalten des Kindes zur Bezugsperson und strukturieren später das Verhalten und Erleben in allen emotional relevanten Beziehungen, einschließlich der zu sich selbst." (Daudert, 2001, 6). Im Laufe der Entwicklung wirken sie auch in Abwesenheit der Bindungspersonen und bestimmen, ob eine Person in Beziehungen eher Nähe, Fürsorge und Sicherheit oder Ablehnung und/oder inkonsistente, unberechenbare Verhaltensweisen seitens ihrer Interaktionspartner und Bezugspersonen erwartet. Die Frage, ob diese impliziten Annahmen über Beziehungen, die sich aufgrund der realen, frühen Erfahrungen eines Kindes im familiären Kontext ausgebildet haben, auch im schulischen Kontext wirken, die Erwartungen an die Lehrer bestimmen und sich in entsprechenden Verhaltensmustern widerspiegeln, ist bislang in der internationalen Forschung noch nicht abschließend geklärt. Obwohl innerhalb der Bindungstheorie die Annahme der Transmission früher Bindungserfahrungen über die Ausbildung internaler Repräsentationen von fürsorgenden Personen als zuverlässig oder inkonsistent in nachfolgende Beziehungen weit verbreitet ist, weisen bisherige Untersuchungen diskrepante Ergebnisse bezüglich eines möglichen Zusammenhangs der frühen Bindungserfahrungen eines Kindes mit der Mutter / den Eltern und den Beziehungserfahrungen des Kindes mit fürsorgenden Personen (Erzieherin, Lehrerin etc.) auf. Einige Untersuchungen gehen davon aus, dass die Beziehung, die ein Kind zu einer fürsorgenden Person eingeht als unabhängig von der Beziehung des Kindes zu seinen Eltern zu betrachten ist (Howes, 1999; Howes & Hamilton, 1992; Goossens & van IJzendoorn, 1990; van IJzendoorn, Sagi und Lambermoon, 1992). Nach Pianta (2001) belegen andere Studien hingegen „a low to moderate degree of continuity in the quality of relationships that children have with mothers and with teachers." (S. 2; vgl. weiterhin Howes & Matheson, 1992; Pianta, 1998). In einer Meta-Analyse zur Bindungssicherheit von Kindern zu ihren nicht elterlichen Fürsorgepersonen konnte ebenfalls ein niedriger bis moderater Zusammenhang zwischen der Bindungsqualität eines Kindes zu seinen Eltern und den Fürsorgepersonen ermittelt werden (Ahnert, Pinquart und Lamb, 2006). Lynch und Cicchetti (1992) belegen darüber hinaus in einer Studie zum Vergleich misshandelter und nichtmisshandelter Kinder, dass die Kinder aus den misshandelnden familiären Kontexten (als Subtypen der Misshandlung wurden u.a. körperliche Züchtigung, Vernachlässigung sowie emotionaler und sexueller Missbrauch genannt) aufgrund ihrer Erlebnisse mit den Eltern weniger optimale Beziehungen zu ihren Lehrkräften aufbauen konnten als die Kinder der Vergleichsgruppe. Auch Aber und Allen (1987) beschreiben einen Zusammenhang zwischen unsicherer Bindung und dem Sozialverhalten gegenüber nichtfamiliären erwachsenen Bezugspersonen: „In turn, an insecure attachment relationship has been found to predict later impairments in a number of stage-specific child tasks and competencies, such as interacting with friendly but unfamiliar adults, (...)" (S. 406).

Wie bereits an anderer Stelle erwähnt stammen Kinder mit Lernbehinderungen signifikant häufiger aus Familien in Armutslagen. In wissenschaftlichen Untersuchungen konnte nachgewiesen werden, dass schlechte Wohnverhältnisse, eheliche Disharmonie und langanhaltende Arbeitslosigkeit der Eltern gepaart mit zunehmender sozialer Isolation spezifische Risikofaktoren darstellen, die für eine Vielzahl der Kinder mit Lernbeeinträchtigungen alltäglich sind (vgl. Laucht, Esser und Schmidt, 2000). Lehrende und Lernende im Förderschwerpunkt Lernen stammen gemeinhin aus unterschiedlichen sozialen Milieus, was zu Problemen in der Ausgestaltung sozialer Interaktionen und zwischenmenschlicher Beziehungen führen kann, insofern es nicht gelingt, „die Differenzen subkultureller Erfahrungen zu überbrücken. Zwangsläufig entstehen [ansonsten] Konflikte im sozialen Umgang miteinander" (Benkmann, 2007, 84). Vor dem Hintergrund erschwerter sozialer Ausgangslagen der Akteure (insbesondere der Schüler) im Förderschwerpunkt Lernen ist davon auszugehen, dass sich die Etablierung und Aufrechterhaltung stabiler und verlässlicher Beziehungen im Kontext von Lernbehinderung schwieriger darstellt, als dies im Regelschulkontext der Fall ist.

Die reziproke Beziehungsgestaltung (Lehrer-Schüler und Schüler-Lehrer) im Förderschwerpunkt Lernen soll in der vorliegenden Arbeit auf unterschiedliche Weise eruiert werden: Mit Hilfe der Student-Teacher Relationsship Scale (kurz: STRS; Pianta, 2001) einem diagnostischen Verfahren, welches an den Grundlagen der Bindungstheorie orientiert ist und die Beziehung von Lehrkräften zu einzelnen Schülern erfasst, soll zunächst überprüft werden, ob Lehrer ihre Beziehung zu Kindern im Förderschwerpunkt Lernen als konfliktbehafteter einschätzen als die zu vergleichbaren Regelschülern. Zur Klärung dieser Fragestellung werden die mit Hilfe der STRS ermittelten beziehungsbezogenen Daten von 35 integrativ beschulten Schülern im Förderschwerpunkt Lernen mit den entsprechenden Lehrereinschätzungen von 35 Regelschülern der gleichen Klassenkontexte miteinander verglichen.

Als ein weiterer Aspekt soll der Einfluss der Bindungsrepräsentation der untersuchten Förderschüler mit in die statistische Auswertung einbezogen werden, um zu erfassen, ob Lehrer ihre Beziehung zu sicher und (hoch)unsicher gebundenen lernbehinderten Schülern jeweils anders bewerten und ob die wahrgenommene Beziehungsqualität dabei in Abhängigkeit von den unterschiedlichen Bindungstypen variiert und sich somit Zusammenhänge zwischen einzelnen frühen Bindungs- und den Beziehungsmustern zwischen Schülern und Lehrern abbilden lassen, wie diese bereits in einigen Studien ermittelt werden konnten (vgl. Gloger-Tippelt et al., 2007; Denham et al., 2001; Moss, Rousseau, Parent, St-Laurent & Saintonge, 1998). Im Umkehrschluss werden anhand einer ausgewählten Skala des Fragebogens zur Erfassung emotionaler und sozialer Schulerfahrungen von Grundschulkindern erster und zweiter Klassen (kurz: FEESS 1-2; Rauer & Schuck, 2004) auch die Schülerurteile bezüglich der Qualität der Beziehung zu ihren jeweiligen pädagogischen Lehrkräften ausgewertet. Auf diese Weise soll ebenfalls überprüft werden, ob sich die verschiedenen Bindungsstile und der jeweilige Status der Schüler (Regelschüler vs. Förderschüler) auf deren Wahrnehmung in Bezug auf die Lehrperson in unterschiedlicher und womöglich spezifischer Art und Weise auswirken.

Anhand der oben aufgeführten Fragestellungen ergeben sich die folgenden Forschungshypothesen:

H3a: Die Beziehung zu Förderschülern wird von Lehrern als stärker konfliktbelastet beschrieben als die Beziehung zu Regelschülern.

H3b: Die Beziehung zu Förderschülern wird von Lehrern als weniger emotional nah beschrieben als die Beziehung zu Regelschülern.

Es lassen sich Unterschiede je nach Bindungstyp und den Skalenwerten der Student-Teacher-Relationship Scale (STRS) abbilden, die im Folgenden konkretisiert werden:

H4a: Lehrkräfte beurteilen die Beziehung zu sicher gebundenen Förderschülern als emotional näher als die zu unsicher gebundenen Förderschülern.

H4b: Lehrkräfte beurteilen die Beziehung zu unsicher gebundenen Förderschülern als konfliktreicher als die zu sicher gebundenen Förderschülern.

H4c: Unsicher-vermeidend gebundene Förderschüler erreichen höhere Werte auf der STRS-Subskala „Konflikt" als sicher gebundene Förderschüler.

H4d: Desorganisiert gebundene Förderschüler weisen im Vergleich zu den anderen Bindungstypen die höchsten Werte auf der STRS-Subskala „Konflikt" auf.

H5: Im Vergleich zu Regelschülern fühlen sich Förderschüler von ihren Lehrern weniger angenommen.

H6a: Unsicher gebundene Förderschüler fühlen sich von ihren Lehrern weniger angenommen als sicher gebundene Förderschüler

H6b: Desorganisiert gebundene Förderschüler fühlen sich von ihren Lehrern weniger angenommen als Förderschüler mit organisierten Bindungsmustern.

3.4 Unterschiede im Verhalten in Abhängigkeit des Bindungsstils

Ein weiterer Bestandteil dieser Arbeit ist die Auseinandersetzung mit dem Zusammenhang von Lern- und Verhaltensproblemen im Rahmen einer bindungstheoretischen Betrachtungsweise und dessen mögliche Auswirkung auf die Schüler-Lehrer-Beziehung. Das gleichzeitige Auftreten von Lern- und Verhaltensauffälligkeiten wird innerhalb der internationalen Forschung seit nunmehr 25 Jahren untersucht. Als Ergebnis konnte ein „enger Zusammenhang zwischen Lernbehinderungen, spezifischen Lernbeeinträchtigungen bei normaler Intelligenz und sozialen Anpassungsschwierigkeiten" (Gasteiger Klicpera et al., 2001a, 72) belegt werden. Trotz steigender Forschungsinteressen in Bezug auf die vorgestellte Thematik liegen bislang nur wenige Untersuchungen für den deutschsprachigen Raum vor. Im Rahmen einer dieser wenigen Studien fand Mand (2004) mittels einer Lehrerbefragung mit Hilfe des Lehrerfragebogens der Child Behavior Checklist (kurz: CBCL; Achenbach, 1991a) an drei Schulen in Westdeutschland heraus, dass von 204 Schülern immerhin 60 (29%) von den Lehrkräften als derart auffällig eingeschätzt wurden, dass für diese ein Sonderschulaufnahmeverfahren an einer Förderschule mit dem Schwerpunkt Emotionale und Soziale Entwicklung initiiert werden müsste, wenn sie nicht zugleich Schwierigkeiten im akademischen Leistungsbereich aufweisen würden. Das Fazit der Untersuchung lautet: „Schulen für Lernbehinderte werden auch von Schülern besucht, die ganz erhebliche Verhaltensstörungen aufweisen. Und: Ihr Anteil dürfte erheblich sein." (Mand, 2004, 323). Auch Linderkamp et al. (2007) stellen mit Ricking (2005) fest, dass das gemeinsame Auftreten von Lern- und Verhaltensstörungen wahrscheinlicher ist, als deren insoliertes Erscheinen.

Neben der Fragestellung, ob lernbehinderte Kinder von ihren Lehrkräften tatsächlich häufiger als verhaltensauffällig eingestuft werden als gleichaltrige Regelschüler soll in der vorliegenden Arbeit primär untersucht werden, inwieweit bestimmte Bindungsmuster mit spezifischen Auffälligkeiten des Verhaltens in Verbindung stehen und ob dieser Zusammenhang auch in der Wahrnehmung der Schüler-Lehrer-Beziehung durch den Lehrer zum Ausdruck kommt. Darüber hinaus soll geprüft werden, inwieweit das Sozialverhalten als Prädiktorvariable für die Qualität der Lehrer-Schüler-Beziehung wirkt und ob dieses die Beziehungsgestaltung zwischen Lehrern und Schülern besser voraussagt als die Variable Bindung. Die Fragestellung soll mit Hilfe der deutschen Lehrerversion des Strengths and Difficulties Questionnaire (kurz: SDQ-Deu) von Goodman (1997) überprüft werden. Anhand festgelegter Cut-Off Werte, die im Jahr 2000 in einer groß angelegten epidemiologischen Studie zur geistigen Gesundheit von Kindern und Jugendlichen in England generiert wurden, kann das Verhalten der Kinder in die Kategorien unauffällig, grenzwertig und auffällig eingeteilt werden. Leider liegen im Gegensatz zur Elternversion für den Lehrer- und Selbstfragebogen bislang keine deutschen Normen vor. In einer ersten deutschen Studie konnte zumindest die Validität des Eltern- und Lehrerfragebogens belegt werden (Klasen, Woerner, Rothenberger & Goodman, 2003).

Die Fragestellung, ob lernbehinderte Schüler häufiger als verhaltensauffällig eingestuft werden als gleichaltrige Regelschüler soll in der vorliegenden Arbeit ergänzt werden durch die Frage, ob unterschiedliche institutionelle Lernkontexte die Wahrnehmung von Sonderpädagogen hinsichtlich spezifischer Verhaltensausprägungen ihrer Schüler beeinflussen. Zur Überprüfung dieser Frage wurden Förderschüler und deren Lehrkräfte zu unterschiedlichen Messzeitpunkten in unterschiedlichen Institutionen (Förderschule vs. Gemeinsamer Unterricht) untersucht. Da die Sonderpädagogen im integrativen Unterricht regelmäßigen Kontakt zu Regelschülern haben kann angenommen werden, dass diese das Verhalten der Förderschüler vor dem Hintergrund einer sozialen Bezugsnorm stärker am Verhalten von Regelschülern orientieren und somit eher dazu neigen, das Verhalten der Förderschüler als auffällig einzustufen als dies Sonderpädagogen an Förderschulen tun, die keinen direkten Vergleich mit nichtlernbehinderten Kindern haben. Aus den obigen Fragestellungen ergeben sich die folgenden Hypothesen:

H7: *Lernbehinderte Förderschüler werden von ihren Lehrern häufiger als verhaltensauffällig eingestuft als gleichaltrige Regelschüler.*

H8: *Sonderpädagogen beobachten bei unsicher gebundenen Förderschülern ein gesteigertes Ausmaß an Problemverhaltensweisen als bei sicher gebundenen Förderschülern.*

H9: *Desorganisiert gebundene Förderschüler weisen im Lehrerurteil im Vergleich mit den Schülern der übrigen Bindungsgruppen insgesamt stärkere Ausprägungen im Bereich der mit dem SDQ gemessenen Verhaltensprobleme auf.*

H10: *Aufgrund der Möglichkeit eines sozialen Vergleiches mit Regelschülern schätzen Sonderpädagogen im Gemeinsamen Unterricht das Verhalten von lernbehinderten Förderschülern als auffälliger ein als Sonderpädagogen an Förderschulen, die institutionell bedingt nur lernbehinderte Schüler unterrichten.*

3.5 Lehrerbeurteilung von Schülern im Gemeinsamen Unterricht

Die Untersuchung von Förder- und Regelschülern im Gemeinsamen Unterricht zum zweiten Messzeitpunkt der Erhebung brachte aufgrund der in der Integrationsarbeit notwendigen Doppelbesetzung der Lehrkräfte die Möglichkeit mit sich, die Sichtweisen von Lehrkräften unterschiedlicher Professionen auf die unterschiedlichen Schülergruppen zu erfassen. Sowohl die qualitative Beurteilung der Beziehung zu den Förder- und Regelschülern als auch die Erfassung des Verhaltens der genannten Schülergruppen erfolgte in den integrativ arbeitenden Grundschulen jeweils sowohl durch die Sonderpädagogen als auch durch die Klassenlehrer (Abb. 8).

Abb. 8:   Erfassung der Lehrer-Schüler-Beziehung und des Schülerverhaltens im Gemeinsamen Unterricht

Anhand der vorliegenden Daten soll untersucht werden, ob und inwieweit die unterschiedlichen Professionen der Lehrkräfte einen Einfluss auf deren Wahrnehmung und Beurteilung in Bezug auf die Beziehung zum Förderschüler sowie deren Verhaltensbewertung nehmen. Das Modell des Gemeinsamen Unterrichts ermöglicht die integrative Beschulung behinderter und nichtbehinderter Kinder im institutionellen Rahmen einer Regelschule. In Abhängigkeit der Anzahl der Integrationskinder und deren Förderschwerpunkte wird berechnet, wie viele Stunden pro Woche einer sonderpädagogischen Lehrkraft für die zusätzliche Förderung der Förderschüler im Klassenkontext oder in von der Klasse separierten Kleingruppen (Binnendifferenzierung) zusteht. Da der sonderpädagogische Zusatzunterricht gehäuft in kleinen Gruppen bestehend aus mehreren Schülern unterschiedlicher Förderschwerpunkte stattfindet und die Förderstunden pro Integrationskraft eines Klassenverbands addiert werden, übersteigt die tatsächlich Förderung die gesetzlich vorgegebenen Stunden pro Schüler in den häufigsten Fällen.

Im Falle der vorliegenden Untersuchung fand die pädagogische Förderung durch die Sonderpädagogen in 20 der insgesamt 21 teilnehmenden Schulen als Einzel- oder Kleingruppenförderung teilweise innerhalb des Klassenverbands und zu einem hohen Anteil auch außerhalb der Klassen in speziellen Förderräumen statt. Lediglich an einer Schule der Stadt Bonn bestand dauerhaft eine doppelte Klassenführung, die eine enge Zusammenarbeit von Sonderpädagogin und Grundschullehrerin im Klassenkontext ermöglichte und davon absah, die Zuständigkeiten der beiden Lehrkräfte zu trennen, so dass beide Lehrpersonen zu gleichen Teilen für die Unterrichtung der Integrations- und Regelschüler zuständig waren.

Aufgrund der Tatsache, dass die im Gemeinsamen Unterricht tätigen teilnehmenden sonderpädagogischen Lehrkräfte zumeist im Kontext von Kleingruppen- oder Einzelförderung mit den Förderschülern arbeiten, kann vermutet werden, dass diese einen engeren Kontakt zu den integrativ beschulten Kindern aufbauen können als deren Klassenlehrer, die die Schüler ausschließlich im Klassenverband unterrichten. Darüber hinaus bereitet das Studium der Sonderpädagogik die späteren Lehrkräfte gezielt auf die Besonderheiten von Kindern mit unterschiedlichen Förderbedarfen vor. Speziell im Förderschwerpunkt Lernen wird vermittelt, dass eine Lernbehinderung nicht monokausal verursacht ist, sondern sich zumeist aus verschiedenen simultan wirkenden Defiziten in der bio-psycho-sozialen Entwicklung zusammensetzt. Dieser Sachverhalt ist auch in den Empfehlungen zur Sonderpädagogischen Förderung der Kultusministerkonferenz (2000) und hier speziell in den „Empfehlungen zum Förderschwerpunkt Lernen" erfasst. Hier heißt es konkret: „Die pädagogische Ausgangslage von Kindern und Jugendlichen mit Beeinträchtigungen des Lern- und Leistungsverhaltens, insbesondere des schulischen Lernens, stellt sich vielfach in Verbindung mit Beeinträchtigungen der motorischen, sensorischen, kognitiven, sprachlichen sowie sozialen und emotionalen Fähigkeiten dar." (ebd., 301). Sonderpädagogen werden demnach zumindest theoretisch darauf vorbereitet, dass lernbehinderte Kinder neben Schwierigkeiten im Lern- und Leistungsbereich auch emotionale und soziale Auffälligkeiten aufweisen können. Die Klassenlehrer der Kinder im Gemeinsamen Unterricht sind im Rahmen ihres Lehramtsstudiums für die Primarstufe nicht derart speziell auf die Besonderheiten von Förderschülern vorbereitet worden und verfügen über ein geringeres fachspezifisches Wissen als die Sonderpädagogen. Darüber hinaus haben sie keine Möglichkeit zu einer gezielten Einzel- oder Kleingruppenarbeit. Sie unterrichten die Integrationsschüler auf der Grundlage eines den jeweiligen Förderschwerpunkten angepassten Curriculums im Klassenkontext zusammen mit den Regelschülern, die den Großteil der Schüler darstellen.

Vor dem Hintergrund dieser fachlichen und förderschwerpunktspezifischen Besonderheiten und der speziellen schulorganisatorischen Gegebenheiten im Gemeinsamen Unterricht lauten die abschließenden Hypothesen, die mithilfe der Student-Teacher Relationship Scale (Pianta, 2001) überprüft werden sollen:

Bei den Grundschulpädagogen liegt ein spezifischer Bias in der Beurteilung von Förderschülern vor, der wie folgt konkretisiert werden soll:

H11a: *Grundschullehrer im Gemeinsamen Unterricht beurteilen die Beziehung zu Förderschülern im Vergleich zu ihrer Beziehung zu Regelschülern als weniger emotional nah. Die beziehungsbezogenen Nähewerte für die lernbehinderten Schüler liegen zudem unter den Werten der Sonderpädagogen.*

H11b: *Grundschullehrer im Gemeinsamen Unterricht beurteilen die Beziehung zu Förderschülern im Vergleich zu ihrer Beziehung zu Regelschülern als stärker konfliktbelastet als Sonderpädagogen. Die beziehungsbezogenen Konfliktwerte für die lernbehinderten Schüler liegen zudem über den Werten der Sonderpädagogen.*

4. Methodik

Im Folgenden wird das Forschungsdesign der vorliegenden Untersuchung beschrieben. Zur Überprüfung der eingangs formulierten Fragestellung wurden zu zwei Messzeitpunkten insgesamt 65 lernbehinderte Schulanfänger in unterschiedlichen institutionellen Kontexten (Förderschule vs. Integration), sowie 35 Regelschüler im Gemeinsamen Unterricht untersucht. Von Anfang Mai bis Ende Juni 2008 wurden zunächst 30 lernbehinderte Kinder an Förderschulen mit verschiedenen diagnostischen Verfahren erfasst. Im Rahmen eines forschungsbezogenen Praxisseminars der Universität zu Köln wurde jedem studentischen Teilnehmer während dieser ersten Untersuchungsphase ein Projektkind zugeteilt. An jeweils vier Terminen befragten die Studenten die Förderschüler zu verschiedenen schulbezogenen Einstellungen und führten neben einer Unterrichtsbeobachtung auch eine Intelligenzdiagnostik durch. Die Erfassung der Bindungsrepräsentationen der Projektkinder mit Hilfe des Geschichtenergänzungsverfahrens zur Bindung 5- bis 8-jährger Kinder (kurz: GEV-B; Gloger-Tippelt et al., 2009) erfolgte in einem kleinen, geschulten Team bestehend aus drei Studenten, die zuvor von der Verfasserin dieser Arbeit intensiv in die Durchführungsweise und die standardisierten Instruktionen des Verfahrens eingeführt wurden. Den Großteil der 30 bindungsbezogenen Untersuchungen der ersten Erhebungsphase sowie sämtliche Auswertungen führte die Verfasserin der vorliegenden Arbeit selbst durch. Um die soziodemographischen Daten der Kinder zu erhalten und mehr über deren familiäre Situation zu erfahren, wurden die Eltern der Kinder zu einem persönlichen Gespräch in die Schule eingeladen und dort mit Hilfe eines Fragebogens interviewt, welcher im Forschungsprojekt Schulbewährung der Universität zu Köln unter der Leitung von Frau Prof. DDr. Lieselotte Ahnert entwickelt wurde (s. Anhang). Die Initiierung eines persönlichen Gespräches in Form eines Interviews war aufgrund eines regen Austausches mit den Lehrkräften im Vorfeld der Erhebung als bestmögliches Mittel der Datenerhebung festgelegt worden. Von einer Versendung des Fragebogens an die Eltern rieten die Lehrkräfte dringend ab, da erfahrungsgemäß mit einer sehr geringen Rücklaufquote gerechnet werden musste. Zudem konnten in einem persönlichen Gespräch sprachlich bedingte Verständnisprobleme durch Klärung einzelner Begrifflichkeiten ausgeräumt werden. Die neun teilnehmenden Lehrerinnen erhielten ebenfalls zwei Fragebögen, in denen zum einen deren Beziehung zum jeweiligen Schüler mit Hilfe der Student-Teacher Relationship Scale (Pianta, 2001) eingeschätzt und zum anderen das Verhalten der Schüler anhand der SDQ Lehrerversion beurteilt werden sollten. In der zweiten Erhebungsphase wurden 35 lernbehinderte sowie 35 Regelschüler an integrativ arbeitenden Schulen im Gemeinsamen Unterricht untersucht. Der Ablauf der Erhebung erfolgte in derselben Weise wie zum ersten Untersuchungszeitpunkt, auch die angewandten Verfahren für die lernbehinderten Kinder waren identisch mit denen zum ersten Messzeitpunkt. Das Geschichtenergänzungs-verfahren zur Bindung (GEV-B) wurde in dieser Projektphase ausschließlich von der Verfasserin der vorliegenden Arbeit durchgeführt und ausgewertet. Die Regelschüler wurden im Vergleich zu den Förderschülern mit einem reduzier-ten Methodenrepertoire untersucht. Für den Vergleich der Bindungsrepräsen-tationen lernbehinderter und nichtlernbehinderter Kinder werden zudem die bindungsbezogenen Daten von 68 Grundschulkindern der „Düsseldorfer Längs-schnittstudie zum Eintritt in den Kindergarten und in die Schule" unter der Leitung von Frau Prof. Dr. em. G. Gloger-Tippelt herangezogen. Einen genauen Überblick über die Zeitpunkte der Untersuchung, die Stichproben sowie die angewandten Methoden der Datenerhebung verschafft die folgende Tabelle.

Tabelle 3:   Studiendesign

	Lernbehinderte Schüler an FS (N=30)	Lernbehinderte Schüler im GU (N=35)	Regelschüler im GU (N=35)	Düsseldorfer Längsschnitt (N=68)
Zeitpunkt der Untersuchung	05 und 06 2008	11/2008 bis 01/2009	11/2008 bis 01/2010	11/2004 bis 01/2005
Methoden Schüler	Bindung (GEV-B) Schuleinstellung (FEESS 1-2) Intelligenz (CFT-1)	Bindung (GEV-B) Schuleinstellung (FEESS 1-2) Intelligenz (CFT-1)	Schuleinstellung (FEESS 1-2)	Bindung (GEV-B)
Methoden Lehrer	Beziehung (STRS), Schüler-verhalten (SDQ)	Beziehung (STRS), Schüler-verhalten (SDQ)	Beziehung (STRS), Schüler-verhalten (SDQ)	
Methoden Familie	Fragebogen zur familiären Situation	Fragebogen zur familiären Situation	Fragebogen zur familiären Situation	Fragebogen zur familiären Situation

4.1 Stichproben

Zunächst wird die Rekrutierung der unterschiedlichen Stichproben geschildert, im Anschluss daran erfolgt deren genaue Charakterisierung.

4.1.1 Rekrutierung der Stichproben

Die Rekrutierung der zu beschreibenden Stichproben fand zu drei unterschied-lichen Zeitpunkten statt. Im Februar 2008 wurde zunächst ein Informations-brief vom Lehrstuhl für Entwicklungsförderung und Diagnostik der Universität zu Köln an sämtliche Förderschulen mit dem Förderschwerpunkt Lernen der Stadt Köln versendet. In diesem Schreiben wurden die Rektoren gebeten, die zuständigen Klassenlehrer über das Projekt zur Erfassung bindungs- und beziehungsrelevanter Aspekte bei lernbehinderten Erstklässlern zu informieren und deren generelle Bereitschaft zu einer Teilnahme zu erfragen. Eine Woche später wurde telefonisch Kontakt zu den Schulen aufgenommen und erfragt, ob das Interesse besteht, dezidierter über Umfang und Ablauf der Studie informiert zu werden. Im Verlauf der Telefonate wurde schnell deutlich, dass die Stichprobe um die Aufnahme von Zweitklässlern ergänzt werden musste. Die Notwendigkeit der Erweiterung liegt in der Tatsache begründet, dass ein Großteil der Kinder mit Beeinträchtigungen im Lern- und Leistungsverhalten formal erst nach der Einschulung im akademischen Kontext der Schule auffällig werden sollte und zunächst durch spezielle Fördermaßnahmen ein Verbleib in der Regelschule angestrebt wird. Erst nach langanhaltendem Leistungsversagen wird schließlich eine Prüfung des sonderpädagogischen Förderbedarfs (AO-SF) beantragt, so dass es kaum Kinder gibt, die direkt mit der Einschulung als Lernanfänger in die Förderschule Lernen aufgenommen werden. Aus diesem Grund begannen die Schulen für Lernbehinderte lange Zeit erst mit Beginn des dritten Schuljahres (vgl. Schröder, 2000). Auch unter Öffnung der Stichprobe für Kinder im zweiten Schulbesuchsjahr stellte sich heraus, dass die angestrebte Mindeststichprobengröße von 30 lernbehinderten Kindern nicht alleine durch die Teilnahme der Kölner Förderschulen erreicht werden konnte. Neben den geringen Schülerzahlen erschwerte die ablehnende Haltung einiger Lehrkräfte den Beginn der Untersuchung, da diese aufgrund des massiven zeitlichen Aufwands von fünf Terminen pro Kind inklusive einer Unterrichtshospitation trotz großen inhaltlichen Interesses keine Möglichkeit sahen, am Forschungsprojekt teilzunehmen. Auch einige Eltern lehnten das Projekt ab. Bei einem Großteil dieser Eltern konnte die Angst vor einer weiteren schulischen „Abstufung" ihrer Kinder ausgemacht werden. Andere Eltern erklärten ihre Absage damit, dass sie ihre Kinder nach Abschluss des Sonderschulaufnahmeverfahrens keiner weiteren Diagnostik aussetzen wollten. Um die gewünschte Anzahl an Förderschülern gewinnen zu können, wurden daher auch Bonner Förderschulen für die Teilnahme am Dissertationsprojekt angefragt. Nachdem 30 Kinder und neun Klassenlehrerinnen an insgesamt vier Kölner und drei Bonner Förderschulen für die Teilnahme gewonnen werden konnten, fand im Zeitraum von Anfang Mai 2008 bis Ende Juni 2008 die erste Erhebungsphase statt.

Die zweite Erhebungsphase begann Anfang November 2008 und endete im Januar 2009. Zuvor wurden integrativ arbeitende Regelgrundschulen über das Forschungsprojekt informiert. Ziel war es, erneut lernbehinderte Kinder im ersten oder zweiten Schulbesuchsjahr zu rekrutieren, die im Unterschied zu den zuvor erhobenen Förderschülern als Integrationsschüler im Förderschwerpunkt Lernen am Gemeinsamen Unterricht (kurz: GU) einer Regelgrundschule teilnehmen. Darüber hinaus wurden diesmal auch Regelschüler mit in das Projekt aufgenommen. Jedem Förderschüler wurde – falls möglich – ein gleichgeschlechtlicher Regelschüler zugeordnet. Diese Paarbildung diente der Überprüfung möglicher Stigmatisierungseffekte in der Beziehungsgestaltung zwischen Lehrer und Schüler und des Verhaltens. Da das Integrationsprinzip des Gemeinsamen Unterrichts generell Kinder aller Förderschwerpunkte (z.B. Geistige Entwicklung, Sozial-Emotionale Entwicklung oder Sprache) mit einschließt, gestaltete sich die Rekrutierung ausschließlich lernbehinderter Förderschüler im GU extrem schwierig. Um eine ausreichende Stichprobengröße von mindestens N = 30 Schülern zu gewinnen, wurden Integrationsschulen der Städte Köln, Bonn, Düsseldorf und Leverkusen in persönlichen Gesprächen über das Projekt informiert. Auf diese Weise konnten jeweils 35 Förder- und Regelschüler sowie 25 Klassenlehrerinnen und 25 sonderpädagogisch ausgebildete Lehrkräfte an insgesamt 21 Schulen für die Teilnahme gewonnen werden. Die große Anzahl an Schulen verdeutlicht, dass zum Zeitpunkt der Rekrutierung pro Schule oftmals nur ein Kind im Förderschwerpunkt Lernen im ersten oder zweiten Jahr beschult wurde.

Für einen Vergleich der Bindungsrepräsentationen lern- und nichtlernbehinderter Schüler konnten die bindungsbezogenen Daten der „Düsseldorfer Längsschnittstudie zum Eintritt in den Kindergarten und in die Schule" unter der Leitung von Frau Prof. Dr. em. G. Gloger-Tippelt genutzt werden.

4.1.2 Beschreibung der Stichproben

Nachfolgend werden die einzelnen Stichproben beschrieben. Um bei der Beschreibung einer gewissen Übersichtlichkeit zu genügen, wird zunächst die Stichprobe I der Förderschüler (N = 65), bestehend aus 30 lernbehinderten Förderschülern und 35 lernbehinderten Integrationsschülern beschrieben. Im Anschluss daran erfolgt die Beschreibung der Stichprobe II bestehend aus 35 Regelschülern im Gemeinsamen Unterricht. Die Stichprobe III setzt sich aus den bindungsbezogen Daten von insgesamt 68 Kindern zusammen, die von November 2004 bis Januar 2005 im Rahmen der „Düsseldorfer Längsschnittstudie zum Eintritt in den Kindergarten und in der Schule" unter der Leitung von Frau Prof. Dr. em. G. Gloger-Tippelt in der Abteilung für Entwicklungspsychologie und Pädagogische Psychologie des Erziehungswissenschaftlichen Instituts der Heinrich-Heine-Universität Düsseldorf erhoben worden sind. Das Ende des Kapitels bildet eine kurze Darstellung der teilnehmenden Lehrkräfte.

4.1.2.1 Stichprobe I: Lernbehinderte Schulanfänger

Die erste Erhebungsphase fand im Zeitraum von Anfang Mai bis zum Beginn der Sommerferien Ende Juni 2008 an insgesamt sieben Schulen mit dem Förderschwerpunkt Lernen der Städte Köln und Bonn statt. Insgesamt nahmen 30 Kinder (14♀ und 16♂) und neun Lehrerinnen an dieser ersten Untersuchung teil. Von den Schülern befanden sich zum Zeitpunkt der Erhebung 16 Kinder im ersten und 14 Kinder im zweiten Schulbesuchsjahr. Das Alter der Kinder betrug im Durchschnitt 7;8 Jahre (SD = 9,5 Monate), das jüngste Kind war 6;4 und das älteste Kind 9;2 Jahre alt.

Die zweite Phase der Erhebung erfolgte im Zeitraum von Anfang November 2008 bis Ende Januar 2009. Insgesamt konnten weitere 35 Förderschüler (14♀ und 21♂) für das Projekt gewonnen werden, wobei diese diesmal keine Förderschule besuchten, sondern an insgesamt 21 Schulen der Städte Köln, Bonn, Düsseldorf und Leverkusen integrativ im Gemeinsamen Unterricht beschult wurden. Der erhöhte Jungenanteil dieser Stichprobe bildet die reale Geschlechterverteilung an Förderschulen mit dem Schwerpunkt Lernen ab, da das männliche Geschlecht dort tendenziell überrepräsentiert ist. Im Jahr 2003 waren laut Michel und Häußler-Sczepan (2005) 61% der Schüler und Schülerinnen an Schulen für Lernbehinderte Jungen, 2006 betrug der Anteil der männlichen Schüler in Förderschulen 64% (Statistisches Bundesamt, 2008). Von den 35 Schülern im Gemeinsamen Unterricht befanden sich zum Zeitpunkt der Erhebung bis auf eine Schülerin alle Kinder im zweiten Schulbesuchsjahr. Das Alter der Kinder betrug im Durchschnitt 7;9 Jahre (SD = 5,5 Monate), das jüngste Kind war 6;8, das älteste 9 Jahre alt. Hinsichtlich der Altersmittelwerte lässt sich kein statistisch bedeutsamer Unterschied zwischen den Förder- und den Integrationsschülern feststellen.

In 37% der Familien der lernbehinderten Kinder (N = 65) weisen die Eltern keinen Migrationshintergrund auf. 55% der Familien bestehen aus zwei Elternteilen und 8% aus einem Elternteil mit Migrationshintergrund. Somit liegt in insgesamt 63% der Familien bei mindestens einem Elternteil keine deutsche Herkunft vor. Die hohe Quote an Familien mit Migrationshintergrund in dieser Untersuchung lässt sich damit begründen, dass nicht nach der Staatsbürgerschaft, sondern nach der ursprünglichen Herkunft der Familie gefragt worden ist. Daher werden auch Kinder aus Familien mit deutscher Staatsbürgerschaft, die in den amtlichen Statistiken als Deutsche gelten, als Kinder mit Migrationshintergrund beschrieben (vgl. Abb. 9).

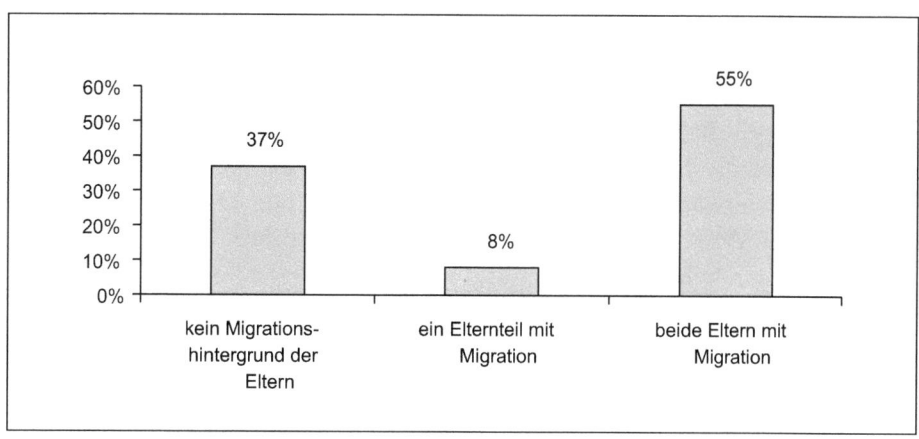

Abb. 9:   Migrationshintergrund der lernbehinderten Schulanfänger

Der Familienstand der Mütter der Förderschüler lässt sich wie folgt darstellen: Mit einem Anteil von 61,5% war der Großteil der Mütter (n = 40) zum Zeitpunkt der Erhebung verheiratet, 11% der Mütter (n = 7) lebten in einer Lebensgemeinschaft mit einem festen Partner zusammen. 18,5 der Auskunft erteilenden Mütter (n = 12) gaben an, alleinerziehend zu sein und 6 Mütter (9%) machten keine Angaben zu ihrem Beziehungsstatus (vgl. Abb. 10).

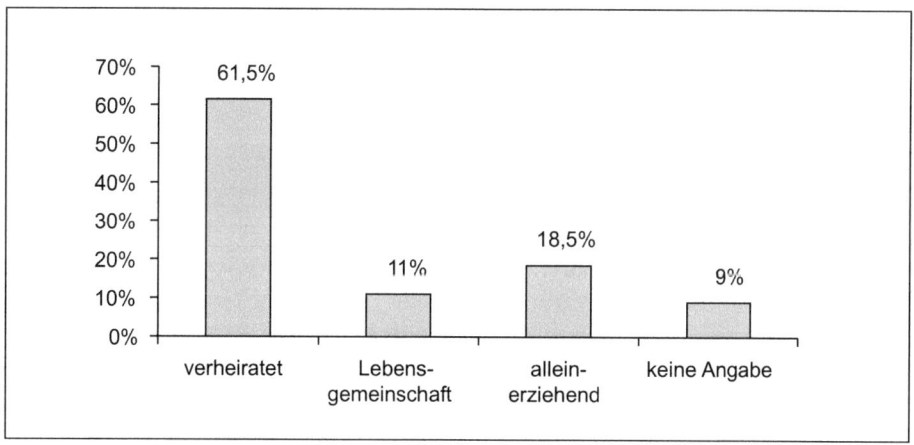

Abb. 10: Familienstand der Mütter der lernbehinderten Schulanfänger

Zur Erfassung der schulischen Bildung wurden die Mütter gebeten, ihren höchsten erworbenen Schulabschluss anzugeben. Insgesamt machten 53 Mütter Angaben zu ihrer Schulbildung. Wie der Abbildung 11 entnommen werden kann, verfügen 19% der Mütter (n = 12) über keinen Schulabschluss, davon haben vier Mütter keine Schule besucht. Mit 37% gab der Großteil der Mütter an, als höchste schulische Qualifikation den Hauptschulabschluss erworben zu haben. Lediglich 8% der Mütter (n = 5) verfügen über die Allgemeine Hochschulreife bzw. die Fachhochschulreife. Bei der Auswertung der Daten zeigte sich, dass nur Mütter der lernbehinderten Integrationsschüler über das (Fach) Abitur verfügen. Bei den Müttern der Kinder in Förderschulen stellt der Realschulabschluss die höchste schulische Qualifikation dar. Für die Väter liegen bezüglich der erworbenen schulischen Qualifikation nur 37 Angaben vor. Die Mehrheit der Väter (43%) erteilte keine Auskunft zu ihrer schulischen Qualifikation. Keinen Schulabschluss erlangten den Angaben zufolge 15% der Väter. Der Großteil der Auskunft erteilenden Väter (31%) verfügt über einen Hauptschulabschluss.

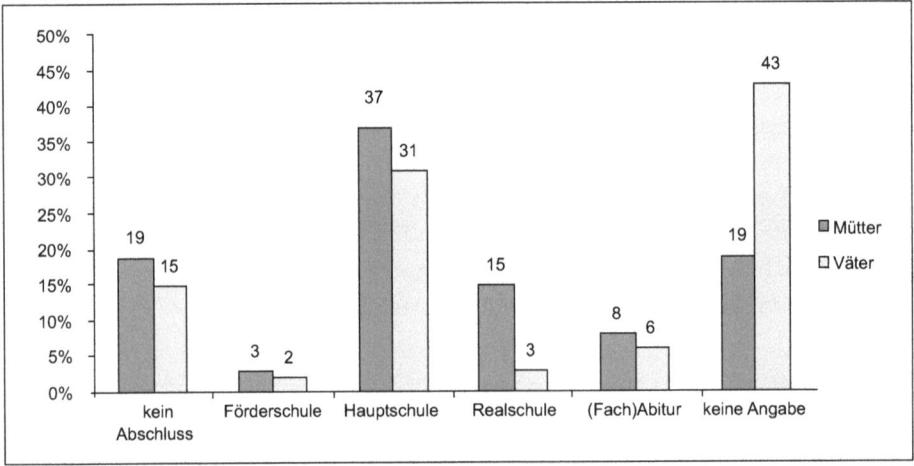

Abb. 11: Schulische Qualifikation der Eltern der Förderschüler

Abbildung 12 gibt Auskunft über den Beschäftigungsstatus der Eltern zum Zeitpunkt der Erhebung. Unter den Müttern lag der Anteil derer, die nicht berufstätig waren mit insgesamt 61,5% deutlich höher als der der Väter (23%). Während ein Großteil der Väter einer Voll- bzw. Teilzeitbeschäftigung nachging, war dies unter den Müttern bei einer weitaus geringeren Anzahl der Fall. Hinter der Variable „Sonstiges" verbergen sich Angaben wie Hausfrau und Rentner bzw. Rentnerin. Der Großteil der Auskunft erteilenden Mütter (43%) gab an, im Haushalt tätig zu sein.

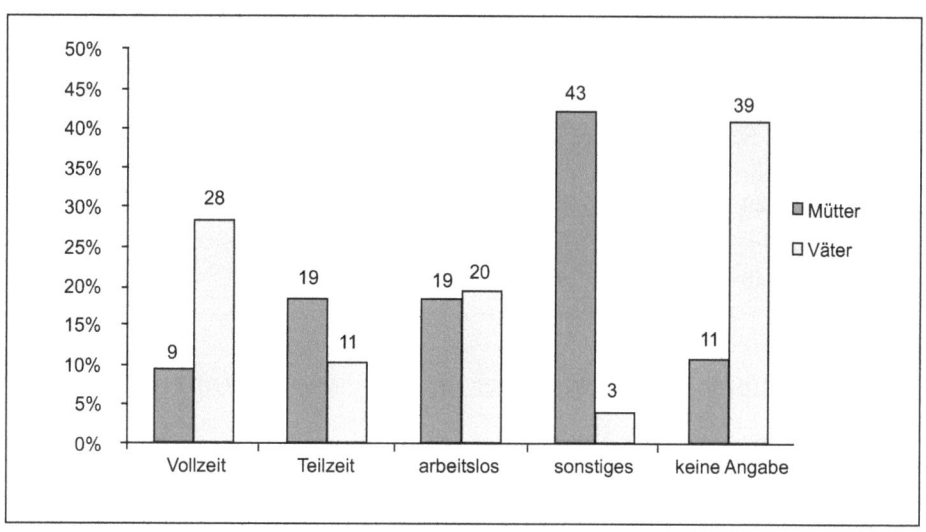

Abb. 12: Beschäftigungsstatus der Eltern der Förderschüler bei Studieneintritt

Angaben zum jährlichen Bruttogesamteinkommen der Familie machten insgesamt 58 Eltern. Davon gaben 63% an, über ein jährliches Bruttogesamteinkommen von unter 20.000€ zu verfügen. Lediglich vier der Auskunft gebenden Familie konnten auf ein Jahresbruttoeinkommen zwischen 40.000€ und 60.000€ verweisen. Darüber hinaus gaben zwei Familien mit lernbehinderten Kindern im Gemeinsamen Unterricht an, mehr als 60.000€ im Jahr zu verdienen (vgl. Abb. 13).

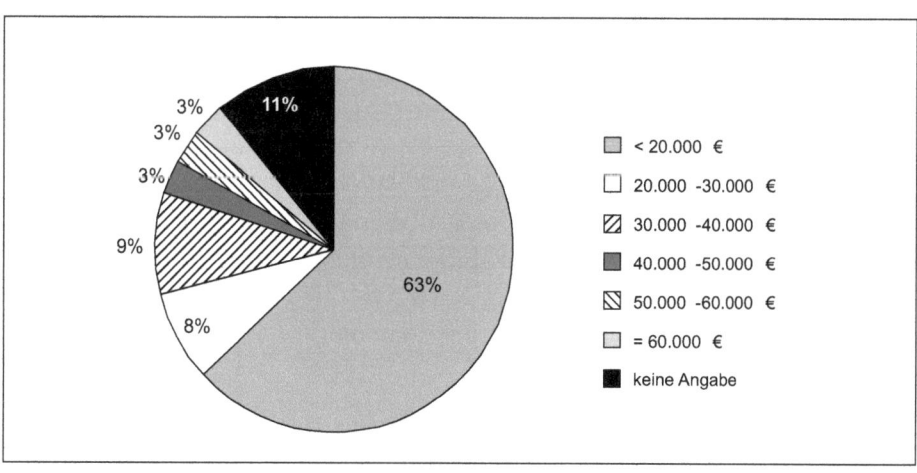

Abb. 13: Jährliches Haushalts-Bruttoeinkommen der Familien der Förderschüler

Als schulbezogener Leistungsindikator wird gemeinhin der Kindergartenbesuch als eine entscheidende Variable genannt, die ein Scheitern innerhalb der Anschlussinstitution zu einem gewissen Maße abwenden kann. Insgesamt besuchten 53 Förderschüler (82%) vor der Einschulung einen Kindergarten. Bei lediglich 3 Kindern (5%) konnte kein Kindergartenbesuch beschrieben werden; 9 Familien (14%) machten keine Angabe zu dieser Thematik. Die durchschnittliche Verweildauer im Kindergarten betrug den Angaben zufolge 2,8 Jahre (range 4 Monate bis 5 Jahre).

4.1.2.2 Stichprobe II: Regelschüler im Gemeinsamen Unterricht

Zeitgleich mit den 35 Förderschülern im Gemeinsamen Unterricht wurden 35 Regelschüler erhoben, wobei wenn möglich jeweils einem Förderschüler ein gleichgeschlechtlicher Regelschüler derselben Jahrgangsstufe zugeordnet wurde. Diese Stichprobe setzt sich aus insgesamt 19 Mädchen und 16 Jungen zusammen. Von den Schülern befanden sich zum Zeitpunkt der Erhebung fünf Kinder im ersten und 30 Kinder im zweiten Schulbesuchsjahr. Das Durchschnittsalter der Kinder betrug 7;8 Jahre (SD = 5,2 Monate), wobei das jüngste Kind 6;4 und das älteste Kind 8;3 Jahre alt war. Förder- (N = 65) und Regelschüler (N = 35) unterscheiden sich hinsichtlich ihres Alters nicht voneinander (t (92) = 0,8; p > .05). Bei 57% der Regelschüler liegt bei mindestens einem Elternteil ein Migrationshintergrund vor (14% ein Elternteil und 43% beide Eltern mit Migration), 43% der Kinder haben deutschstämmige Eltern und verfügen demnach über keinen Migrationshintergrund. Zur familiären Lebenssituation ist zu sagen, dass 74% der Kinder in Familien mit verheirateten Eltern aufwuchsen, 3% der Auskunft erteilenden Eltern lebten in einer eheähnlichen Gemeinschaft zusammen. Der Anteil der alleinerziehenden Mütter lag bei 11,5% und ist identisch mit der Anzahl derer, die keinerlei Angaben zu ihrer Lebenssituation machten Hinsichtlich der Variablen „Migration" ($\chi^2 (2) = 1,9$; p > .05) und „Familiensituation" ($\chi^2 (2) = 3,1$; p > .05) lassen sich zwischen den untersuchten lernbehinderten Schulanfängern und den Regelschülern keine statistisch bedeutsamen Unterschiede abbilden. Mit 43% der Väter und 40% der Mütter verfügt der Großteil der Eltern der Regelschüler über das Abitur bzw. die Fachhochschulreife. 20% der Väter und 43% der Mütter verfügen über einen Haupt- oder Realschulabschluss. Lediglich 6% der Väter und 3% der Mütter können auf keinen Schulabschluss verweisen. 31% der Väter und 14% der Mütter machten keine Angaben zu ihrer Schulbildung (vgl. Abb. 14).

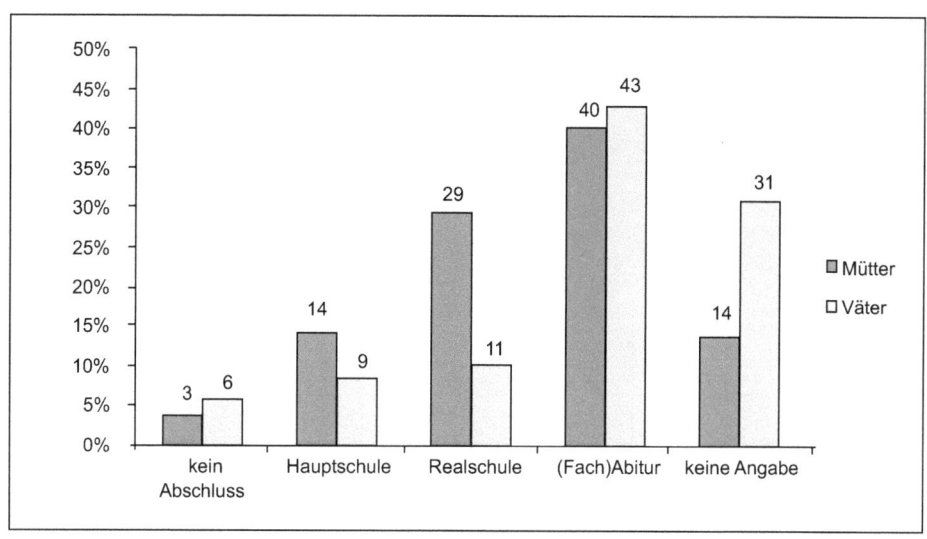

Abb. 14: Schulische Qualifikation der Eltern der Regelschüler

Die Testungen auf Gruppenunterschiede zwischen den lernbehinderten Förderschülern und den Regelschülern mit Hilfe des Mann-Whitney U-Tests belegten, dass es sich hinsichtlich der Differenzen in Bezug auf die schulische Qualifikation der Eltern der beiden Gruppen um höchstsignifikante Unterschiede auf dem .001 Niveau handelt.

Angaben zum Beschäftigungsstatus bei Eintritt in die Studie machten insgesamt 28 Väter sowie 31 Mütter. Der Großteil der Väter (69%) der Regelschüler ging einer Vollzeit- (66%) bzw. einer Teilzeitbeschäftigung nach (3%). 11% der Auskunft erteilenden Väter waren zum Zeitpunkt der Erhebung ohne Arbeit (vgl. Abb. 15). 48% der Mütter befanden sich in einer Voll- oder Teilzeitanstellung, 37% gaben an im Haushalt tätig zu sein. Hinsichtlich der Variable „Beschäftigungsstatus des Vaters" unterscheiden sich die lernbehinderten von den nichtlernbehinderten Schülern statistisch bedeutsam auf dem .001 Niveau (Mann-Whitney U-Test). Die Mütter der Förder- und Regelschüler unterscheiden sich in Hinblick auf ihren Beschäftigungsstatus zum Zeitpunkt der Datenerhebung nicht voneinander (Mann-Whitney U-Test; p > .05).

Angaben zum jährlichen Bruttogesamteinkommen der Familien lassen sich der Abbildung 16 entnehmen. Die Unterschiedstestung zwischen den Angaben der Eltern der Förder- und der Regelschüler für die Variable „Jährliches Bruttogesamteinkommen" (Mann-Whitney U-Test) ergab einen höchstsignifikanten Unterschied auf dem .001-Niveau.

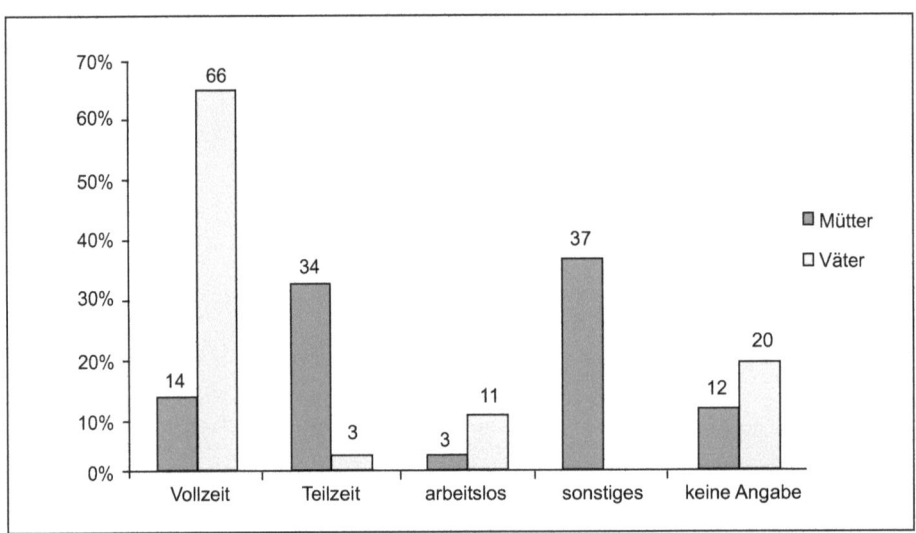

Abb. 15: Beschäftigungsstatus der Eltern der Regelschüler bei Studieneintritt

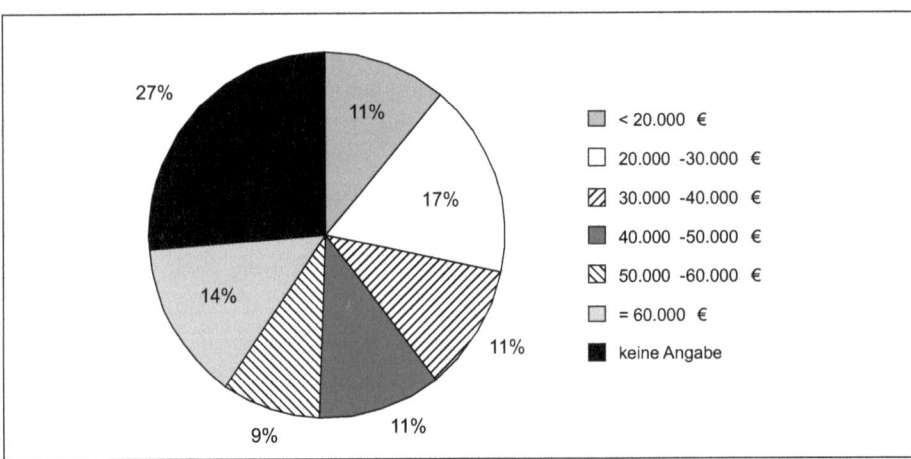

Abb. 16: Jährliches Haushalts-Bruttoeinkommen der Familien der Regelschüler

Insgesamt machten 31 Familien (89%) der Regelschüler Angaben zum Kindergartenbesuch. Alle Kinder der Auskunft erteilenden Familien besuchten vor ihrem Schuleintritt im Durchschnitt 3,2 Jahre (range 2 Jahre bis 4 Jahre) einen Kindergarten. Hinsichtlich der Frage, ob überhaupt ein Besuch des Kindergartens vor Eintritt in die Schule stattgefunden hat ergibt sich anhand des Exakten Tests nach Fisher kein statistischer bedeutsamer Unterschied zwischen den Förder- und den Regelschülern (Stichprobe I versus Stichprobe II; p > .05). Der Großteil der Kinder beider Gruppen hat einen Kindergarten besucht. Bezüglich der durchschnittlichen Verweildauer im Bereich der elementarpädagogischen Gruppenbetreuung lässt sich jedoch ein signifikanter Unterschied zwischen den

Gruppen darstellen, der darauf hindeutet, dass den Regelschülern eine durchschnittlich längere außerfamiliäre Betreuung im Kindergarten zuteil wurde (t (71) = -1,9; p < .05).

4.1.2.3 Stichprobe III: Die Düsseldorfer Längsschnittstudie

Die Erhebung der für die vorliegende Untersuchung relevanten bindungsbezogenen Daten der „Düsseldorfer Längsschnittstudie zum Eintritt in den Kindergarten und in die Schule" unter der Leitung von Frau Prof. Dr. G. em. Gloger-Tippelt fand im Zeitraum von November 2004 bis Januar 2005 statt. Alle Kinder der Düsseldorfer Untersuchung wurden zum Zeitpunkt der Erhebung seit Juli 2007 im ersten Schulbesuchsjahr an Regelgrundschulen beschult. Ihr Alter betrug im Durchschnitt 6;7 Jahre, wobei das jüngste Kind 6;2, das älteste bereits 7;9 Jahre alt war (SD = 3,6 Monate). Hinsichtlich des Alters ergibt sich ein höchstsignifikanter Unterschied zwischen der Gruppe lernbehinderter Schulanfänger und der Düsseldorfer Stichprobe (t (87) = 12,3; p < .001).

Als weitere Angabe zur Beschreibung dieser Stichprobe liegen lediglich die Daten zur schulischen Qualifikation der Eltern vor. Sowohl der Großteil der Väter (45,5%), als auch der Mütter (46%) verfügen über die Allgemeine Hochschulreife bzw. die Fachhochschulreife. An zweiter Stelle ist der Hauptschulabschluss zu nennen, auf den 20,5% der Väter und 34% der Mütter verweisen. Nur ein Vater verfügt über keinen Abschluss, weitere 2 Väter und 7 Mütter gaben an, einen Sonderschulabschluss erreicht zu haben. Somit unterscheidet sich die Stichprobe der lernbehinderten Förderschüler sowohl in Hinblick auf die Variable „ höchster Schulabschluss der Mutter" (t (110) = -4,6; p < .001) als auch bezüglich der Variable „höchster Schulabschluss des Vaters" (t (93) = -6,2; p < .001) höchstsignifikant von den Schulanfängern der Düsseldorfer Längsschnittstudie.

4.1.2.4 Schulen und Lehrkräfte

In der ersten Erhebungsphase konnten insgesamt sieben Förderschulen mit dem Förderschwerpunkt Lernen für die Untersuchung gewonnen werden, wobei drei Schulen der Stadt Bonn und die verbleibenden vier Schulen der Stadt Köln zuzuordnen sind. Die teilnehmenden Lehrkräfte (N = 9) waren ausschließlich weiblich, ihr Altersmittelwert lag bei 51 Jahren (range 38-62 Jahre; SD = 8,96). Im Durchschnitt kannten die Lehrerinnen ihre Schüler seit zehn Monaten. Die Klassenfrequenz lag gemäß der Angaben der Kultusministerkonferenz (kurz: KMK, 2003) bei durchschnittlich zwölf Schülern.

Für die zweite Erhebungsphase konnten 21 integrativ arbeitende Schulen der Städte Bonn (n = 8), Köln (n = 7), Düsseldorf (n = 5) und Leverkusen (n = 1) gewonnen werden. Insgesamt nahmen 25 Klassen mit jeweils einer Klassenlehrerin und einer sonderpädagogischen Lehrkraft an der Untersuchung teil. Die Klassenlehrerinnen waren auch hier ausnehmend weiblich und im Durchschnitt 45 Jahre alt (range 28-61 Jahre; SD = 11,3). Unter den 25 sonderpädagogischen Lehrkräften befanden sich drei Männer. Das Durchschnittsalter der Sonderpädagogen betrug 36 Jahre (range 27-59 Jahre; SD = 8,3). Sowohl die Klassenlehrerinnen als auch die sonderpädagogischen Lehrkräfte kannten ihre Schüler seit durchschnittlich 13 Monaten. Die Klassengröße lag im Durchschnitt bei 23 Schülern (range 18-27; SD = 2,3), wobei mindestens ein und im Höchstfall sieben Förderschüler integrativ im Klassenkontext beschult wurden (M = 4; SD = 1,9). Von den sonderpädagogischen Lehrkräften im Gemeinsamen Unterricht haben zwölf (48%) den Förderschwerpunkt Lernen während ihrer akademischen Ausbildung als ersten Schwerpunkt belegt, vier (16%) studierten die Fachrichtung „Lernen" als zweiten Förderschwerpunkt. Insgesamt neun (36%) der teilnehmenden Sonderpädagogen haben demnach keine pädagogische Ausbildung im Förderschwerpunkt Lernen (vgl. Abb. 17).

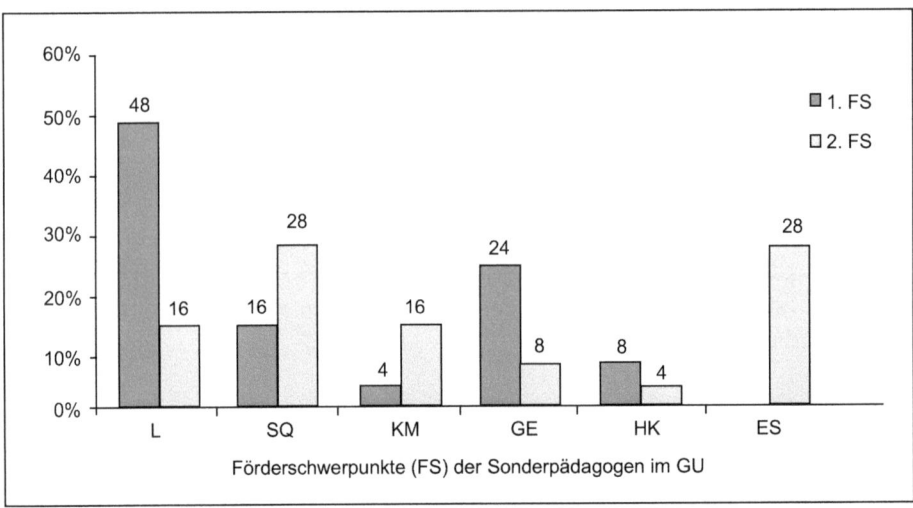

Abb. 17: Förderschwerpunkte der Sonderpädagogen im Gemeinsamen Unterricht (L = Lernen, SQ = Sprache, KM = Körperliche und motorische Entwicklung, GE = Geistige Entwicklung, HK = Hören und Kommunikation; ES = Emotionale und Soziale Entwicklung)

Die schulischen Bedingungen der Regelschüler der Düsseldorfer Längsschnittstudie können aufgrund nicht einsehbarer Daten an dieser Stelle nicht beschrieben werden.

4.2 Erhebungsverfahren

Zur empirischen Erfassung der frühen Bindungsrepräsentationen, der Lehrer-Schüler Beziehung und spezifischer Aspekte der Schuleinstellung und des Verhaltens lernbehinderter Schulanfänger wurden verschiedene diagnostische Erhebungsinstrumente eingesetzt, die im Folgenden dezidiert beschrieben werden.

4.2.1 Geschichtenergänzungsverfahren zur Bindung 5- bis 8-jähriger Kinder (GEV-B)

Die Bindungsqualität von Kindern wird bis zum dritten Lebensjahr mithilfe der „Fremden Situation" (kurz: FS, Ainsworth et al., 1969) auf der Verhaltensebene anhand der Beobachtung der Mutter- Kind bzw. der Vater-Kind Interaktion unter standardisierten Laborbedingungen erfasst. In etwa ab dem vierten bis fünften Lebensjahr ist es aufgrund zunehmender Gedächtnisleistungen und fortschreitender sprachlicher Fertigkeiten eines Kindes möglich, dessen Bindung nicht mehr auf der Verhaltes- sondern auf der Ebene mentaler Repräsentationen zu erheben.

Eine Methode zur Erfassung der Bindungsrepräsentationen von Kindern in der mittleren Kindheit ist das Geschichtenergänzungsverfahren zur Bindung 5- bis 8-jähriger Kinder (kurz: GEV-B, Gloger-Tippelt et al., 2009). Auf der Basis spezifischer Geschichten ermöglicht dieses standardisierte, semi-projektive Verfahren die Erfassung der kindlichen mentalen Bindungsrepräsentation. In der vorliegenden Studie wurde das GEV-B zu zwei Messzeitpunkten an lernbehinderten Schülern im ersten oder zweiten Schulbesuchsjahr durchgeführt. Die Durchführung des Geschichtenergänzungsverfahrens besteht in der spielerischen Darbietung von insgesamt fünf verschiedenen Geschichtenanfängen mit bindungsrelevantem Inhalt, die von den Kindern spielerisch zu einem Ende geführt werden sollen. In einer Aufwärmgeschichte sollen die Kinder an die Spielmaterialien gewöhnt werden und die Figuren besser kennenlernen. Standardmäßig treten folgende Personen in den Narrativen auf: Mutter, Vater, Oma, ein Junge und ein Mädchen. Je nach Geschlecht des Probanden stellt entweder der Junge (Jan) oder das Mädchen (Susanne) dessen Identifikationsfigur dar und wird in den Spielsequenzen als Hauptakteur eingesetzt. Die vorgegebene Anzahl der Spielfiguren sollte immer beibehalten werden und der Name der Identifikationsfigur sollte sich in jedem Fall vom Namen des zu testenden

Kindes unterscheiden, da eine zu offensichtliche Abbildung des Kindes und seiner Familie „die für die Identifizierung nötige Distanzmöglichkeit des Kindes einschränkt." (ebd., 76). Weiterhin ist darauf zu achten, dass nur die im Manual beschriebenen Requisiten zum Einsatz kommen, da zusätzliches Spielmaterial das Kind vom Thema der Geschichten abzulenken vermag. Die Abfolge der Geschichten ist stets beizubehalten, da der Inhalt der Geschichten so gewählt ist, dass das Bindungssystem mit steigender Intensität aktiviert werden soll. Die Geschichtenanfänge werden in der folgenden Reihenfolge präsentiert:

Geburtstagsfest (Aufwärmgeschichte)
- Verschütteter Saft → Reaktion der Eltern auf ein Missgeschick des Kindes
- Verletztes Knie → Schmerz als Auslöser von Bindungsverhalten
- Monster im Kinderzimmer → Furcht als Auslöser von Bindungsverhalten
- Trennung von den Eltern → Bewältigung einer Trennungssituation
- Wiedersehen → Bindungsverhalten bei Rückkehr der Elternfiguren

Familienausflug (Entspannung)

Die Aufwärm- (Eingewöhnung) und Abschlussgeschichte (entspannendes Ende) sollen kein Bindungsverhalten auslösen und finden in der Auswertung keine Berücksichtigung. Standardmäßig erfolgen am Ende jeder Geschichte zwei Fragen, die sich auf das Befinden der Identifikationsfigur beziehen („Wie geht es Jan/Susanne jetzt?" und „Denkt Jan/Susanne noch etwas?"). Am Ende der Geschichte „Verletztes Knie" wird zusätzlich noch gefragt, ob das Knie noch weh tut, nach Abschluss der „Monstergeschichte" erkundigt sich der Versuchsleiter danach, ob Jan/Susanne immer noch Angst vor dem Monster hat. Diese standardisierten Nachfragen geben Auskunft darüber, ob und auf welche Art das Bindungsthema gelöst worden ist. Der Ablauf des Verfahrens wird aufgrund der erst im Anschluss des Verfahrens erfolgenden Auswertung in Gänze mit Hilfe einer Kamera aufgezeichnet.

In Hinblick auf die Testgüte des Verfahrens kann darauf verwiesen werden, dass die Durchführungsobjektivität aufgrund der standardisierten Instruktionen und Durchführungsregeln angenommen werden kann. Standardisierte Fragen zum emotionalen Befinden und zu den Denkprozessen der Identifikationsfigur geben zudem Auskunft darüber, ob das bindungsbezogene Thema der Geschichte gelöst werden konnte. Der Auswertungsobjektivität wird mit Hilfe eines stark differenzierten Kodierungs- und Klassifikationssystems Rechnung getragen. Bisher liegen Angaben zur Interrater-Reliabilität über vier Bindungstypen (A, B, C und D) aus fünf Stichproben vor, die eine durchschnittliche Beurteilerübereinstimmung von 87% belegen. Für die vorliegende Untersuchung wurden 15 der insgesamt 63 Videos (24%) von einem zweiten, unabhängigen

Auswerter kodiert. Dabei fand keine Zufallsauswahl der Videos statt, sondern es wurden speziell die Fälle zur Zweitauswertung gegeben, die sich in der Klassifikation als schwierig erwiesen. Trotz dieser Selektion konnte eine Interrater-übereinstimmung über vier Bindungsgruppen von 73% erreicht werden. Die Validität des GEV-B wurde in der Düsseldorfer Längsschnittstudie zur Bindungsentwicklung von 68 Kindern überprüft, indem das GEV-B mit zwei weiteren Verfahren („Fremde Situation" und „Child Attachment Interview" [kurz: CAI; Target, Fonagy und Shmueli-Goetz, 2003]) zur Erfassung der Bindung verglichen wurde, die alle eine Klassifikation über vier Bindungstypen zulassen. Es ergaben sich insgesamt mittlere Werte für die Übereinstimmungen.

Im Rahmen der statistischen Analyse der vorliegenden Arbeit finden die Bindungsklassifikationen Verwendung.

4.2.1.1 Bestimmung von Bindungsrepräsentation und Bindungssicherheitswert

Die Auswertung des Geschichtenergänzungsverfahrens erfolgt anhand eines komplexen Kodier- und Klassifikationssystems, das von den Autoren der deutschen Version differenziert und in Bezug auf die amerikanische Version mehrfach weiterentwickelt wurde. Sowohl die verbalen Äußerungen der Kinder und deren emotionaler Ausdruck als auch deren Spielhandlungen werden transkribiert und für die Auswertung der Geschichten herangezogen. Geschulte Auswerter können die verbalen und nonverbalen Spielinhalte mit Hilfe des bestehenden Kodierungssystems spezifischen Kategorien zuordnen. Auf diese Weise ist es möglich, neben der entsprechenden Bindungsrepräsentation eines Kindes (A, B, C, D sowie D als Zusatzklassifikation) auch einen fünffach abgestuften Bindungssicherheitswert (0 = hochunsicher, 1 = sehr unsicher, 2 = unsicher, 3 = sicher, 4 = sehr sicher) zu bestimmen. „So werden beide Dimensionen der Bindung erfasst, nämlich in welchem Ausmaß ein Kind sich sicher fühlt, seine Eltern (Bezugspersonen) als sichere Basis zur Verfügung zu haben (Bindungssicherheit), und in welcher Art und Weise es Emotionen in Belastungssituationen reguliert (Bindungsklassifikation)" (ebd., 69). Der Vorteil des Bindungssicherheitswertes liegt in der Tatsache begründet, dass mit ihm auch kleine Unterschiede bezüglich der Bindungssicherheit erfasst werden können, die (noch) keine Auswirkung auf die Klassifikation haben. Bindungssicherheitswerte werden für jede einzelne Geschichte bestimmt. Ein globaler Bindungssicherheitswert wird als arithmetisches Mittel aus den Werten der fünf Geschichten errechnet. Die Klassifizierung erfolgt in der ganzheitlichen Betrachtung aller Geschichten anhand eines speziell dafür entwickelten Schemas (vgl. Abb. 18).

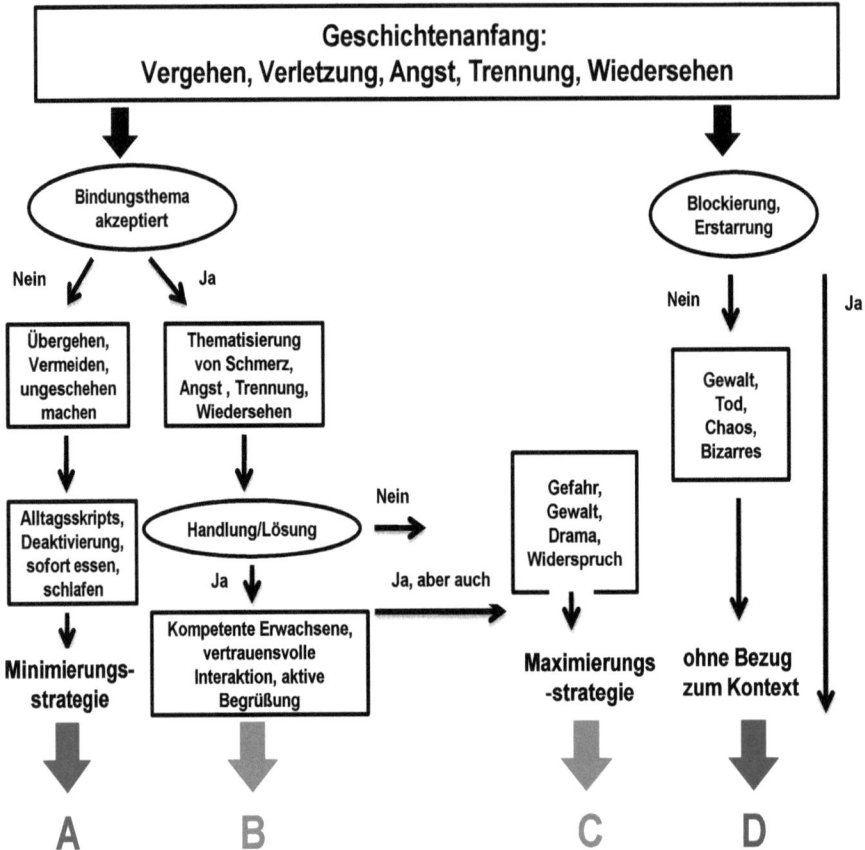

Abb. 18: Schematische Orientierungshilfe zur Identifizierung der Bindungsstrategien im GEV-B
(aus: Gloger-Tippelt et al., 2008, 46)

Klar strukturiertes Spielverhalten und eine kohärente Geschichtenabfolge sind identifizierbare Merkmale einer vorliegenden Bindungssicherheit. Die erwachsenen Bezugspersonen treten im Spiel sicher gebundener Kinder (B) kompetent und feinfühlig auf und vermögen die Emotionen der Identifikationsfigur zu regulieren.

Unsicher-vermeidend gebundene Kinder (A) gehen im Spiel nicht auf die bindungsrelevanten Themen der Geschichten und die damit verbundenen Emotionen ein und zeigen kein Bindungsverhalten auf der repräsentationalen Spielebene. Die Erzählung skripthafter, mechanisch und emotionslos wirkender Geschichtenabläufe (sofort essen, schlafen) kann bei diesen Kindern gehäuft beobachtet und als eine klare Abwehr des Bindungsthemas verstanden werden. Insgesamt liegt bei diesen Kindern eine Minimierungstendenz in Bezug auf bindungsbezogene Emotionen und Handlungen vor.

Im Gegensatz zu den unsicher-vermeidend gebundenen Kindern zeigen unsicher-ambivalent gebundene Kinder (C) eine Maximierung ihrer bindungsbezogenen Emotionen. Zwar thematisieren diese Kinder die bindungsrelevanten Aspekte der Geschichten und gehen somit auf die entsprechenden Themen ein, jedoch kommt es zu keiner befriedigenden Lösung des Konflikts und zu keiner Beruhigung des Bindungssystems durch kompetente Erwachsene: Unsicher-ambivalent gebundene Kinder scheinen sich nicht vom Bindungsthema lösen zu können. Es besteht eine ausgeprägte Tendenz zur Verstärkung und Dramatisierung des belastenden Themas, die zum Teil durch die Aneinanderreihung irrelevanter Details und gedankliche Widersprüche gekennzeichnet ist.

Bindungsdesorganisation (D) wird definiert als ein Zusammenbruch der Bindungsstrategien (A, B und C). Prägnante Kennzeichen in den Spielsequenzen desorganisiert gebundener Kinder sind Szenen mit extrem negativen Ereignissen wie Gewalt und Tod zwischen den Familienmitgliedern, die oft chaotisch wirken, inhaltlich losgelöst zum eigentlichen Kontext der Geschichte auftreten und auch am Ende der Geschichte nicht aufgelöst werden. Die Elternfiguren zeigen kein regulierendes Schutz- und Fürsorgeverhalten, sondern werden häufig als inkompetent dargestellt und/oder nicht in das Spiel mit einbezogen. In einigen Fällen desorganisiert gebundener Kinder ist eine Rollenumkehr bezüglich der Figuren zu beobachten, die sich in einem kontrollierend-strafenden oder einem kontrollierend-fürsorglichen Verhalten der kindlichen Identifikationsfigur gegenüber den erwachsenen Figuren ausdrückt. Als ein deutlicher Hinweis auf eine Bindungsdesorganisation kann eine Spielblockade angesehen werden, die sich in einem Erstarren des Kindes und in sehr langen Schweigesequenzen ausdrücken kann. Zu beachten ist, dass insgesamt zwei Formen der Bindungsdesorganisation unterschieden werden können: Eine „strategielose" Variante, die keine bizarren und negativ gefärbten Inhalte aufweist und eine „strategielos eskalierende" Form, die durch extrem destruktive und chaotische Abläufe gekennzeichnet ist.

Einen Bindungssicherheitswert von 4 (sehr sicher) erhalten Kinder, die sehr klare und differenzierte Geschichten spielen und nahezu ausnahmslos sichere Kodierungen erhalten. Kindern, die in der Mehrzahl der Geschichten als sicher klassifiziert werden, bei denen jedoch einzelne Sequenzen als unsicher kodiert werden, wird ein Bindungssicherheitswert von 3 (sicher) zugeordnet. Mit Hilfe der Zuordnungsregeln wird bei organisiert unsicheren Kindern (A und C) geschaut, ob eher ein Bindungssicherheitswert von 2 (unsicher) oder 1 (sehr unsicher) vergeben werden muss. Der Bindungssicherheitswert 0 (hochunsicher) ist als ein Hinweis auf eine Bindungsdesorganisation zu verstehen. Teilweise erreichen desorganisiert gebundene Kinder aber auch noch einen Wert von 1 (sehr unsicher), der in diesem Fall einen Grenzbereich markiert.

4.2.2 Grundintelligenztest Skala 1 (CFT 1)

Der „Grundintelligenztest Skala 1" von Weiß und Osterland (1997) stellt eine partielle Adaptation des „Culture Fair Intelligence Test – Scale 1" von Cattell dar und ermöglicht die Erfassung der Grundintelligenz 5- bis 9-jähriger Kinder. Getestet werden dabei die kindlichen Fähigkeiten, „in neuartigen Situationen und anhand von sprachfreiem, figuralem Material, Denkprobleme zu erfassen, Beziehungen herzustellen, Regeln zu erkennen, Merkmale zu identifizieren und rasch wahrzunehmen." (ebd., 4). Das Verfahren kann als Gruppen- oder Einzeltest eingesetzt werden und liegt in zwei pseudoparallelisierten Formen vor. Der CFT-1 gliedert sich in fünf Subtests Substitutionen, Labyrinthe, Klassifikationen, Ähnlichkeiten und Matrizen. Förderschülern wird aufgrund der modifizierten Testbedingungen in einigen Subtests geringfügig mehr Bearbeitungszeit zugestanden als gleichaltrigen Regelschülern. Zudem ist für Förderschüler bei Bedarf nach dem dritten Untertest eine 10-minütige Pause vorgesehen.

Eine objektive und standardisierte Auswertung und Durchführung des CFT 1 wird durch präzise Instruktionen und die Abbildung der Lösungen anhand detailgetreuer Vorlagen gewährleistet. Zur Auswertung der Testergebnisse von Schülern der Förderschule mit dem Schwerpunkt Lernen der Klasse 1-4 liegen keine Prozentrangnomen, T- und Intelligenzwerte (IQ) vor, sondern lediglich Orientierungswerte in Form von Quartilnormen. Darüber hinaus können drei verschiedene Rohwertsummen gebildet werden: Die Rohwertsumme 1 schließt alle Untertests mit ein und bildet den Gesamttestwert ab. Die zweite Rohwertsumme setzt sich aus den ersten beiden Subtests zusammen und dient der Interpretation der Wahrnehmungsleistung. Die Summe drei (Untertests 3-5) bildet die grundlegende Denkfähigkeit ab. Reliabilitätskoeffizienten liegen lediglich für die Untertests 3-5 vor ($r = .90$ für die erste und $r = .92$ für die zweite Klasse). Für die Gesamttestsumme des CFT 1 ergeben sich mit $r = .66$ befriedigende statistische Korrelationen mit dem Handlungsteil und dem Gesamtergebnis des „Hamburg-Wechsler-Intelligenztest für Kinder" (kurz: HAWIK, Hardesty & Priester, 1966).

In der vorliegenden Studie wurde die Testversion A als Einzeltest mit 65 lernbehinderten Förderschülern der ersten und zweiten Klasse unter den Durchführungsbedingungen der Testzeit I eingesetzt. In die statistischen Berechnungen fließen die Summenwerte der Rohwertsumme 3 ein.

4.2.3 Fragebogen zur Erfassung emotionaler und sozialer Schulerfahrungen von Grundschulkindern erster und zweiter Klassen (FEESS 1–2)

Der Fragebogen zur Erfassung emotionaler und sozialer Schulerfahrungen von Grundschulkindern erster und zweiter Klassen (kurz: FEESS 1-2, Rauer et al., 2004) ist ein Verfahren zur Erhebung psychologisch bedeutsamer schulbezogener Einschätzungen von Schulanfängern, das im Rahmen der wissenschaftlichen Begleitung des Schulversuchs „Integrative Grundschule" in der Zeit von 1992 bis 1998 entwickelt und erprobt wurde. Erfasst werden die subjektiven Theorien der Kinder bezüglich ihrer schulischen Umwelt, die als „in vorausgegangenen Interaktions- und Kommunikationszusammenhängen entstandene innere Repräsentationen von Erfahrungen mit sich selbst und mit den Bedingungen des schulischen Kontextes" (Schuck, 2004, 114) verstanden werden können und somit nicht die aktuellen und situationsspezifischen, sondern zeitlich überdauernde Einschätzungen der Kinder abbilden. Der FEESS 1-2 setzt sich aus zwei Teilfragebögen zusammen, die insgesamt sieben Skalen enthalten, mit denen unterschiedliche Aspekte emotionaler und sozialer Schuleinstellungen erfasst werden. Der Teilfragebogen „TF-SIKS 1-2" umfasst 37 Items, die den drei Skalen „Soziale Integration" (SI), „Klassenklima" (KK) und „Selbstkonzept der Schulfähigkeit" (SK) zugeordnet werden können. Die Skalen SI und KK bilden die Dimension „Sozialklima", die Skala SK beschreibt die Dimension „Fähigkeitsselbstkonzept". Der zweite Teilfragebogen (TF-SALGA 1-2) wird „Teilfragebogen zur Schuleinstellung, Anstrengungsbereitschaft, Lernfreude und dem Gefühl des Angenommenseins" genannt. Dieser setzt sich aus 53 Fragestellungen verteilt auf vier Skalen zusammen, die die Dimension „Schul- und Lernklima" abbilden. Der Fragebogen kann jeweils zum Ende des ersten oder zweiten Schuljahres angewandt werden. Es liegen sowohl Individual- als auch Klassennormen vor. Da den Kindern die einzelnen Items vorgelesen werden, wird keine Mindestanforderung an die Lesekompetenz der Testpersonen gestellt. Während einer einleitenden Instruktion macht der Versuchsleiter die Kinder mit den dichotomen Antwortkategorien „stimmt nicht" bzw. „stimmt" vertraut. Für die Auswertung liegen Individualnormen getrennt für Schüler der ersten (N = 781) und der zweiten Klassen (N = 864) vor. Zusätzlich existieren gesonderte Klassennormen. Für die Interpretation der Daten stehen sowohl Rohwerte, Prozentrangnormen und -bänder als auch T-Werte und entsprechende T-Wert-Bänder zur Verfügung.

Hinsichtlich der Internen Konsistenzen ergeben sich skalenabhängige Unterschiede, die für die Individualdaten zwischen $\alpha = .63$ und $\alpha = .94$ liegen. Retestreliabilitäten nach Ablauf eines Schuljahres variieren zwischen $r_{tt} = .34$ und $r_{tt} = .53$. Die inhaltliche Validität des Verfahrens gilt als gegeben, da sich die Skalen an den allgemeinen Zielen der Grundschullehrpläne orientieren und die zu messenden Konstrukte in zahlreichen fundierten psychologisch-pädagogischen Theorien verankert sind.

In der vorliegenden Untersuchung wurde der FEESS 1-2 nicht wie vorgesehen in Kleingruppenkontexten durchgeführt, sondern jeweils im Einzelkontakt mit den Schülern. In die statistische Analyse werden ausschließlich die Daten der Skala „Gefühl des Angenommenseins [durch die Lehrkräfte]" einbezogen, die sich aus 13 Fragebogenitems wie z.B. „Meine Lehrer mögen mich." oder „Meine Lehrer helfen mir, wenn ich Hilfe brauche." zusammensetzt. „Die Skala Gefühl des Angenommenseins (GA) erfasst das Ausmaß, in dem ein Kind sich von seinen Lehrern und Lehrerinnen (…) akzeptiert, verstanden und angenommen fühlt" (Rauer et al., 2004, 17). Aufgrund sehr guter interner Konsistenzen von $\alpha = .83$ bzw. $\alpha = .85$ erweist sich die Skala „GA" als ausgesprochen reliabel.

4.2.4 Der Fragebogen zur Erfassung von Stärken und Schwächen: Strengths and Difficulties Questionnaire (SDQ)

Der „Strengths and Difficulties Questionnaire" (kurz: SDQ; Goodman, 1997; s. Anhang) ist ein Fragenbogen zur Erfassung von Verhaltensauffälligkeiten und –stärken von Kindern und Jugendlichen, der in einer Eltern- und Lehrerversion (Beurteilung aktueller Verhaltenstendenzen von Kindern und Jugendlichen im Alter von 4 bis 16 Jahren) sowie in einer Selbstbericht-Form vorliegt, die für den Altersbereich von 11 bis 16 Jahren vorgesehen ist. Der Fragebogen umfasst insgesamt 25 Items, wobei jeweils fünf Items den Subskalen „Prosoziales Verhalten", „Hyperaktivität", „Emotionale Probleme", „Verhaltensauffälligkeiten" und „Probleme mit Gleichaltrigen" zuzuordnen sind. Die Rohwerte der vier letztgenannten Skalen können zu einem Gesamtproblemwert aufsummiert werden. Darüber hinaus existiert für alle drei Versionen des Fragebogens eine erweiterte Variante, die zusätzlich den Ausprägungsgrad von und die Stärke der Beeinträchtigung durch Schwierigkeiten in den Bereichen Stimmung, Konzentration, Verhalten und Umgang mit anderen abfragt (Goodman, 1999). Die Befragten beurteilen anhand einer dreistufigen Likert-Skala, ob die jeweiligen Iteminhalte für die einzuschätzende Person nicht, teilweise oder eindeutig zutreffend sind. Die Bearbeitungszeit beträgt ca. 5 Minuten, womit sich der SDQ als ein sehr ökonomisches Verfahren erweist. Der SDQ wurde mittlerweile in mehr als 60 Sprachen übersetzt und kann über die Internet-Informationsadresse www.sdqinfo.com kostenlos bezogen und zur Bearbeitung im klinischen Bereich (Therapie) oder in der Forschung zur Quantifizierung kindlicher Verhaltensaspekte genutzt werden. Die Auswertung des SDQ erfolgt mit Hilfe spezieller Schablonen. Für die Elternversion liegen bereits deutsche Normen vor (Woerner et al., 2002), die eine Ausprägung der Verhaltensaspekte in die Bereiche „unauffällig", „grenzwertig" und „auffällig" zulässt. Für den Lehrer- und Selbstfragebogen stehen bislang nur britische Normen aus einer epidemiologischen Studie zur geistigen Entwicklung von Kindern und Jugendlichen in England aus dem Jahr 2002 zur Verfügung.

Ergebnisse bezüglich der psychometrischen Testgütekriterien konnten an N > 10.000 Probanden einer britischen Studie zur psychischen Gesundheit von Kindern und Jugendlichen in England gewonnen werden (Goodman, 2001). Die Resultate einer Faktorenanalyse belegen, dass alle 25 Items auf den ihnen zugeordneten Faktoren laden. Ebenso ergaben sich Korrelationen zwischen den drei verschiedenen Versionen des SDQ, die die entsprechenden Mittelwerte einer Metaanalyse von Achenbach, McConaughy und Howell (1987) zu den Zusammenhängen zwischen unterschiedlichen Beurteilern in Bezug auf konstruktähnliche Verfahren in Gänze überstiegen. Die internen Konsistenzen der Subskalen variieren zwischen den verschiedenen Versionen des SDQ und fallen für den Selbsteinschätzungsfragebogen am niedrigsten aus. Die Werte für die Lehrer und Elternversion liegen zwischen $\alpha = .57$ und $\alpha = .88$. Die Validität der Eltern- und Lehrerversion der deutschen Version des SDQ (SDQ-Deu) konnte in einer deutschen Validierungsstudie (Klasen et al., 2000, 2003) durch enge Zusammenhänge der SDQ-Skalen mit den Skalen der Child Behavior Checklist (kurz: CBCL; Achenbach, 1991a), der Teacher's Report Form (TRF) und des Youth Self Report (YSR) der CBCL (Achenbach, 1991b, 1991c) sowie anhand kinderpsychiatrischer Diagnosen belegt werden.

In der vorliegenden Untersuchung wurde die Lehrerversion des SDQ-Deu an 65 lernbehinderten Schulanfängern sowie an 35 Regelschülern angewendet. In die statistische Analyse fließen die Skalenrohwerte der SDQ-Lehrerversion sowie die erweiterten Items zur Symptomausprägung ein.

4.2.5 Die Student–Teacher Relationship Scale (STRS)

Die Student-Teacher Relationship Scale (kurz: STRS) von Pianta (2001) ist ein an Lehrkräfte gerichteter Fragebogen zur Erfassung der wahrgenommenen affektiven Beziehung zu einem Schüler sowie zur Einschätzung des wechselseitigen Verhaltens zwischen Lehrendem und Lernendem. Der Fragebogen umfasst insgesamt 28 Items, die sich drei Skalen zuordnen lassen, welche die Dimensionen „Nähe" („closeness"; 11 Items), „Konfliktneigung" („conflict"; 12 Items), „Abhängigkeit" („dependency"; 5 Items) abbilden. Die übergeordnete Qualität der Lehrer-Schüler-Beziehung wird durch die Addition der Rohwerte der drei Subskalen zu einer Gesamtwertskala („STRS total scale") erfasst. Auf einer 5-stufigen Likert-Skala schätzt die Lehrkraft den Grad der Ausprägung einer Itemaussage von „trifft gar nicht zu" bis „trifft voll und ganz zu" in Bezug auf einen bestimmten Schüler ein. Die drei Dimensionen Konflikt, Nähe und Abhängigkeit sind eng verbunden mit den entsprechenden bindungstheoretischen Konstrukten der Vermeidung, Ambivalenz und der Bindungssicherheit und geben Auskunft darüber, inwieweit eine Lehrperson die Beziehung zu einem Schüler als konfliktreich und negativ (Skala Konflikt) bzw. als affektiv harmonisch und offen (Skala Nähe) erlebt. Die Skala Abhängigkeit misst den Grad der Abhängigkeit eines Kindes zu seinem Lehrer. Hohe Werte auf den Skalen „Konflikt" und „Abhängigkeit" deuten darauf hin, dass eine Lehrperson die Beziehung zu einem Schüler als schwierig und konflikthaft empfindet und eine hohe emotionale Abhängigkeit des Schülers beschreibt. Das Verfahren wurde in einer deutschen Übersetzung nach Frau Prof. Dr. Lieselotte Ahnert (Universität Wien) angewendet (s. Anhang).

Die Normierung des Verfahrens erfolgte an 1.535 Schülern und Schülerinnen in den USA. Aufgrund der großen Variation ethnischer Zugehörigkeiten unter den Schülern existieren Normen für „caucasian students" „african american" und „hispanic american students", wobei für die vorliegende Arbeit die erstaufgeführten Normen verwendet wurden, da diese am ehesten für europäische Schüler anwendbar sind. Bisher existieren noch keine deutschen Normen für die STRS. Angaben zur Reliabilität liegen in Form von Retestergebnissen und der Angabe der internen Konsistenzen vor. Die internen Konsistenzen für die Gesamtstichprobe erbrachten hohe Alphawerte für die Skalen Konflikt (.92), Nähe (.86) und für den Gesamtskalenwert (.89). Die Skala Abhängigkeit erwies sich mit einem Alphawert von .64 als weniger reliabel. Diese Skala sollte demgemäß nur in Zusammenhang mit den anderen Skalen ausgewertet und nicht als isolierter Wert interpretiert werden. Ergebnisse einer Faktorenanalyse mit Varimax Rotation zur Prüfung der faktoriellen Struktur der STRS Skalen erbrachten vollständige Itemladungen auf den ihnen zugedachten Skalen.

4.2.6 Validitäts und Reliabilitätsprüfung der deutschen Version der „Student-Teacher Relationship Scale" (STRS)

Für die vorliegenden Daten der deutschen Übersetzung der „Student-Teacher Relationsship Scale" (Pianta, 2001) erfolgte die Berechnung einer Hauptkomponentenanalyse mit Varimax Rotation zur Überprüfung der internen Validität des Verfahrens. Die faktorielle Struktur der STRS Skalen konnte nicht in Gänze, sondern lediglich für die Skalen „Konflikt" und „Nähe" reproduziert werden. Die Items der Skala „Abhängigkeit" ließen sich keinem Faktor einheitlich zuordnen. Darüber hinaus weisen zwei der insgesamt fünf Items Faktorenladungen von < .4 auf. Die Skala „Abhängigkeit" wurde aufgrund dieser Ergebnisse von der Analyse ausgeschlossen. Die Faktoren „Konflikt" und „Nähe" weisen starke bis moderate Itemladungen auf. Die Zweifaktorenlösung klärt insgesamt 43,83% der Gesamtvarianz auf, wobei 27,18% der Varianz durch Faktor 1 und 16,64% durch Faktor 2 aufgeklärt werden (s. Tabelle 4).

Tabelle 4: Ergebnis der Hauptkomponentenanalyse für die STRS Daten: Varimax rotierte 2-Faktoren-Lösung für STRS Items mit Ladungen ≥ .4; die Items der Skala „Abhängigkeit" wurden eliminiert

Itemnr. und Itemkurzbeschreibung	Skala des Items	Faktor 1 Konflikt	Faktor 2 Nähe
23) Launen des Schülers sind unberechenbar.	Konflikt	.819	
20) Schüler fordert ganze Kraft der Lehrperson.	Konflikt	.809	
25) Schüler laut und unangenehm bei Hilfebedarf.	Konflikt	.809	
13) Schüler fühlt sich unfair behandelt.	Konflikt	.769	
26) Schüler agiert hinterhältig, manipulativ.	Konflikt	.761	
11) Schüler schnell ärgerlich auf Lehrperson.	Konflikt	.720	
24) Lehrer unzufrieden mit Beziehung zum Schüler.	Konflikt	.701	
28) Umgang mit Schüler macht Lehrkraft zufrieden.	Nähe		.460
16) Schüler bewertet Lehrkraft als kritisierend.	Konflikt	.600	
15) Lehrkraft ist mit Schüler auf einer Wellenlänge.	Nähe		.512
18) Schüler reagiert nicht auf Anweisungen.	Konflikt	.593	
19) Schüler reagiert auf Lehrkraft bei Störung[1].	Konflikt		
22) Schlechte Laune des Schülers wirkt auf Lehrer.	Konflikt	.526	
2) Schüler ringt um gutes Verhältnis zur Lehrkraft.	Konflikt	.465	
4) Schüler weicht Nähe der Lehrkraft aus[1].	Nähe	-408	
3) Schüler sucht bei Traurigkeit Trost bei Lehrkraft.	Nähe		.673
9) Schüler teilt Lehrkraft gern Persönliches mit.	Nähe		.670
5) Schüler fühlt sich wohl in Gegenwart des Lehrers.	Nähe		.660
7) Schüler freut sich über Lob der Lehrkraft.	Nähe		.634
1) Lehrkraft hat herzliches Verhältnis zum Schüler.	Nähe		.603
27) Schüler teilt Lehrkraft Gefühle/Gedanken mit.	Nähe		.588
21) Schüler nutzt Lehrkraft als Vorbild.	Nähe		.498
12) Schüler versucht Lehrkraft zu gefallen.	Nähe		.417
erklärte Varianz in %		27,18%	16,64%

[1] invertierte Items

Der im Rahmen einer Reliabilitätsanalyse gewonnene Alphawert von $\alpha = .52$ belegt konform mit den Ergebnissen des Testautors eine unbefriedigende Zuverlässigkeit der Skala „Abhängigkeit". Die internen Konsistenzen nach Cronbachs Alpha liegen bei .90 für die Skala „Konflikt" und .81 für die Skala „Nähe", womit sich diese Skalen als hinreichend reliabel erweisen.

In die Berechnungen der vorliegenden Arbeit gehen aufgrund der Ergebnisse der Faktorenanalyse und der Reliabilitätsprüfung lediglich die Werte der Skalen „Konflikt" und „Nähe" ein. Die Skala „Abhängigkeit" hat sich als nicht ausreichend valide und zuverlässig dargestellt und findet demnach in den statistischen Analysen keine Verwendung. Da sich der Gesamtskalenwert aus den Ergebnissen aller drei STRS-Subskalen zusammensetzt und im mittleren Bereich aufgrund der spezifischen Zusammensetzung nicht als hinreichend differenziert gelten kann, muss auch dieser globale Wert zur Bestimmung der Beziehungsqualität zwischen Lehrer und Schüler von den Berechnungen ausgeschlossen werden.

4.3 Statistische Auswertungsverfahren

Für die statistischen Analysen mit ordinalskalierten Variablen wurden als nicht parametrische Verfahren der χ^2-Test nach Pearson sowie bei einer erwarteten Zellenhäufigkeit von <5 der exakte Test nach Fisher angewendet. Darüber hinaus kam auch der U-Test nach Mann-Whitney als weiteres nonparametrisches Verfahren in den Berechnungen zum Einsatz.

Als parametrische Verfahren zur Unterschiedserfassung zwischen zwei oder mehreren Gruppen wurden t-Tests und univariate Varianzanalysen gerechnet. Die Überprüfung der Hypothese H11 erfolgte zudem anhand einer zweifaktoriellen Varianzanalyse mit Messwiederholung. Sowohl für den t-Test als auch für die Varianzanalysen wurde als Bestätigung der Testvoraussetzungen vor deren Anwendung eine Testung auf Varianzhomogenität und Normalverteilung durchgeführt. Die Bestimmung der internen Validität der deutschen Version der Student-Teacher Relationship Scale (STRS) erfolgte anhand einer Faktorenanalyse (Hauptkomponentenanalyse) mit Varimax Rotation. Darüber hinaus wurde eine Reliabilitätsanalyse für die STRS Einzelskalen vorgenommen.

Als Kriterium für statistische Signifikanz wurde eine Irrtumswahrscheinlichkeit von $\alpha < .05$ gewählt. Unterschiede bis zu einem Signifikanzniveau von $p < 0.1$ werden als marginale Signifikanzen bzw. als tentative Differenzen in den statistischen Analysen mitberücksichtigt. Obwohl im Rahmen der statistischen Analyse im Sinne eines multiplen Testens mehrere Unterschiede berechnet wurden, wurde das Alpha-Niveau konstant auf .05 gehalten und keine Alpha-Fehler-Adjustierung (Bonferroni-Korrektur) vorgenommen. Mit dieser Vorgehensweise sollte das Risiko vermieden werden, ß-Fehler zu begehen, die dazu führen, tatsächlich vorhandene Unterschiede nicht als solche sichtbar zu machen und dadurch die statistische Power zu verringern. Diese Entscheidung wurde vor dem Hintergrund getroffen, dass es sich bei der vorliegenden Studie um eine erste Grundlagenforschung handelt, deren Ergebnisse in weiteren nachfolgenden Studien verifiziert werden müssen.

Sämtliche statistischen Berechnungen im Rahmen der vorliegenden Arbeit wurden mit dem Programmpaket SPSS (Version 18.0) durchgeführt. Die Grafiken wurden mit den Programmen Microsoft Office Excel 2007 und Microsoft Office PowerPoint 2007 erstellt.

5. Ergebnisse

Bei der Darstellung der Ergebnisse soll in Kapitel 5.1 zunächst auf die Verteilung der sozioökonomischen sowie der sozialen Risikoparameter der lernbehinderten Schulanfänger und der Regelschüler eingegangen werden. Darüber hinaus wird die Verteilung der Intelligenzwerte sowie der Bindungsrepräsentationen der lernbehinderten Schulanfänger näher thematisiert. Im Anschluss daran erfolgt in Kapitel 5.2 die Ergebnisdarstellung der inferenzstatistischen Analyse in Reihenfolge der vorgestellten Hypothesen.

5.1 Deskriptive Ergebnisse

5.1.1 Darstellung der sozioökonomischen Lebenssituation der lernbehinderten Schulanfänger

In der sozialwissenschaftlichen Forschung finden unterschiedliche Verfahren zur Bestimmung sogenannter Sozialschichtenindizes Anwendung. In der vorliegenden Untersuchung wurde der Soziale-Schicht-Index nach Winkler (vgl. Winkler & Stolzenberg, 2009) berechnet, indem ein additiver Score aus den Variablen Einkommen, Bildung und Ausbildung sowie Berufliche Stellung gebildet wurde, der eine Klassifikation in Unter-, Mittel- und Oberschicht zulässt. Aus den mit einem speziellen Fragebogen zur Erfassung wichtiger sozialer und sozioökonomischer Parameter gewonnen Daten (s. Anhang) erfolgte zunächst eine Operationalisierung der Variablen „Bildung/Ausbildung" sowie „berufliche Stellung" getrennt für Vater und Mutter (educzm/v und profm/v) mit möglichen Werten von 1 bis 7. Die Operationalisierung des Einkommens erfolgt über das monatliche Haushaltsnettoeinkommen mit Punktwerten von 1 bis 7. In der vorliegenden Untersuchung wurde das jährliche Brutto-Gesamteinkommen der Familien über eine sechsfach abgestufte Skala erfragt, so dass abweichend zum Winkler-Index, der Werte von 3 bis 21 ermöglicht, in der vorliegenden Untersuchung ein maximaler Score von 20 erreicht werden kann. Die Einteilung der Schichten basierend auf der Addition der erreichten Teilscores orientiert sich dennoch an der Einteilung nach Winkler (vgl. Tabelle 5), wobei „der Index bzw. die Schichtzugehörigkeit des untersuchten Kindes ... indirekt über die jeweiligen Schätzwerte für die Eltern approximiert [wird]" (ebd., 22).

Tabelle 5: Ermittlung des Indexscores und der Schichtkategorien (Winkler et al., 2009, 21f.); (die Abweichungen für die vorliegende Untersuchung sind grau dargestellt)

Bildung / Ausbildung der Eltern	Monatl. Haushaltsnettoeinkommen Jährl. Haushaltsbruttoeinkommen	Berufliche Stellung der Eltern
	Teilscore 1-7	
Teilscore 1-7	Teilscore 1-6	Teilscore 1-7

Ermittlung der Schichtkategorien durch Addition der Teilscores
Wertbereich 3-8: Unterschicht
Wertbereich 9-14: Mittelschicht
Wertbereich 15-21 (20): Oberschicht

Die Ermittlung der Schichtkategorien der lernbehinderten Schulanfänger konnte für 55 Kinder vorgenommen werden, in zehn Fällen (15,4%) fehlten Variablen zur Ermittlung eines vollständigen Indexscores. In 45 Fällen (69,2%) der Auskunft erteilenden Familien wurde eine Zugehörigkeit zur Unterschicht ermittelt. Diese Einteilung traf nur für 7 (20%) der insgesamt 24 Auskunft erteilenden Familien der Regelschüler zu (vgl. Abbildung 19). Insgesamt lässt sich ein höchstsignifikanter Unterschied der Schichtzugehörigkeit zwischen lernbehinderten (n = 55) und nichtlernbehinderten (n = 24) Schulanfängern feststellen (Mann-Whitney U-Test p < .001).

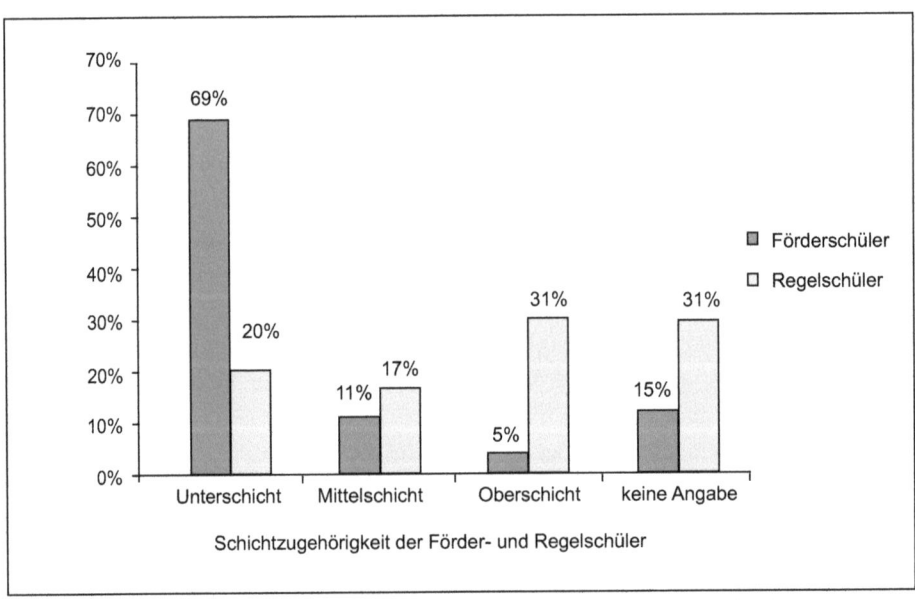

Abb. 19: Schichtzugehörigkeit lernbehinderter (n = 55) und nichtlernbehinderter (n = 24) Schulanfänger

Im Rahmen einer Längsschnittstudie von Laucht, Esser und Schmidt (1999) diente neben anderen auch die Variable „niedriges Bildungsniveau der Eltern" als Indikator für die Einschätzung psychosozialer Risiken bei Kindern. Das Item „ökonomische Probleme" fungierte darüber hinaus als eine weitere Risikovariable. Da beide Faktoren in die Berechnung der Schichtzugehörigkeit einfließen, kann die Zugehörigkeit zur Unterschicht, wie sie mit mindestens 69% (15% machten keine vollständigen Angaben) für die Mehrheit der Gruppe der lernbehinderten Schulanfänger identifiziert werden konnte, als ein psychosozialer Risikofaktor angesehen werden.

5.1.2 Verteilung der Bindungsklassifikationen lernbehinderter und nichtlernbehinderter Schulanfänger

In der vorliegenden Stichprobe wurde das Geschichtenergänzungsverfahren an 63 lernbehinderten Kindern in unterschiedlichen schulischen Kontexten (Förderschule vs. Integration) angewendet. Insgesamt nahmen 65 lernbehinderte Kinder an der Untersuchung teil; die Mutter eines teilnehmenden Mädchens lehnte die Durchführung des GEV-B aufgrund der Videoaufzeichnung ab. Weiterhin konnte das GEV-B eines Jungen nicht ausgewertet werden, da dieser erhebliche Verständnisprobleme in Hinblick auf die Testinstruktionen mit stark repetitivem Spielverhalten zeigte. Inzwischen besucht dieser Junge eine Förderschule mit dem Förderschwerpunkt Geistige Entwicklung.

Die Ergebnisse der deskriptiven Statistik in bezug auf die generalisierten Bindungsrepräsentationen der Gesamtstichprobe von N = 63 lernbehinderten Schulanfängern weisen auf einen relativ erhöhten Anteil desorganisierter Bindungsmuster hin, der bei 35% (n = 22) liegt, wobei Bindungsdesorganisation als Zusatzklassifikation insgesamt fünf Mal vergeben und mit der Bindungsdesorganisation als Hauptklassifikation zu einer D-Kategorie zusammengefasst wurde. Im Gegensatz zur Bindungsdesorganisation wurde die unsicher-ambivalente Bindungsklassifikation insgesamt nur bei sieben Kindern (11%) festgestellt. Der unsicher-vermeidende (A) sowie der sichere Bindungstyp (B) traten mit 27% (n = 17) innerhalb der Gesamtstichprobe in derselben Verteilungshäufigkeit auf (s. Tabelle 6 sowie Abb. 20).

Tabelle 6:   Verteilung der Bindungsklassifikationen für die Gesamtgruppe und nach Geschlecht

Bindungsklassifikation (GEV-B)	Gesamtgruppe (N = 63)	Mädchen (n = 27)	Jungen (n = 36)
A (unsicher-vermeidend)	27% (n=17)	18,5% (n=5)	33,3% (n=12)
B (sicher)	27% (n=17)	29,6% (n=8)	25% (n=9)
C (unsicher-ambivalent)	11% (n=7)	22,2% (n=6)	2,8 % (n=1)
D (desorganisiert)	35% (n=22)	29,6% (n=8)	39% (n=14)
A/D-Muster	4,8 % (n=3)	3,7% (n=1)	5,5% (n=2)
C/D-Muster	3,2% (n=2)	7,4% (n=2)	---
sicher gebunden	27% (n=17)	30% (n=8)	25% (n=9)
unsicher gebunden	73% (n=46)	70% (n=19)	75% (n=27)
organisiert gebunden	65% (n=41)	70% (n=19)	61% (n=22)
desorganisiert gebunden	35% (n=22)	30% (n=8)	39% (n=14)

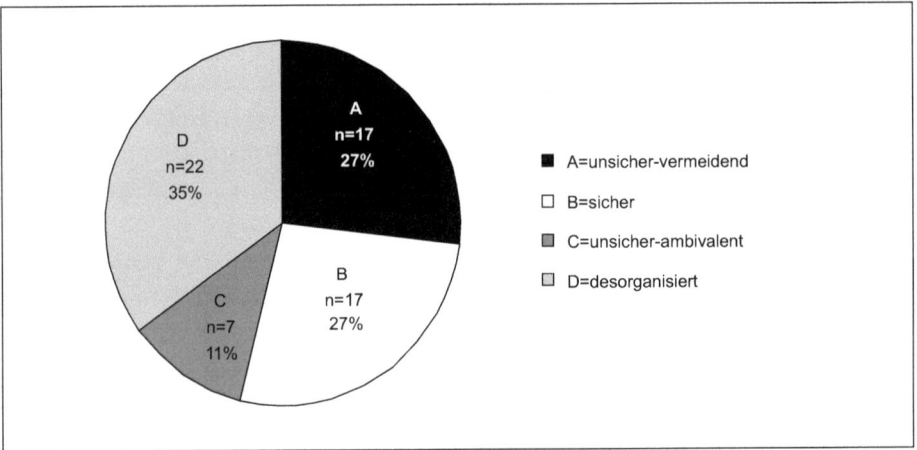

Abb. 20: Verteilung der Bindungsklassifikationen der Gesamtgruppe (Desorganisation als Zusatz- sowie als Hauptklassifikation wurden zu einer Kategorie zusammengefasst)

Es konnte kein statistisch bedeutsamer Unterschied für die dichotomen Variablen sicher/unsicher (p > .05; Exakter Test nach Fisher) sowie organisiert/desorganisiert (p > .05 Exakter Test nach Fisher) in Bezug auf das Geschlecht der Schulanfänger festgestellt werden. Die Berechnung des Geschlechtereffekts über die vier Bindungsgruppen erbrachte ein signifikantes Ergebnis (vgl. Tabelle 7).

Tabelle 7: Geschlechtereffekt über die vier Bindungsgruppen im GEV-B

	GEV-B Klassifikation				
	A	B	C	D	χ² nach Pearson
männlich	**12**	**9**	**1**	**14**	
n=36	33,30%	25%	2,80%	39%	
					χ² (3) = 7,0; p < .05
weiblich	**5**	**8**	**6**	**8**	
n=27	18,50%	29,60%	22,20%	29,60%	

A = unsicher-vermeidend, B = sicher, C = unsicher-ambivalent, D = desorganisiert

Die Berechnung des Geschlechtereffekts auf die Bindungsrepräsentation unter Ausschluss der Bindungsgruppe C, die insgesamt nur bei sieben Kindern vergeben werden konnte und aufgrund einer geringen Zellenbesetzung im Folgenden von der inferenzstatistischen Analyse ausgenommen wird, erbrachte jedoch kein statistisch bedeutsames Ergebnis (vgl. Tabelle 8).

Tabelle 8: Geschlechtereffekt über die Bindungsgruppen sicher, unsicher-vermeidend und desorganisiert

	GEV-B Klassifikation			
	A	B	D	χ² nach Pearson
männlich	**12**	**9**	**14**	
n=35	33,30%	25%	39%	
				χ² (2) = 1,15; p > .05
weiblich	**5**	**8**	**8**	
n=21	18,50%	29,60%	29,60%	

A = unsicher-vermeidend, B = sicher, D = desorganisiert

Als Kontrollvariable liegen die Daten der „Düsseldorfer Längsschnittstudie zum Eintritt in den Kindergarten und in die Schule" vor, in der 68 Regelschüler zum Schuleintritt mit dem GEV-B untersucht worden sind. Die folgende Abbildung 21 ermöglicht einen Überblick über die Verteilungshäufigkeiten der Bindungsklassifikationen beider Stichproben unter Ausschluss der unsicher-ambivalenten Bindungsstrategie.

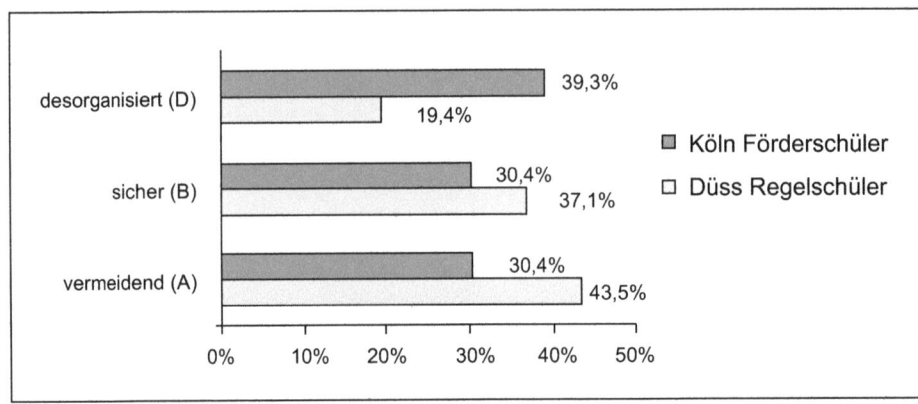

Abb. 21: Verteilung der Bindungsklassifikationen der Düsseldorfer Längsschnittstudie („Düss Regelschüler") und der Untersuchungsstichprobe lernbehinderter Schulanfänger („Köln Förderschüler")

5.1.3 Intelligenz der Schulanfänger

Für die Auswertung der Testergebnisse von Förderschülern mit dem Schwerpunkt Lernen der Grundschulklassen eins bis vier liegen keine Intelligenzwerte (IQ) vor, sondern lediglich Orientierungswerte in Form von Quartilnormen und Rohwerten. In der deskriptiven Auswertung findet ausschließlich die Rohwertsumme 3 (Subtests 3-5) Anwendung, welche die Konstrukte beziehungsstiftendes Denken sowie das Erkennen von Regelhaftigkeiten und Gesetzmäßigkeiten erfasst und über diese Faktoren die allgemeine, sprachfreie intellektuelle Leistungsfähigkeit (Grundintelligenz) eines Kindes abbildet. Pro Untertest kann ein maximaler Rohwert von 12 erreicht werden. Die Rohwertsumme 3 bestehend aus den Subtests 3, 4 und 5 kann somit maximal 36 Punkte betragen. Der folgenden Tabelle 9 kann entnommen werden, dass der ermittelte Durchschnittswert der Gesamtgruppe bei rund 18 Rohpunkten liegt.

Tabelle 9: Verteilung der Rohwertpunkte (Summe 3) des CFT-1 der lernbehinderten Schulanfänger getrennt nach Gesamtstichprobe, Ort der schulischen Förderung und Geschlecht

CFT-1 Rohwertsumme 3	Minimum	Maximum	M	SD
Gesamtstichprobe (N=63)	0	30	18,3	5,8
lernbehinderte Förderschüler (n=28)	0	28	15,61	5,7
lernbehinderte GU-Schüler (n=35)	9	30	20,46	5,0
Mädchen (n=27)	10	30	18,67	5,1
Jungen (n=36)	0	30	18,03	6,3

Insgesamt konnte in der vorliegenden Stichprobe kein signifikanter Einfluss des Geschlechts ($F(1,61) = 0,2$; $p > .05$) sowie des Alters der Förderschüler bei Studieneintritt ($F(26,36) = 1,3$; $p > .05$) auf die Intelligenzleistung gemessen werden. Allerdings ließ sich ein hochsignifikanter Unterschied der ermittelten Rohpunkte in Bezug auf die unterschiedlichen Schulformen herstellen: Die lernbehinderten Schulanfänger im Gemeinsamen Unterricht erreichten signifikant höhere Summenrohwerte als die gleichaltrigen Förderschüler ($t(61) = -3,6$; $p < .001$). Da sich von den lernbehinderten Förderschülern der Stichprobe I ($N = 30$) zum Zeitpunkt der Erhebung in etwa die Hälfte der Kinder im ersten und die andere Hälfte im zweiten Schulbesuchsjahr befanden, unter den lernbehinderten GU-Kindern ($N = 35$) jedoch nur eine Erstklässlerin und 34 Zweitklässler zu finden waren, wurde der Einfluss der Länge des Schulbesuches ebenfalls untersucht. Die Variable „Schulbesuchsjahr" hat einen statistisch bedeutsamen Einfluss auf die Leistung im CFT-1 ($F(1,61) = 23$; $p < .001$): Zweitklässler erreichen signifikant höhere Leistungen als Erstklässler. Ein Vergleich der lernbehinderten Zweitklässler an Förderschulen ($N=13$; ein fehlender CFT-1 Datensatz) mit den integrativ beschulten Förderschülern ($N = 34$) im zweiten Schulbesuchsjahr erbrachte hingegen ein insignifikantes Ergebnis ($t(45) = -0,8$; $p > .05$); die beiden Schülergruppen der jeweils zweiten Jahrgangsstufe unterschieden sich hinsichtlich ihrer Leistungen im CFT-1 nicht.

5.2 Hypothesenprüfung und Datenanalyse

Zur inferenzstatistischen Datenanalyse ist anzumerken, dass aufgrund einer geringen Zellenbesetzung basierend auf einer nicht ausreichenden Fallzahl ambivalent gebundener Kinder von $N = 7$ die unsicher-ambivalente Bindungsklassifikation von den statistischen Analysen ausgeschlossen wurde. Darüber hinaus soll an dieser Stelle erneut darauf hingewiesen werden, dass die Fälle, die eine Bindungsdesorganisation aufweisen mit den Fällen, bei denen Desorganisation als Zusatzklassifikation vergeben wurde, zu einer „Gesamtkategorie D" zusammengefasst wurden.

5.2.1 Hypothesenprüfung zum Vergleich der Bindungsrepräsentationen von Förder- und Regelschülern

Für die Überprüfung der Hypothesen **H1a** und **H1b** wurden die bindungsbezogenen Daten von 63 lernbehinderten Förderschülern der ersten und zweiten Jahrgangsstufe mit den entsprechenden Daten von 68 Schulanfängern zu Beginn des ersten Schuljahres an Düsseldorfer Regelschulen verglichen. Ein Vergleich über die drei Bindungsgruppen A, B und D (die unsicher-ambivalente Bindungsklassifikation wurde aufgrund geringer Fallzahlen von der statistischen Analyse ausgeschlossen) ergab einen signifikanten Unterschied zwischen den getesteten Gruppen ($\chi^2(2) = 5{,}8$; $p < .05$). Einen Überblick über die Verteilung der Bindungsgruppen sicher (B), unsicher-vermeidend (A) und desorganisiert (D) für die lernbehinderten Schulanfänger und die Regelschüler der Düsseldorfer Längsschnittstudie ermöglicht die Abbildung 22.

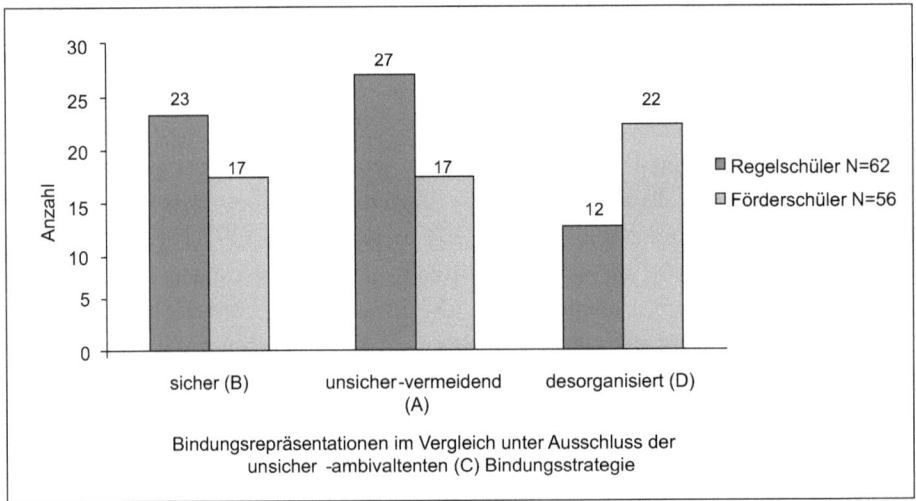

Abb. 22: Verteilung der Bindungsgruppen A, B und D bei Förder- und Regelschülern

In Bezug auf das Alter der teilnehmenden Schüler lässt sich ebenfalls ein höchstsignifikanter Unterschied zwischen der Gruppe lernbehinderter Schulanfänger und der Düsseldorfer Kontrollgruppe darstellen ($t(87) = 12{,}3$; $p < .001$). Die lernbehinderten Schulanfänger sind im Durchschnitt deutlich älter als die Regelschüler der Vergleichsgruppe.

Für Hypothese **H1a** wurde angenommen, dass lernbehinderte Kinder häufiger unsicher gebunden sind als in etwa gleichaltrige Regelschüler. Diese Hypothese konnte mit Hilfe der dichotomen Variable „sicher versus unsicher" für die beiden Gruppen widerlegt werden. Hinsichtlich der Unterscheidung der Schüler in bezug auf die Kategorien „sicher gebunden (B)" und „unsicher gebunden (A und D) ließ sich kein statistischer Unterschied zwischen lernbehinderten und nichtlernbehinderten Schülern abbilden ($t(116) = 0{,}8$; $p > .05$). Die Hypothese H1a muss somit abgelehnt werden.

Die Überprüfung der Hypothese **H1b** zur Erfassung der Bindungsdesorganisation von Förder- und Regelschülern erbrachte einen statistisch relevanten Unterschied ($t(106) = 2{,}4$; $p < .01$): Lernbehinderte Schulanfänger sind signifikant häufiger hochunsicher gebunden als Regelschüler. Die Hypothese H1b konnte bestätigt werden.

In Anlehnung an die Forschungsmethodik von Gloger-Tippelt et al. (2009) wurden die Analysen erneut für den Altersbereich von 6;6 bis 8;5 Jahren berechnet. In diese Berechnung gingen die bindungsbezogenen Daten von $N = 52$ lernbehinderten Schülern und $N = 60$ Regelschülern ein. Die Berechnung der Hypothesen H1 und H2 für den Altersbereich 6;6 bis 8;5 Jahre brachte ein identisches Ergebnis wie die Hypothesenberechnung der bindungsbezogenen Daten der Gesamtgruppe mit einem Altersbereich von 6;2 bis 9;2 Jahren: 6;6 bis 8;5 Jahre alte lernbehinderte Förderschüler sind nicht signifikant häufiger unsicher gebunden als Regelschüler derselben Altersgruppe ($t\,(100) = 0,7$; $p > .05$), womit die Hypothese H1a als widerlegt gilt. Es ergibt sich jedoch ein statistisch bedeutsamer Unterschied zwischen den getesteten Gruppen beim Vergleich der Verteilung der Bindungsdesorganisation und der organisierten Bindungsstile ($t\,(88) = 2,0$; $p < .05$). Lernbehinderte Schulanfänger der Altersgruppe 6;6 bis 8;5 Jahre sind signifikant häufiger hochunsicher gebunden als Regelschüler desselben Altersbereiches. Die Hypothese H1b gilt auch für diese begrenzte Altersgruppe als bestätigt.

5.5.2 Zum Zusammenhang von Bindung und Intelligenz bei lernbehinderten Schulanfängern

In die Berechnungen zur Überprüfung der **Hypothesen H2a und H2b** gehen die Werte von $N = 54$ Förderschülern ein. Durch den Ausschluss der unsicher-ambivalent gebundenen Schüler aufgrund geringer Fallzahlen mussten sieben Datensätze von der Analyse ausgeschlossen werden. Darüber hinaus fehlen zusätzlich die CFT-1 Daten einer sicher gebundenen Schülerin und eines desorganisiert gebundenen Schülers.

Für die Hypothese **H2a** wurde angenommen, dass sich in Abhängigkeit des Bindungsstils der lernbehinderten Schulanfänger Unterschiede in der Verteilung der Grundintelligenz abbilden lassen. Das Ergebnis einer univariaten Varianzanalyse erbrachte ein knapp insignifikantes Ergebnis ($F\,(2,51) = 2,5$; $p_{exakt} = .09$). Zwar lassen sich grafisch Unterschiede je nach Bindungstyp und Intelligenzleistung darstellen (Abb. 23), jedoch sind diese statistisch lediglich marginal signifikant und bilden nur eine Tendenz ab.

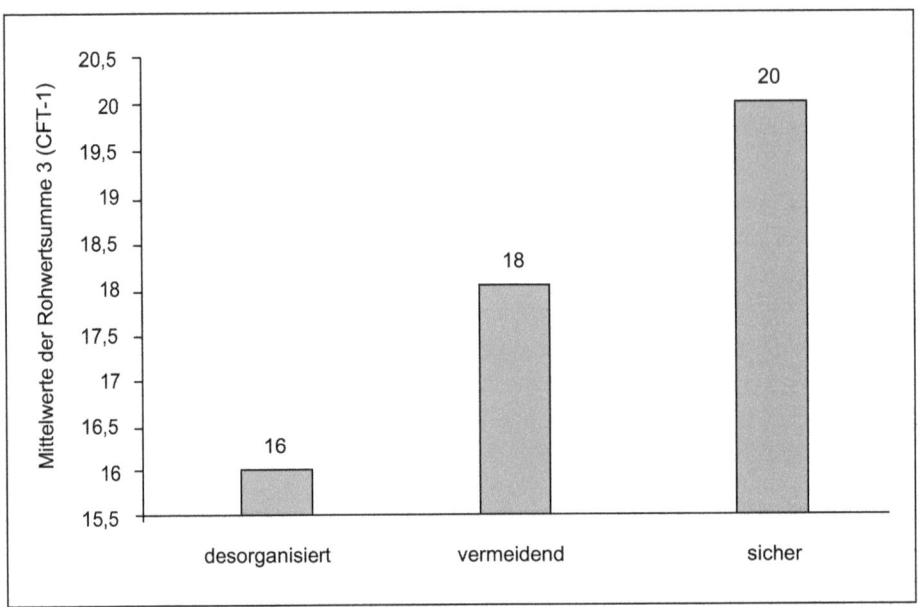

Abb. 23: Verteilung der Mittelwerte der Rohwertsumme 3 (CFT-1) in Abhängigkeit der Bindungsklassifikation (ANOVA)

Für Hypothese **H2b** soll überprüft werden, ob sich ein statistisch bedeutsamer Unterschied bezüglich der Grundintelligenz von desorganisiert und organisiert gebundenen Förderschülern darstellen lässt. Der Vergleich beider Gruppen in Abhängigkeit der Intelligenzleistung erbrachte ein signifikantes Ergebnis ($t(52) = 2$; $p < .05$). Die Hypothese H2b gilt demnach als bestätigt (vgl. Abb. 24).

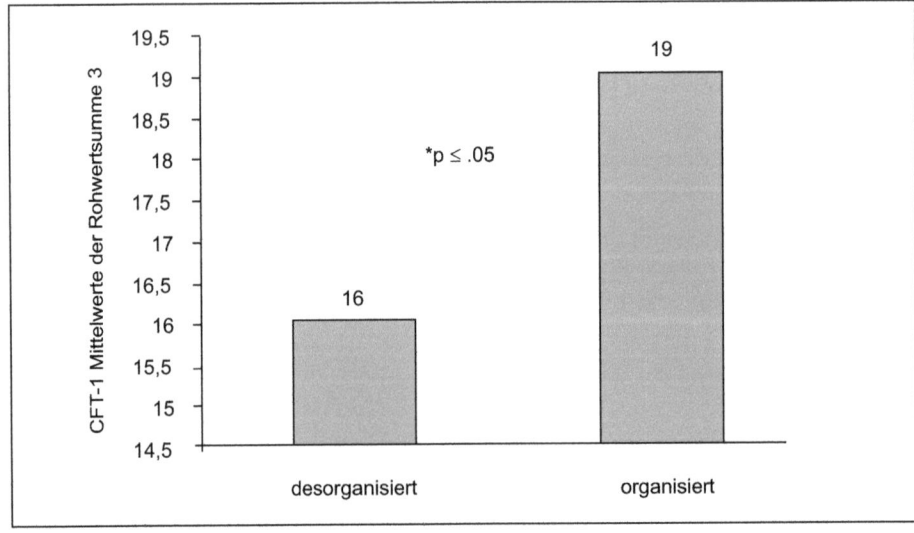

Abb. 24: Verteilung der Mittelwerte der Rohwertsumme 3 (CFT-1) desorganisiert und organisiert gebundener lernbehinderter Schüler (t-Test für unabhängige Stichproben)

5.2.3 Hypothesenprüfung zur Qualität der Lehrer-Schüler-Beziehung in Abhängigkeit von Schülerstatus[5] und Bindungsklassifikation

Zur Prüfung der Hypothesen **H3** und **H5** liegen die mit Hilfe der projektintern eingesetzten deutschen Version der Student-Teacher Relationsship Scale gewonnenen Lehrerbeurteilungen für insgesamt N = 100 Kinder, darunter 65 Förder- und 35 Regelschüler vor. Anhand der Überprüfung der Hypothese H3 sollen mögliche Unterschiede in der aus Lehrersicht wahrgenommenen Qualität der Beziehung zu Regel- und Förderschülern ermittelt werden. Die Hypothese H5 prüft die Wahrnehmung der Schüler und untersucht, ob lernbehinderte Kinder sich von ihren Lehrern im Kontext Schule weniger angenommen fühlen als nichtlernbehinderte Kinder. Für die statistische Analyse der letztgenannten Fragestellung liegen die Fragebogendaten der Skala „Gefühle des Angenommenseins" des Fragebogens zur Erfassung emotionaler und sozialer Schulerfahrungen für Kinder erster und zweiter Klassen von insgesamt N = 99 Kindern vor. Die Mutter einer Regelschülerin zog im Verlauf der Erhebung ihr Einverständnis zur Teilnahme an der Studie zurück, so dass auf diesen Datensatz verzichtet werden muss.

Die Hypothesen **H4** und **H6** prüfen mögliche bindungsbezogene Unterschiede in der reziproken Wahrnehmung der Lehrer-Schüler-Beziehung. Insgesamt werden die bindungs- und beziehungsbezogenen Daten von N = 63 lernbehinderten Schulanfängern analysiert.

5.2.3.1 Qualität der Lehrer-Schüler-Beziehung: Wahrnehmung der Lehrkräfte

Anhand der **Hypothesen H3a und H3b** soll überprüft werden, ob die Beziehung zu Förderschülern von Lehrern als stärker konfliktbelastet wahrgenommen sowie als weniger emotional nah beschrieben wird als die Beziehung zu gleichaltrigen Regelschülern. Zur Überprüfung der Hypothesen wurden zunächst nur die Daten der lernbehinderten Schüler im Gemeinsamen Unterricht (N = 35) mit den Daten der Regelschüler im Gemeinsamen Unterricht (N = 35) verglichen, da hier jeweils zwei Kinder derselben Klassengemeinschaft von derselben Lehrperson beurteilt wurden. Der Vergleich der Lehrerurteile bezogen auf die wahrgenommene Beziehung zu ihren lernbehinderten und nichtlernbehinderten Schülern zeigt, dass die Beziehung zu den lernbehinderten Integrativschülern sowohl als konfliktreicher (t (53 = 3,4; p < .001) als auch als weni-

---

5 Mit dem Begriff „Schülerstatus" wird die Zugehörigkeit zu einer bestimmten Schülerpopulation ausgedrückt. In der vorliegenden Arbeit können die drei Schülergruppen lernbehinderte Förderschüler an Förderschulen, lernbehinderte Förderschüler im Gemeinsamen Unterricht und Regelschüler voneinander unterschieden werden.

ger emotional nah (t(68) = -2,6; p < .01) empfunden wurde. Ein Vergleich der Gesamtgruppe aller lernbehinderten Förderschüler (N = 65) mit den Regelschülern (N = 35) bestätigt dieses Ergebnis: Lehrer erleben die Beziehung zu Förder- im Vergleich zu Regelschülern als konfliktuöser (t(98) = -4,6; p < .001) und als emotional ferner (t(98) = 2,9; p < .01). Die Hypothesen H3a und H3b gelten somit als bestätigt.

Die **Hypothese 4** basiert auf der Annahme, dass sich anhand der Bindungsklassifikation spezifische Unterschiede bezüglich der Ausprägungen der Dimensionen „Nähe" und „Konflikt" in der Lehrer-Schüler-Beziehung abbilden lassen. Mit **Hypothese H4a** wird davon ausgegangen, dass sonderpädagogische Lehrkräfte die Beziehung zu sicher gebundenen Förderschülern (Typ B) als emotional näher beurteilen als zu unsicher gebundenen Förderschülern (Typ A und D). Die Mittelwerte der Skala „Nähe" liegen im Lehrerurteil für sicher gebundene Förderschüler höher als die der unsicher gebundenen Kinder. Dieser gemessene Unterschied ist statistisch signifikant (t(54) = -2,0; p < .05). Die Hypothese H4a gilt somit als bestätigt.

Mit **Hypothese H4b** wurde angenommen, dass sonderpädagogische Lehrkräfte die Beziehung zu unsicher gebundenen Förderschülern als konfliktreicher beurteilen als die zu sicher gebundenen Förderschülern. Auch diese Hypothese konnte bestätigt werden, da sich ein signifikanter Unterschied in der Beurteilung sicher und unsicher gebundener Schüler abbilden lässt (t(49) = 2,2; p < .05).

Für die Hypothesen **H4c** und **H4d** sollen die unsicheren Bindungsklassifikationen der Vermeidung sowie der Bindungsdesorganisation näher in den Fokus der Analyse gebracht werden. Mit **Hypothese H4c** soll überprüft werden, ob unsicher-vermeidend gebundene Förderschüler im Urteil der Sonderpädagogen höhere beziehungsbezogene Konfliktwerte erhalten als ihre sicher gebundenen Mitschüler. Die Verteilung der Mittelwerte der Skala Konflikt für die unterschiedlichen Bindungstypen kann der Abbildung 25 entnommen werden.

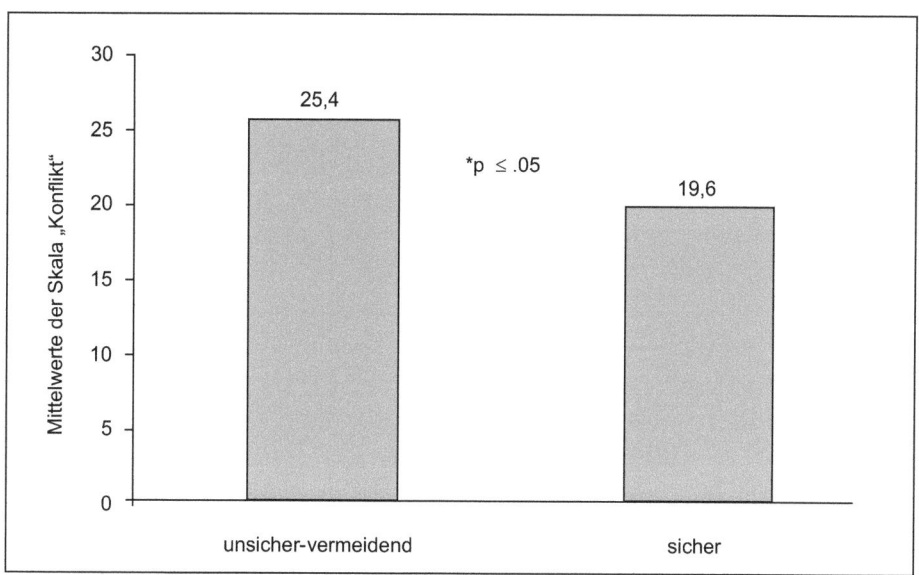

Abb. 25: Verteilung der Mittelwerte der STRS-Skala Konflikt für den unsicher-vermeidenden und den sicheren Bindungstyp bei lernbehinderten Schülern

Die abgebildeten gemittelten Rohwertdifferenzen erwiesen sich als statistisch bedeutsam (t (25) = 2,0; p < .05). Die Beziehung zu unsicher-vermeidenden Förderschülern wird von den sonderpädagogischen Fachkräften demnach als konfliktuöser eingeschätzt als ihre Beziehung zu sicher gebundenen Förderschülern, womit die Hypothese H4c als bestätigt gilt.

Da sich die desorganisierte Bindungsklassifikation in zahlreichen Studien als ein Risikofaktor für die kindliche Entwicklung sowie für die Beziehungsgestaltung mit wichtigen und nahestehenden Menschen erwiesen hat, wird mit **Hypothese H4d** vermutet, dass die Beziehung zu Förderschülern vom desorganisierten Bindungstypus im Vergleich zu der Beziehung zu organisiert gebundenen Schülern in der Lehrerbeurteilung durch die höchsten Konfliktwerte gekennzeichnet ist. Das Ergebnis einer ANOVA erbrachte ein insignifikantes Ergebnis über die drei getesteten Bindungsgruppen „sicher", „unsicher-vermeidend" und „desorganisiert" (F (2, 53) = 2,2; p > .05). Zwar lassen sich grafisch Unterschiede je nach Bindungstyp der Förderschüler und dem Grad der von Lehrkräften erlebten beziehungsbezogenen Konfliktausprägung zu diesen Schülern darstellen (Abb. 26), jedoch sind diese statistisch insignifikant.

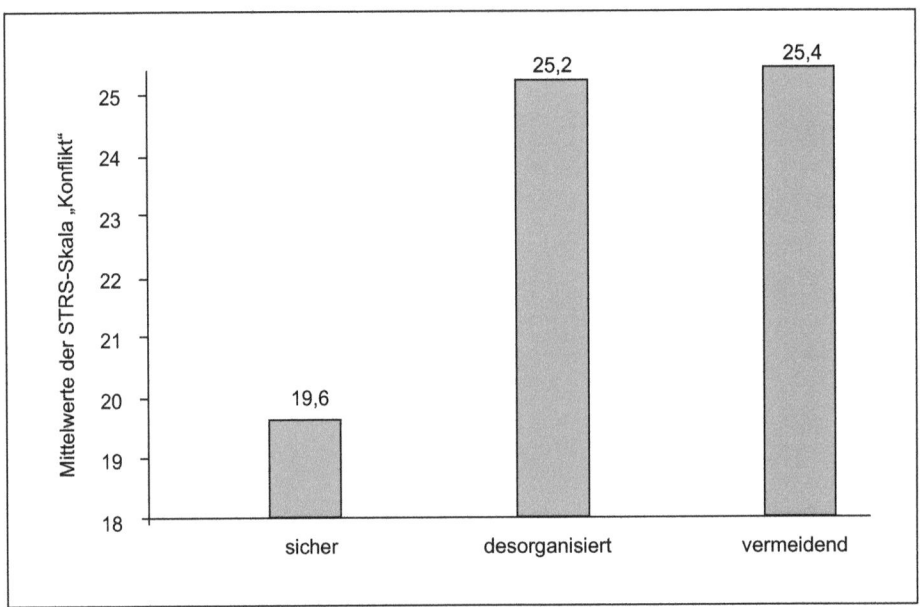

Abb. 26: Beziehungsbezogene Konfliktmittelwerte im Lehrerurteil (STRS) in Abhängigkeit der Bindungsklassifikation der Förderschüler (ohne Bindungstyp C)

Die Mittelwerte der desorganisierten und der unsicher-vermeidenden Bindungsgruppe weisen keinen statistischen Unterschied auf. Die Beziehung zu desorganisiert und unsicher gebundenen Förderschülern wird von den teilnehmenden Sonderpädagogen als identisch konflikthaft beschrieben. Somit kann die Hypothese H4d als widerlegt gelten.

5.2.3.2 Qualität der Lehrer–Schüler-Beziehung: Schülerwahrnehmung

Die Qualität der Beziehung eines Schülers zu seinen Lehrern wird in der vorliegenden Untersuchung über die Skala „Gefühl des Angenommenseins" des Fragebogens zur Erfassung emotionaler und sozialer Schulerfahrungen erster und zweiter Klassen (Rauer et al., 2004) erfasst, welche das Ausmaß der empfundenen Unterstützung und Akzeptanz eines Schülers durch seine Lehrkräfte abbildet. Die Fragen sind genereller Natur und nehmen nicht durch Namensnennung Bezug auf einzelne Lehrkräfte, wobei davon ausgegangen werden kann, dass es sich aufgrund des im Primarbereich etablierten Klassenlehrersystems in der Grundschule zumeist nur um eine Lehrperson handelt. Für die integrativ beschulten Kinder im Gemeinsamen Unterricht muss mindestens von einem doppelt besetzten Bezugspersonensystem ausgegangen werden, da diese im Klassenverband sowohl vom Klassenlehrer als auch von der sonderpädagogischen Lehrperson unterrichtet werden.

Mit **Hypothese H5** wird angenommen, dass sich Förderschüler im Vergleich zu Regelschülern von ihren Lehrern weniger stark angenommen fühlen. Diese Hypothese kann mit einer Irrtumswahrscheinlichkeit von < 1% als bestätigt gelten (t (97) = -2,6; p <.01), wobei diese Bestätigung nur partiell für die untersuchten lernbehinderten Schüler an Förderschulen gilt und nicht für die Förderschüler im Gemeinsamen Unterricht. Einzelanalysen zwischen den drei Gruppen „Lernbehinderte Förderschüler an Förderschulen", „lernbehinderte Förderschüler im Gemeinsamen Unterricht" sowie „Regelschüler im Gemeinsamen Unterricht" haben ergeben, dass sich der vorausgehend dargestellte, hochsignifikante Unterschied zwischen der Gesamtgruppe der lernbehinderten Schulanfänger und den Regelschülern allein aus dem statistisch bedeutsam verringerten Skalenmittelwert lernbehinderter Schulanfänger an Förderschulen (N = 30) ergibt. Lernbehinderte Kinder, die an Förderschulen beschult werden, erleben sich sowohl in Bezug auf integrativ beschulte Förderschüler als auch in Bezug auf Regelschüler von ihren Lehrkräften als weniger angenommen, akzeptiert und unterstützt. Zwischen den integrativ beschulten lernbehinderten Schülern und ihren regelbeschulten Klassenkameraden lässt sich kein signifikanter Unterschied in der Ausprägung der wahrgenommenen Akzeptanz und Unterstützung durch die Lehrkräfte abbilden (t (67) = -.904; p > .05), wie ebenfalls der Tabelle 10 entnommen werden kann.

Tabelle 10: Unterschiedsdarstellung der Mittelwerte der FEESS 1-2 Skala „Gefühl des Angenommenseins" (GA) durch den Lehrer in Abhängigkeit des Schülerstatus (T-Test für unabhängige Stichproben)

FEESS 1-2	Lernbehinderte Schüler an Förderschulen (N = 30)		Lernbehinderte Schüler im GU (N = 35)		Regelschüler im GU (N = 34)		T-Test	
	M	SD	M	SD	M	SD	df	T
	9,7	2,6	11,4	1,4			42	-3,14**
Skala GA	9,7	2,6			11,7	1,6	48	-3,63***
			11,4	1,4	11,7	1,6	67	-0,90^{ns}

GU = Gemeinsamer Unterricht; ** p < .01; *** p < .001, ns = nicht signifikant

Gemäß der **Hypothese H6a** soll im Folgenden überprüft werden, ob unsicher gebundene Förderschüler sich von ihren Lehrern weniger angenommen fühlen als sicher gebundene Förderschüler. Die statistische Analyse erbrachte keinen signifikanten Unterschied zwischen den beiden Gruppen sicher und unsicher gebundener Förderschüler (t (61) = -1,14; p > .05; vgl. Tabelle 11).

Tabelle 11: Unterschiedsdarstellung der Mittelwerte der Skala „Gefühl des Angenommenseins" durch den Lehrer für sicher und unsicher gebundene Förderschüler (T-Test für unabhängige Stichproben)

FEESS 1-2	unsicher gebundene Förderschüler (N = 39)		sicher gebundene Förderschüler (N = 17)		T-Test	
	M	SD	M	SD	df	T
Skala Gefühl des Angenommenseins	10,2	2,2	11,2	2,2	54	-1,5^{ns}

ns = nicht signifikant

Die **Hypothese H6b**, welche einen statistisch bedeutsamen Unterschied in der Wahrnehmung der Akzeptanz und des Angenommenseins durch den Lehrer bei desorganisiert und organisiert gebundenen Förderschülern annimmt, muss aufgrund eines insignifikanten Ergebnisses ebenfalls widerlegt werden (t (61) = 1,1; p > .05; vgl. Tabelle 12).

Tabelle 12: Unterschiedsdarstellung der Mittelwerte der Skala „Gefühl des Angenommenseins" durch den Lehrer für organisiert und desorganisiert gebundene Förderschüler (T-Test für unabhängige Stichproben)

FEESS 1-2	organisiert gebundene Förderschüler (N = 34)		desorganisiert gebundene Förderschüler (N = 22)		T-Test	
	M	SD	M	SD	df	T
Skala Gefühl des Angenommenseins	10,7	2,2	10,3	2,4	42	0,6^{ns}

ns = nicht signifikant

Auch die Ergebnisse der Unterschiedstestung im Rahmen der Hypothesen H6a und H6b getrennt nach Stichproben (Förderschüler vs. Integrationsschüler) überschreiten das Signifikanzniveau von 5% in beiden Fällen und erweisen sich als insignifikant.

5.2.4 Hypothesenprüfung zum Zusammenhang von Sozialverhalten und Bindungsqualität

Das simultane Auftreten spezifischer Schwierigkeiten in den Bereichen Lernen, Kommunikation und Sozialverhalten bei Schülern im Förderschwerpunkt Lernen konnte in den vergangenen Jahren anhand zahlreicher Untersuchungen nachgewiesen werden (vgl. Opp, 1995; Myschker, 1999; Schulze, 2003; Grünke, 2004). Zur Prüfung des Auftretens einer solchen multiplen Symptomatik für die vorliegende Stichprobe soll mit der **Hypothese H7** nachfolgend eruiert werden, ob das Sozialverhalten lernbehinderter Schulanfänger von ihren Lehrkräften häufiger als auffällig beschrieben wird als das gleichaltriger Regelschüler. Zur Überprüfung der Hypothese werden die Mittelwerte der fünf Einzelskalen der deutschen Lehrerversion des „Strength and Difficulties Questionnaire" (SDQ-Deu; Klasen et al., 2003) sowie der daraus ermittelte Gesamtproblemwert für die beiden Gruppen lernbehinderter und nichtlernbehinderter Schüler auf statistisch bedeutsame Differenzen untersucht. Tabelle 13 bietet eine Übersicht der gewonnenen Ergebnisse.

Tabelle 13: Unterschiedsdarstellung der Skalenmittelwerte der SDQ-Lehrerversion für Förder- und Regelschüler (t-Test für unabhängige Stichproben)

Strength and Difficulties Questionnaire (SDQ)	Förderschüler (N = 65)		Regelschüler (N = 35)		T-Test	
	M	SD	M	SD	df	T
Emotionale Probleme	2,8	2,1	1,2	1,6	98	3,9***
Verhaltensprobleme	2,9	2,9	0,9	1,3	95	4,9***
Hyperaktivität	5,3	3	1,6	1,7	98	7,7***
Verhaltensprobleme mit Peers	2,7	2,2	0,7	1,0	94	6,1***
Prosoziales Verhalten	6,1	2,4	7,9	2	98	-3,7***
Gesamtproblemwert	13,7	7,1	4,5	3,1	95	9,1***

*** p < .001

Der Tabelle 13 kann entnommen werden, dass sich auf allen SDQ-Skalen höchstsignifikante Unterschiede zwischen den beiden Gruppen der Förder- und Regelschüler abbilden lassen. Lernbehinderte Schulanfänger werden von ihren Lehrkräften in allen abgefragten sozial-emotionalen Parametern als auffälliger beschrieben als gleichaltrige Regelschüler. Auch in Bezug auf die klinische Einteilung in die Bereiche unauffällig, grenzwertig und auffällig lassen sich für alle Skalen signifikante Unterschiede zwischen den Gruppen abbilden, die in Tabelle 14 erfasst werden können. Die Hypothese H7 bestätigt sich somit.

Tabelle 14: Unterschiedsdarstellung zwischen den Gruppen lernbehinderter und nichtlernbehinderter Schulanfänger in Bezug auf die klinische Einteilung der SDQ-Skalenwerte (ANOVA)

SDQ-Deu Lehrerversion		Förderschüler N = 64	Regelschüler N = 30	ANOVA F (1, 92)
EPRO	unauffällig	n = 43 (67%)	n = 27 (90%)	
	grenzwertig	n = 9 (14%)	n = 2 (6,7%)	6,04*
	auffällig	n = 12 (19%)	n = 1 (3,3%)	
VERPRO	unauffällig	n = 37 (58%)	n = 29 (96,7%)	
	grenzwertig	n = 11 (17%)	n = 1 (3,3%)	16,27***
	auffällig	n = 16 (25%)		
HYP/AUFM	unauffällig	n = 35 (55%)	n = 29 (96,7%)	
	grenzwertig	n = 14 (22%)	n = 1 (3,3%)	20,3***
	auffällig	n = 15 (23%)		
VmGI	unauffällig	n = 41 (64%)	n = 27 (90%)	
	grenzwertig	n = 10 (16%)	n = 1 (3,3%)	5,89*
	auffällig	n = 13 (20%)	n = 2 (6,7%)	
PROSOZ	unauffällig	n = 52 (81%)	n = 30 (100%)	
	grenzwertig	n = 4 (6%)		6,16*
	auffällig	n = 8 (13%)		
GESAMT	unauffällig	n = 30 (47%)	n = 28 (93,3%)	
	grenzwertig	n = 11 (17%)	n = 1 (3,3%)	20,63***
	auffällig	n = 23 (36%)	n = 1 (3,3%)	

EPRO.=Emotionale Probleme; VERPRO.=Verhaltensprobleme; HYP/AUFM=Hyperaktivität/Aufmerksamkeit; VmGI=Verhaltensprobleme mit Gleichaltrigen; PROSOZ=Prosoziales Verhalten; GESAMT = Gesamtproblemwert,*p < .05; ***p < .001

Mit **Hypothese H8** wurde angenommen, dass unsicher gebundene Förderschüler im Urteil ihrer sonderpädagogischen Lehrkräfte ein gesteigertes Ausmaß an Problemverhaltensweisen zeigen als Förderschüler mit sicheren Bindungsrepräsentationen. Um diese Hypothese zu prüfen, wurden die SDQ Skalenmittelwerte der problembezogenen Subskalen „Emotionale Probleme", „Verhaltensprobleme", „Hyperaktivität/Aufmerksamkeit", „Verhaltensprobleme mit Peers" sowie der Gesamtproblemwert beider Vergleichsgruppen auf statistische Unterschiede überprüft. Das Ergebnis der Unterschiedstestung kann der nachfolgenden Tabelle 15 entnommen werden.

Tabelle 15: Unterschiedsdarstellung der Skalenmittelwerte der SDQ-Lehrerversion für unsicher und sicher gebundene Förderschüler (t-Test für unabhängige Stichproben)

Strength and Difficulties Questionnaire (SDQ)	unsicher gebundene Förderschüler (N = ̆39)		sicher gebundene Förderschüler (N = 17)		T-Test	
	M	SD	M	SD	df	T
Emotionale Probleme	2,9	2,2	1,8	1,9	54	1,9*
Verhaltensprobleme	3,1	2,7	1,8	2,2	54	1,8*
Hyperaktivität	5,9	2,8	3,1	2,3	54	3,6***
Verhaltensprobleme mit Peers	2,5	2,2	2,3	1,9	54	0,3[ns]
Prosoziales Verhalten	5,8	2,3	6,8	2,8	54	-1,3[ns]
Gesamtproblemwert	14,5	5,9	9,1	5,6	54	3,2***

* p ≤ .05; *** p ≤ .001, ns = nicht signifikant

Die Berechnung statistischer Differenzen führte zu einer Bestätigung der Hypothese H8. Sonderpädagogen erleben unsicher gebundene Förderschüler als emotional stärker belastet und verhaltensauffälliger als sicher gebundene Förderschüler. Zudem werden bei unsicher gebundenen Förderschülern deutlich stärker ausgeprägte ADHS[6]-Parameter wahrgenommen. Der Gesamtproblemwert unsicher gebundener Förderschüler unterscheidet sich aufgrund der erfassten Differenzen dreier Einzelskalen ebenfalls höchstsignifikant von dem sicher gebundener Förderschüler. Lediglich in ihrem problembezogenen Kontaktverhalten zu Gleichaltrigen unterscheiden sich sicher gebundene und unsicher gebundene Förderschüler nicht voneinander. Unsicher gebundene Förderschüler werden von ihren Lehrern demnach in Bezug auf ihr (Sozial)Verhalten als deutlich auffälliger beschrieben als sicher gebundene Förderschüler.

Mit **Hypothese H9** soll überprüft werden, ob desorganisiert gebundene Förderschüler im Lehrerurteil im Vergleich zu organisiert gebundenen Förderschülern ein gesteigertes Ausmaß an Verhaltensauffälligkeiten und somit ein erhöhtes allgemeines Gesamtproblemverhalten aufweisen. Tabelle 16 gibt Aufschluss über die Unterschiedsanalyse der SDQ Skalenmittelwerte.

---

6   ADHS steht als Abkürzung für Aufmerksamkeitsdefizit-Hyperaktivitätsstörung.

Tabelle 16: Mittelwerte und Standardabweichungen der Bindungsgruppen A, B und D nach dem GEV-B in den SDQ-Skalen zur Erfassung des Sozialverhaltens (ANOVA)

	sicher n=17		vermeidend n=17		desorganisiert n=22		ANOVA	signifikante post-hoc
	M	SD	M	SD	M	SD	F (2, 53)	Kontraste
SDQ								
Emot. Pro.	1,76	1,92	2,88	2,31	3,00	2,16	1,83	
Verh. Pro.	1,82	2,18	3,65	2,91	2,77	2,61	2,1	
Hyperak./Aufmerk.	3,12	2,31	5,88	3,25	5,91	2,46	6,32**	B < A**; B < D***
Verh. Pro. mit Gl.	2,35	1,86	2,35	1,83	2,64	2,13	0,11	
Prosoz. Verh.	6,76	2,77	5,88	2,14	5,82	2,42	0,83	
Gesamtproblemwert	9,06	5,63	14,76	6,04	14,34	5,99	5,09**	B < A**; B < D**

Emot. Pro.=Emotionale Probleme; Verh.Pro.=Verhaltensprobleme; Hyperak./Aufmerk.=Hyperaktivität/Aufmerksamkeit; Verh.Pro. mit Gl.=Verhaltensprobleme mit Gleichaltrigen; Prosoz.Verh.=Prosoziales Verhalten; **p < .01; *** p ≤ .001;

Die Unterschiedsberechnung der SDQ Skalenmittelwerte erbrachte für die Skala „Hyperaktivität/Aufmerksamkeit" und den Gesamtproblemwert ein signifikantes Ergebnis: Desorganisiert gebundene Förderschüler weisen demnach aus Lehrersicht deutlicher ausgeprägte ADHS-Verhaltensparameter und einen insgesamt erhöhten Gesamtproblemwert auf als sicher gebundene Förderschüler. Spezifische und stärker ausgeprägte Verhaltensprobleme, sowie emotionale Probleme und Probleme in der Kontaktgestaltung mit Gleichaltrigen wurden für desorganisiert gebundene Förderschüler im Vergleich zu sicher gebundenen Förderschülern nicht beschrieben. Zwischen den desorganisiert gebundenen Förderschülern und den Schülern mit einer Bindungsvermeidung ließen sich keine Unterschiede in Bezug auf die gemessenen Verhaltensdimensionen feststellen. Die Hypothese H9 bestätigt sich somit lediglich für den Vergleich sicher vs. desorganisiert.

Hypothese H10 geht davon aus, dass Sonderpädagogen im Gemeinsamen Unterricht aufgrund der Möglichkeit eines sozialen Vergleichs mit Regelschülern das Verhalten von lernbehinderten Förderschülern als auffälliger einschätzen als Sonderpädagogen an Förderschulen, die institutionell bedingt nur lernbehinderte Schüler unterrichten. Diese Hypothese kann mit Blick auf Tabelle 17 als widerlegt gelten: Zwischen den beiden Gruppen lernbehinderter Schulanfänger an Förderschulen und im Gemeinsamen Unterricht lassen sich weder für die SDQ-Einzelskalen noch hinsichtlich des Gesamtproblemwertes statistische bedeutsame Unterschiede erkennen.

Tabelle 17: Unterschiedsdarstellung der Skalenmittelwerte der SDQ-Lehrerversion für lernbehinderte Schulanfänger an Förderschulen und im Gemeinsamen Unterricht (t-Test für unabhängige Stichproben)

Strength and Difficulties Questionnaire (SDQ)	Förderschüler an Förderschulen (N=30)		Förderschüler im GU (N=34)		T-Test	
	M	SD	M	SD	df	T
Emotionale Probleme	3,0	2,2	2,5	2,2	62	0,8^{ns}
Verhaltensprobleme	3,2	3,0	2,3	2,2	53	1,3^{ns}
Hyperaktivität	4,7	3,1	5,4	2,9	62	-1,0^{ns}
Verhaltensprobleme mit Peers	2,9	2,5	2,4	2,2	62	0,9^{ns}
Prosoziales Verhalten	6,3	2,7	6,1	2,2	62	0,3^{ns}
Gesamtproblemwert	13,7	6,6	12,7	7,2	62	0,6^{ns}

GU = Gemeinsamer Unterricht; ns = nicht signifikant

5.2.5 Hypothesenprüfung zu professionsbezogenen Unterschieden in der Beziehungsgestaltung zu lernbehinderten Förderschülern im Gemeinsamen Unterricht

Die abschließende Hypothese **H11** befasst sich mit möglichen professionsbezogenen Unterschieden in der Beurteilung der Beziehung zu integrativ beschulten lernbehinderten Schulanfängern und Regelschülern. Aufgrund einer engeren Anbindung der Sonderpädagogen an die Förderschüler, die in der Möglichkeit einer intensiveren Kleingruppen- und Einzelförderung begründet liegt, wird angenommen, dass bei den ausschließlich im gesamten Klassenverband arbeitenden Grundschulpädagogen (Klassenlehrern) ein spezifischer Bias in der Beurteilung von Förderschülern eruiert werden kann. Mit Hypothese H11 wird vermutet, dass Grundschullehrer im Gemeinsamen Unterricht die Beziehung zu ihren Förderschülern im Vergleich zu der Beziehung zu den Regelschülern als weniger nah (**H11a**) und stärker konfliktbelastet (**H11b**) erleben als Sonderpädagogen. Es wird demnach auf der einen Seite mit der Hypothese H11a angenommen, dass Klassenlehrer die Beziehung zu GU-Kindern als weniger emotional nah einschätzen als zu den Regelschülern, und diese wahrgenommene Nähe auch geringer ausfällt als dies bei den Sonderpädagogen der Fall ist. Ferner wird mit Hypothese H11b vermutet, dass Klassenlehrer die Konfliktausprägung zu den integrativ beschulten lernbehinderten Förderschülern höher einschätzen als zu den Regelschülern, und diese wahrgenommene Konfliktausprägung zudem stärker ausfällt als bei den sonderpädagogischen Fachkräften. Anhand der Hypothesen H11a und H11b soll somit analysiert werden, ob bei den Klassenlehrern ein gerichteter und systematischer Bias in der Beurteilung von Förderschülern im Gemeinsamen Unterricht vorliegt.

Die Überprüfung der Hypothese **H11a** erfolgte anhand einer zweifaktoriellen Varianzanalyse mit Messwiederholung. Die Berechnung über eine Messwiederholung zur Überprüfung der Hypothese H11 wurde durch die Berechnung über ein Alternativverfahren (univariate Varianzanalyse) ergänzt, da zwar jeweils immer ein Kind zu zwei Messzeitpunkten mit demselben Instrument (STRS) erhoben wurde, jedoch die Einschätzung durch zwei unterschiedliche Beurteiler (Sonderpädagogen und Klassenlehrer) erfolgte. Somit liegen Between-Subject-Effekte und keine Innersubjekteffekte vor. Auch aufgrund der Tatsache, dass die Auswertung über die Messwiederholung durch den Inner-Subject-Vergleich ggf. die Fehlervarianz unterschätzt und es nicht explizit um die Schüler selbst, sondern um die Beziehung der Lehrkräfte zu diesen geht, wurde in der Datenmatrix für die STRS Skalen „Konflikt" und „Nähe" eine transformierte Variable „Bewertung durch Sonderpädagogen oder Klassenlehrer" eingefügt, so dass im Rahmen der Alternativberechnung über eine univariate Varianzanalyse insgesamt 134 Einzelbeurteilungen in die Auswertung eingeflossen sind. Die Berechnung der Hypothese H11 über dieses Alternativverfahren erbrachte identische Resultate wie die zweifaktorielle Varianzanalyse mit Messwiederholung und stützt somit die nachfolgenden Ergebnisse.

Das Ergebnis der Berechnungen zu H11a erbrachte keinen Unterschied in der Beurteilung der Näheausprägung zu den GU-Kindern. Es ergibt sich jedoch ein sehr starker Interaktionseffekt ($F(1,62) = 11,1$; $p < .001$; $\eta^2 = .15$), d.h. während die Nähe zu den GU-Schülern von beiden Lehrkräften in etwa gleich eingeschätzt wird (vgl. Abb. 27), wird die Nähe zu den Regelschülern von den Klassenlehrern viel höher eingeschätzt als von den Sonderpädagogen ($F(1,62) = 8,5$; $p < .01$; $\eta^2 = .12$). Die Hypothese bestätigt sich somit nicht. Es liegt kein spezifischer Bias und somit kein spezifischer Stigmatisierungseffekt in der Beurteilung der lernbehinderten Integrativschüler vor.

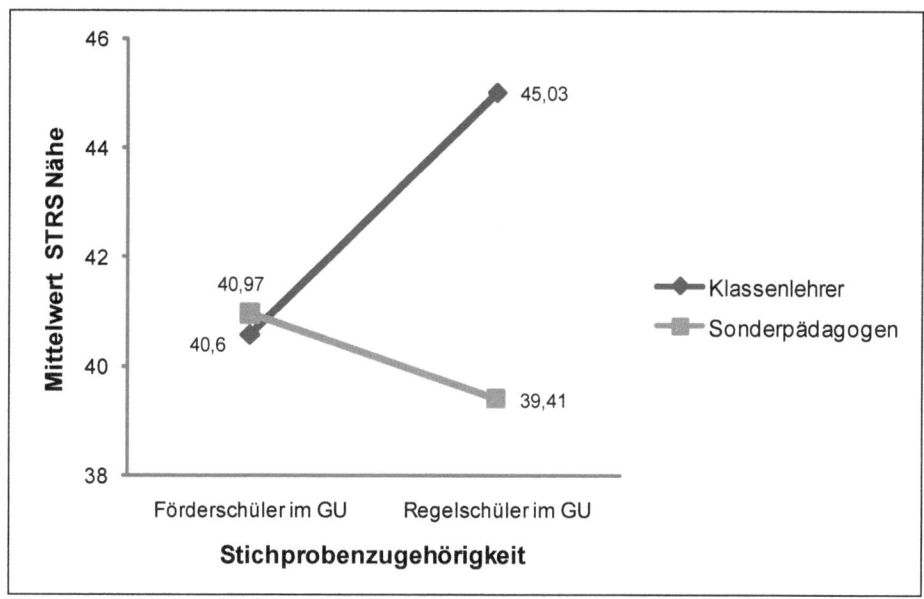

Abb. 27: Beurteilung der beziehungsbezogenen Näheausprägung zu lernbehinderten und nicht-lernbehinderten Schulanfängern im Gemeinsamen Unterricht durch Klassenlehrer und Sonderpädagogen (2-faktorielle Varianzanalyse mit Messwiederholung)

Die Auswertung der Hypothese **H11b** erbrachte zwei signifikante Haupteffekte. Zum einen konnte ermittelt werden, dass die Klassenlehrer die Beziehung zum Schüler in beiden Fällen, d.h. sowohl in Bezug auf das GU-Kind als auch in Bezug auf die Regelschüler als konfliktreicher bewerten als die Sonderpädagogen (F $(1, 62)$ = 7,1; p < .01; η^2 = .1). Darüber hinaus ließ sich im Ergebnis abbilden, dass die Beziehung zu den integrativ beschulten lernbehinderten Schülern generell, d.h. sowohl von den Klassenlehrern als auch von den Sonderpädagogen, als konfliktbehafteter eingeschätzt wird als die Beziehung zu Regelschülern. (F $(1, 62)$ = 9,8; p < .01; η^2 = .14). Ein Interaktionseffekt konnte nicht beobachtet werden (F $(1, 62)$ = 2,1; p > .05; η^2 = .03). Die Hypothese H11b kann somit als widerlegt betrachtet werden; es lässt sich auch hier kein spezifischer Stigmatisierungseffekt feststellen (vgl. Abbildung 28).

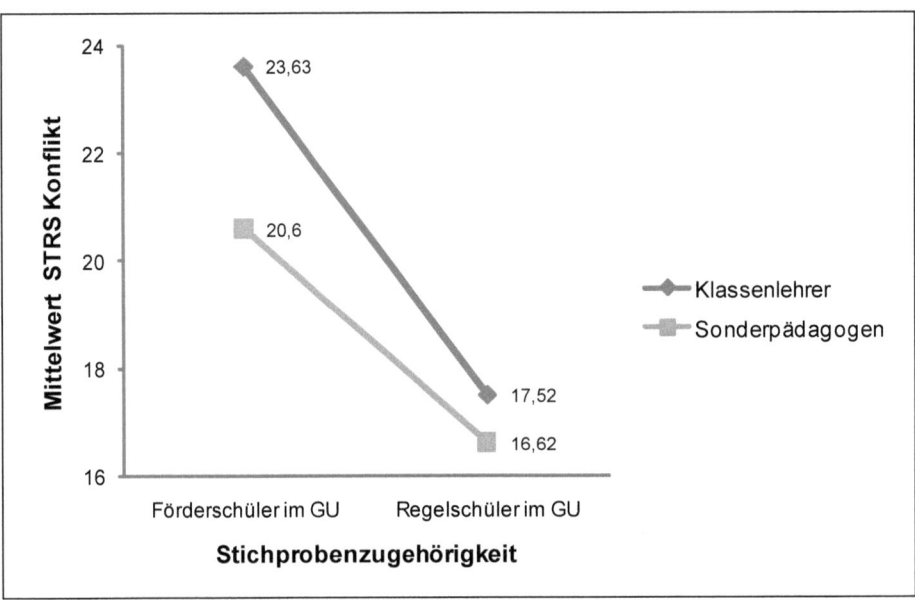

Abb. 28: Beurteilung der beziehungsbezogenen Konfliktausprägung zu lernbehinderten und nichtlernbehinderten Schulanfängern im Gemeinsamen Unterricht durch Klassenlehrer und Sonderpädagogen (2-faktorielle Varianzanalyse mit Messwiederholung)

6. Diskussion

Im Folgenden werden die vorausgehend aufgeführten Ergebnisse zunächst zusammengefasst und dann ausführlich interpretiert, wobei sich die Abfolge der Interpretation am Aufbau des Ergebnisteils orientiert. Zunächst werden daher die stichprobenbezogenen Kennwerte interpretiert (Kapitel 6.1). Nachfolgend beginnt die Interpretation der inferenzstatistischen Datenanalyse (Kapitel 6.2). Im Anschluss daran erfolgt in Kapitel 6.3 eine kritische Betrachtung der in der vorliegenden Untersuchung angewandten Erhebungsinstrumente. Im folgenden Kapitel 6.4 wird der praktische Nutzen der Untersuchung diskutiert. Den Abschluss der Arbeit bildet ein Ausblick (Kapitel 6.4), der Anregungen für die weiterführende Forschung und die pädagogische Praxis zum Themenkomplex Bindung im Kontext von Lernbehinderung geben möchte.

6.1 Zusammenfassung der Ergebnisse

Die Feststellung der *Schichtzugehörigkeit* lernbehinderter Schulanfänger an Förderschulen und im Gemeinsamen Unterricht zeigt konform der Ergebnisse zahlreicher Untersuchungen zum Themenkomplex „Lernbehinderung", dass mit 69% die Mehrzahl der Auskunft erteilenden Familien der Förderschüler der Unterschicht zuzuordnen sind. Im Vergleich zur Kontrollgruppe der Regelschüler ergibt sich in Bezug auf die Variable „Schicht" ein signifikanter Unterschied. Die Verteilung der *Bindungsklassifikationen* lernbehinderter Schulanfänger deutet mit einem deutlich erhöhten Anteil desorganisiert gebundener Schüler von 35% und einem insgesamt erhöhten Anteil unsicherer Bindungen von 73% auf die Verteilungseigenschaften einer klinischen Studie oder einer anderen Hochrisikogruppe hin. Hinsichtlich der Verteilung der Summenwerte der *Intelligenzdiagnostik* konnte kein Geschlechtereinfluss beobachtet werden: Die Ergebnisse lernbehinderter Jungen unterscheiden sich nicht von denen der teilnehmenden Förderschülerinnen. Bezüglich der Schulformen lässt sich jedoch ein statistisch bedeutsamer Unterschied zwischen den Gruppen abbilden. So erreichen integrativ beschulte Förderschüler signifikant höhere Werte als lernbehinderte Schüler an Förderschulen. Dieser Unterschied wird allerdings insignifikant, wenn die Variable „Schulbesuchsjahr" in den statistischen Analysen mitberücksichtigt wird. Zwischen Zweitklässlern an Förderschulen und solchen, die integrativ im zweiten Schuljahr einer Regelschulklasse beschult werden, lassen sich im Hinblick auf den Summenwert 3 im CFT-1 keine statistisch bedeutsamen Unterschiede feststellen. Das Alter der Kinder hat in der vorliegenden Untersuchung keinen Einfluss auf die im Rahmen der Intelligenztestung gewonnenen Ergebnisse.

Mit Hypothese H1 erfolgte ein *Vergleich der Bindungsklassifikationen lernbehinderter und nichtlernbehinderter Schulanfänger.* Die statistischen Analysen widerlegten die Hypothese H1a, die davon ausging, dass lernbehinderte Schulanfänger häufiger unsicher gebunden sind als in etwa gleichaltrige Regelschüler. Hinsichtlich der Bindungsdesorganisation ließ sich jedoch mit Hypothese H1b ein signifikanter Unterschied in der Verteilungshäufigkeit bei lernbehinderten und nichtlernbehinderten Schülern feststellen. Die untersuchten lernbehinderten Schulanfänger sind hochsignifikant häufiger desorganisiert gebunden als Schulanfänger im Regelschulbereich. Die Prüfung der Hypothesen H1a und H1b bei einem begrenzten Altersbereich der Förder- und Regelschüler von 6;6 bis 8;5 erbrachte gegenüber der Unterschiedsberechnung über die Gesamtgruppen keine abweichenden Ergebnisse.

Mit Hypothese H2 wurde überprüft, ob sich *Unterschiede in der Grundintelligenz in Abhängigkeit des Bindungsstils* abbilden lassen. Die Unterschiedsberechnung der Summenrohwerte über die drei Bindungsgruppen sicher, unsichervermeidend und desorganisiert erbrachte mit einer Irrtumswahrscheinlichkeit von $\alpha > .05$ eine marginale Signifikanz und somit lediglich ein tentatives Ergebnis. Ein Vergleich der CFT-1 Summenrohwerte zwischen den Gruppen „organisiert versus desorganisiert gebundene Förderschüler" bildete ein signifikantes Ergebnis ab. Organisiert gebundene Förderschüler erreichen im Durchschnitt drei Rohpunkte mehr als desorganisiert gebundene Förderschüler und erzielen somit ein signifikant besseres Ergebnis in der Intelligenzdiagnostik.

Ob sich *Unterschiede in der von Lehrern wahrgenommenen Beziehungsqualität zu ihren Schüler in Abhängigkeit des Schülerstatus (Förderschüler versus Regelschüler)* abbilden, wurde anhand der Hypothesen H3a und H3b überprüft. Die Überprüfung zeigte, dass Lehrkräfte ihre Beziehung zu Förderschülern anhand der STRS Skalenwerte „Konflikt" und „Nähe" sowohl als stärker konfliktbehaftet als auch als emotional weniger nah beurteilten als die Beziehung zu gleichaltrigen Regelschülern.

Die Hypothese 4 basiert auf der Annahme, dass sich *Unterschiede bezüglich der Ausprägungen der Dimensionen „Nähe" und „Konflikt" in der Lehrer-Schüler-Beziehung in Abhängigkeit des Bindungsstils der Förderschüler* abbilden lassen. Mit Hypothese H4a sollte eruiert werden, ob sonderpädagogische Lehrkräfte ihre Beziehung zu sicher gebundenen Förderschülern als emotional näher beschreiben als ihre Beziehung zu unsicher gebundenen Förderschülern. Hypothese H4b überprüfte, ob sich in der Beurteilung der Sonderpädagogen ein Unterschied im Grad der erlebten beziehungsbezogenen Konfliktausprägung zu unsicher gebundenen und sicher gebundenen Förderschülern abbilden lässt. Sowohl die Hypothese H4a als auch die Hypothese H4b konnten bestätigt werden. Hypothese H4c spezifizierte die vorausgegangene Hypothese H4b insofern, als dass hier überprüft werden sollte, ob die erlebte Beziehung zu unsichervermeidend gebundenen Förderschülern von Sonderpädagogen als konfliktuöser beschrieben wurde als die zu den sicher gebundenen Mitschülern. Auch diese Hypothese bestätigte sich auf dem 5% Niveau. Aufgrund verschiedenster Forschungsergebnisse, die in der Bindungsdesorganisation einen Risikofaktor für die weitere emotionale und soziale Entwicklung eines Kindes sehen, wurde mit Hypothese H4d angenommen, dass die Beziehung zu desorganisiert gebundenen Förderschülern im Vergleich zu den organisiert gebundenen lernbehinderten Schülern (unter Ausschluss der unsicher-ambivalenten Bindungsklassifikation) als am stärksten konfliktbehaftet beschrieben wurde. Diese Hypothese konnte nicht bestätigt werden, da die Beziehung zu unsicher-vermeidend und desorganisiert gebundenen Förderschülern von Sonderpädagogen als identisch konflikthaft beschrieben wurde und sich demnach kein signifikanter Unterschied zwischen den organisierten Bindungsstilen und der desorganisierten Bindungskategorie abbilden ließ.

Mit Hypothese H5 wurde angenommen, dass *das Gefühl des Angenommenseins des Schülers durch seine Lehrkräfte in Abhängigkeit des Schülerstatus (Förderschüler versus Regelschüler) Unterschiede aufweist*. Die Vermutung bestand darin, dass sich Förderschüler im Vergleich zu Regelschülern von ihren Lehrkräften weniger stark angenommen fühlen. Diese Hypothese konnte im Rahmen der statistischen Analysen bestätigt werden. Es ließen sich jedoch keine *Unterschiede bezüglich der von Förderschülern erlebten Akzeptanz und Unterstützung durch ihre Lehrkräfte in Abhängigkeit des Bindungsstils der Schüler* feststellen. Sowohl sicher gebundene und unsicher gebundene als auch organisiert und desorganisiert gebundene Förderschüler beurteilten den Grad des Angenommenseins durch ihre Lehrkräfte im Vergleich als gleichermaßen stark ausgeprägt, womit die Hypothesen H6a und H6b, die Unterschiede zwischen den Bindungsausprägungen „sicher-unsicher" (H6a) sowie „organisiert-desorganisiert" (H6b) annahmen, widerlegt werden konnten.

Zur Prüfung des Auftretens einer multiplen Symptomatik von Lern- und Verhaltensauffälligkeiten bei lernbehinderten Schulanfängern wurde mit der Hypothese H7 untersucht, ob *das Sozialverhalten lernbehinderter Schulanfänger von ihren Lehrern häufiger als auffällig beschrieben wird als das gleichalter Regelschüler*. Die vorangehende Hypothese H7 konnte bestätigt werden; auf allen SDQ-Skalen ließen sich höchstsignifikante Unterschiede in der wahrgenommenen Verhaltensausprägung der beiden Schülergruppen abbilden.

Ob sich derartige, *von Lehrkräften wahrgenommene Verhaltensunterschiede in Abhängigkeit der Bindungssicherheit lernbehinderter Schulanfänger* herausstellten, wurde anhand der Hypothese H8 überprüft, die vermutete, dass unsicher gebundene Förderschüler in der Beurteilung ihrer sonderpädagogischen Lehrkräfte ein gesteigertes Problemverhalten zeigen als Förderschüler mit sicheren Bindungsrepräsentationen. Auch diese Hypothese konnte bestätigt werden: Sicher gebundene Förderschüler erreichten im Lehrerurteil auf nahezu allen problembezogenen Subskalen sowie in Bezug auf den Gesamtproblemwert niedrigere Problemwerte als ihre unsicher gebundenen Mitschüler. Lediglich in Bezug auf die Skala „Verhaltensprobleme mit Peers" ließ sich kein statistisch bedeutsamer Unterschied zwischen den Gruppen „sicher versus unsicher" abbilden.

Mit Hypothese H9 wurde vermutet, dass *desorganisiert gebundene Förderschüler im Lehrerurteil im Vergleich mit den anderen Bindungsgruppen ein gesteigertes Problemverhalten aufweisen.* Die Überprüfung der Hypothese erbrachte lediglich für den Vergleich „sicher vs. desorganisiert" ein signifikantes Ergebnis im Sinne der Hypothese. Die unsicher-vermeidend gebundenen Förderschüler unterschieden sich nicht signifikant von den Kindern mit einer Bindungsdesorganisation auf der Repräsentationsebene.

Die Überprüfung der Hypothese H10 „*Aufgrund der Möglichkeit eines sozialen Vergleiches mit Regelschülern schätzen Sonderpädagogen im Gemeinsamen Unterricht das Verhalten von lernbehinderten Förderschülern als auffälliger ein als Sonderpädagogen an Förderschulen, die institutionell bedingt nur lernbehinderte Schüler unterrichten*" konnte im Rahmen der wissenschaftlichen Überprüfung ebenfalls nicht bestätigt werden. Zwischen den Gruppen lernbehinderter Schulanfänger an Förderschulen und im Gemeinsamen Unterricht lassen sich im Lehrerurteil weder für die SDQ-Einzelskalen noch hinsichtlich des Gesamtproblemwertes statistische bedeutsame Unterschiede erkennen.

Die abschließende Gesamthypothese H11 befasste sich mit möglichen *professionsbezogenen Unterschieden in der Beziehungsbeurteilung zu integrativ beschulten lernbehinderten Förderschülern und Regelschülern.* Mit der Hypothese H11a wurde angenommen, dass Klassenlehrer die Beziehung zu den integrativ beschulten lernbehinderten Schülern als weniger emotional nah einschätzen als zu den Regelschülern, und diese wahrgenommene Nähe auch geringer ausfällt als dies bei den Sonderpädagogen der Fall ist. Diese Hypothese konnte nicht bestätigt werden, da sich kein Unterschied in der Ausprägung der Nähe zu den GU-Kinder zwischen den beiden Lehrkräften feststellen ließ. Beide beurteilten die Nähe zu den GU-Kindern als gleich stark ausgeprägt, womit sich kein spezifischer, professionsabhängiger Stigmatisierungseffekt abbilden ließ. Auch die Hypothese H11b, mit der vermutet wurde, dass Klassenlehrer die Konfliktausprägung zu integrativ beschulten lernbehinderten Förderschülern höher einschätzen als zu Regelschülern und diese wahrgenommene Konfliktausprägung zudem signifikant stärker ausfällt als bei den sonderpädagogischen Fachkräften, musste widerlegt werden. Auch hier konnte kein gerichteter Bias in Form einer spezifischen Stigmatisierung der beziehungsbezogenen Konfliktbeurteilung in Bezug auf die unterschiedlichen Schülergruppen (Förder- versus Regelschüler) durch die Klassenlehrer erhoben werden.

6.2 Interpretation der sozioökonomischen Stichprobenkennwerte, der Verteilung der Bindungsrepräsentationen sowie der Intelligenz im Kontext von Lernbehinderung

In der vorliegenden Untersuchung fällt in Bezug auf die soziale Schichtzuge-hörigkeit der Förderschüler auf, dass diese mit einem prozentualen Anteil von mindestens 69% zu einem Großteil Familien entstammen, die der sozialen Unterschicht zugeordnet werden müssen (vgl. Kap. 5.1.1). Die Schichtzugehö-rigkeit wurde in der vorliegenden Arbeit über den „Soziale-Schicht-Index" nach Winkler (Winkler et al., 2009) berechnet und setzt sich aus den drei Dimen-sionen „Bildung/Ausbildung der Eltern", „Berufliche Stellung der Eltern" sowie „Monatliches Haushaltsnettoeinkommen" zusammen. Die letztgenannte Dimen-sion wurde in der vorliegenden Arbeit durch die Variable „Jährliches Haus-haltsbruttoeinkommen" ersetzt. Bezüglich der Stichprobe der lernbehinderten Schulanfänger fällt auf, dass insbesondere die Variable „Bildung / Ausbildung der Eltern" richtungsweisend für den schulischen Bildungserfolg ihrer Kinder ist. Es ergibt sich ein höchstsignifikanter Unterschied in Bezug auf die Variable „höchster Schulabschluss der Mutter/des Vaters" zwischen den lernbehinder-ten Schulanfängern und den Regelschülern im Gemeinsamen Unterricht (vgl. Kap. 4.1.2.2). Die untersuchten lernbehinderten Schüler wachsen somit signifi-kant häufiger in Familien auf, in denen das Bildungsniveau der Eltern deutlich geringer ausgeprägt ist als das der Eltern von Regelschülern. Die geringe schu-lische Ausbildung der Eltern beeinflusst als eine Dimension des Schicht-Index entscheidend auch die weiteren erfassten Variablen in der Weise, als dass eine eher basale Schulbildung die berufliche Stellung der Eltern und darüber auch das Einkommen beeinflusst. Somit ergibt sich auch für die Variable „derzeiti-ger Beschäftigungsstatus des Vaters" ein höchstsignifikanter Unterschied zwi-schen den Förderschülern und den Regelschülern im Gemeinsamen Unterricht auf dem .001 Niveau (Mann-Whitney U-Test). Da ein Großteil der Mütter bei-der Schülergruppen angab, im Haushalt tätig zu sein, ergab sich kein statistisch bedeutsamer Unterschied für die Variable „Beschäftigungsstatus der Mutter" zwischen den untersuchten Gruppen. Die Angaben zum Jahresbruttogesamtein-kommen weisen ebenfalls einen höchst bedeutsamen statistischen Unterschied zwischen den Gruppen der Familien lernbehinderter und nichtlernbehinder-ter Schulanfänger auf dem .001 Niveau auf. Der im Vergleich zu Regelschü-lern deutlich erhöhte Anteil von Förderschülern aus Unterschichtfamilien ist somit Folge der differenten Verteilung der Ausbildungs-, Berufs- und Einkom-mensparameter innerhalb beider Gruppen. Konform mit zahlreichen Ergebnis-sen innerhalb der sonderpädagogischen Forschung (vgl. Begemann, 1970; Klein, 1973; Wocken, 2000; Hänsel et al., 2004) ist damit auch in der vorliegenden Studie ein statistischer Zusammenhang zwischen sozialer Randständigkeit, Bil-dungsferne und Förderschulbedürftigkeit erkennbar. Die Förderschüler der vorliegenden Studie wachsen überzufällig häufig in sozial benachteiligten Familien auf. Als weitere Risikofaktoren für eine Sonderschulüberweisung gelten neben sozioökonomischen Voraussetzungen die Variablen „Migration" und „Elementarbildung". In der vorliegenden Untersuchung unterscheiden sich die Förderschüler im Hinblick auf ihre Herkunft nicht von den untersuchten Regelschülern. Bei einem Großteil beider Gruppen liegt bei mindestens einem Elternteil ein Migrationshintergrund vor. Ein Unterschied ließ sich allerdings in der Dauer des Kindergartenbesuchs ermitteln. Bellenberg (1999) stellt diesbezüglich fest, dass „eine gute Kindergartenversorgung (...) zu einer Verminderung von Selektion durch Zurückstellung, von Sitzenbleiben wie auch von Sonderschulüberweisung [führt]" (S. 30). In Anlehnung daran postuliert Kottmann (2006) mögliche negative Effekte eines nur kurzen oder gänzlich fehlenden Kindergartenbesuchs, die sich besonders nachhaltig in Familien nichtdeutscher Herkunft zeigen: „Eine Misserfolgskarriere kann hier ihren Ursprung finden bzw. ein Migrantenkind dadurch schon zu Beginn der Schullaufbahn durch schlechtere Ausgangspositionen benachteiligt werden" (S. 167). Eine statistisch bedeutsam verringerte durchschnittliche Verweildauer der Förderschüler im professionell angeleiteten institutionalisierten Elementarbereich im Vergleich zu den Regelschülern kann im Zusammenhang mit der hohen Quote von nichtherkunftsdeutschen Förderschülern in der vorliegenden Untersuchung in Anlehnung an bisherige Forschungsergebnisse demnach als eine weitere Bedingungsvariable für die Sonderschulbedürftigkeit interpretiert werden.

In Bezug auf bisherige Untersuchungen an nichtklinischen Gruppen fällt in der vorliegenden Untersuchung auf, dass das Vorkommen unsicherer Bindungen im Geschichtenergänzungsverfahren in der Gesamtgruppe der vorliegenden Untersuchung mit einem Anteil von 73% sowie insbesondere der deutlich erhöhte Anteil hochunsicherer[7] Bindungen von 35% vor dem Hintergrund bisheriger Forschungen für eine Risikostichprobe spricht (vgl. Gloger-Tippelt, König & Kappler, 2009). Der deutlich erhöhte Anteil hochunsicher gebundener Kinder in der vorliegenden Arbeit kann dabei möglicherweise als Folge eines Stichprobenselektionseffektes in Bezug auf den sozioökonomischen Status der teilnehmenden Familien der Förderschüler gewertet werden. Üblicherweise lassen sich eher Familien aus Mittel- oder Oberschichtkontexten zur Teilnahme an wissenschaftlichen Forschungsprojekten motivieren. Aufgrund der hohen Korrelation von sozialer Randständigkeit und Förderschulbedürftigkeit müssen die teilnehmenden Familien der Förderschüler in der vorliegenden Studie jedoch mehrheitlich der sozialen Unterschicht zugeordnet werden. Armut und damit verbundene weitere soziale Risikovariablen können sich dabei in besonderem Maße ungünstig auf die Wahrscheinlichkeit der Etablierung unsicherer und insbeson-

---

7   An dieser Stelle sei erneut darauf hingewiesen, dass die Bindungsdesorganisation als Zusatzklassifikation mit der Desorganisation als Hauptkategorie zu einer Gesamtkategorie desorganisierter Bindung zusammengefasst wurde.

dere hochunsicherer Bindungen auswirken (vgl. Howes et al., 2002; Petermann et al., 2004). Die Geschlechterverteilung in der vorliegenden Untersuchung liefert keinen Erklärungshinweis bezüglich der Verteilungshäufigkeit sicherer und (hoch)unsicherer Bindungen. Die Berechnung des Geschlechtereffektes über alle Bindungsgruppen unter Ausschluss der unsicher-ambivalenten Bindung, die aufgrund geringer Fallzahlen von den statistischen Analysen ausgeschlossen wurde, erbrachte kein statistisch bedeutsames Ergebnis und somit keinen Hinweis auf eine geschlechtsspezifische Verteilungsweise (vgl. Tabelle 7).

In Bezug auf die deskriptive Darstellung des kognitiven Entwicklungsstandes der untersuchten lernbehinderten Schulanfänger ergab sich, dass die Intelligenzleistungen in der vorliegenden Untersuchung keinen statistisch bedeutsamen Geschlechtereffekt sowie keinen spezifischen Alterseffekt aufwiesen. Es konnte jedoch ein hochsignifikanter Unterschied in der Verteilung der intelligenzbezogenen Summenwerte in Bezug auf die verschiedenen Schulformen festgestellt werden, der sich jedoch auflöst, wenn die Dauer des Schulbesuches in den statistischen Analysen mitberücksichtigt wird und lediglich ein Vergleich der lernbehinderten Zweitklässler an Förderschulen mit den integrativ beschulten Förderschülern im zweiten Schulbesuchsjahr erfolgt (t (45) = -0,82; p > .05). In etwa gleich lang beschulte Förderschüler in unterschiedlichen institutionellen Kontexten unterscheiden sich demnach in Bezug auf die im CFT-1 gemessene sprachfreie Grundintelligenz nicht voneinander. Dieses Resultat kann an den Untersuchungsergebnissen von Rosselli und Ardila (2003) angelehnt werden, welche verschiedene, als sprach- und kulturfrei bezeichnete Testverfahren untersuchten und herausfanden, dass die schulische Bildung die Ergebnisse der meisten sprachfreien Testverfahren deutlich beeinflusst: „Education has an important influence on cognitive test performance. Groups with higher levels of education perform better on most neuropsychological tests" (S. 327). Ein höherer Grad der Schulbildung wurde in der zitierten Untersuchung als Bildungsdauer in Jahren angegeben und nicht explizit in unterschiedliche Schul- und Bildungsgänge aufgeschlüsselt. Darüber hinaus konnten einige in psychologischen Testverfahren geprüfte Fertigkeiten von den Autoren als „highly school-dependent" (ebd., 327) ausgewiesen werden. Das Einüben bestimmter Grundfähigkeiten wie z.B. der Fähigkeit zu Klassifizieren („Welches Bild passt nicht zu den anderen?" Subtest 3 CFT-1) und insbesondere der Fähigkeit, unter Berücksichtigung der Lage im Raum eine zu einer figuralen Vorgabe merkmalsgleiche Figur zu bestimmen (Subtest 4 „Ähnlichkeiten" CFT-1) gehört zu den besonderen Aufgaben sonderpädagogischer Förderung im Förderschwerpunkt Lernen (vgl. Schmetz, 2000). Sonderpädagogische Förderung kann daher unter Umständen dazu führen, dass sich die visuellen Fertigkeiten der Schüler zur Erfassung der Raumlage und zur Wahrnehmung räumlicher Beziehungen sowie die kognitiven Leistungen zur Erfassung basaler Klassifikationen – wie sie auch im CFT-1 abgefragt werden – im Laufe der Schulzeit verbessern. Die gemessenen Unterschiede in der Bearbeitung der CFT-1 Testitems von Erst- und Zweitklässlern können somit unter Ausschluss eines statistisch bedeutsamen Alterseffektes auf die Ergebnisse darauf zurückgeführt werden, dass eine längere institutionelle Förderungsdauer der Zweitklässler im Vergleich zu Förderschülern im ersten Schulbesuchsjahr zu besseren Ergebnissen führt. In diesem Fall würden sich die für die Untersuchung relevanten CFT-1 Untertests 3, 4 und 5 als deutlich schul- und förderungsabhängig erweisen. Ein weiterer Aspekt, der für eine bessere visuell-kognitive (Wahrnehmungs-)Förderung und somit für bessere Leistungen von Zweit- gegenüber Erstklässlern spricht liegt in der Tatsache begründet, dass Schüler, die bereits zu Beginn des ersten Schuljahres an einer Förderschule mit dem Förderschwerpunkt Lernen eingeschult werden, zumeist sehr deutliche Lern- und Entwicklungsdefizite aufweisen. Der Regelfall sieht es vor, dass Kinder zunächst an den Anforderungen des Regelschulsystems gescheitert sein müssen und dass eine unterstützende integrative Förderung aufgrund des Ausprägungsgrades der Lernschwierigkeiten oder aufgrund mangelnder personeller Ressourcen ausgeschlossen werden sollte, bevor eine Überweisung an eine Förderschule erfolgt. Bei sofortiger Einschulung in einen sonderpädagogischen Kontext sind die leistungsbezogenen Defizite zumeist deutlich gravierend. In Bezug auf die für jeden Schüler im Rahmen der Untersuchung stattfindenden Unterrichtshospitationen wurde von den zuständigen Untersuchern wiederholt berichtet, dass fachbezogener Unterricht im herkömmlichen Sinne nicht beobachtet werden konnte, da die Kinder in ihren Klassen zunächst mit dem Erlernen basaler sozialer, motorischer und aufmerksamkeitsbezogener Grundfertigkeiten wie Stillsitzen, Schneiden mit einer Schere, angemessene Stifthaltung sowie mit der Bearbeitung von Konzentrationsaufgaben beschäftigt waren. Die Klassenlehrerin eines integrierten ersten und zweiten Schuljahres einer Bonner Förderschule teilte der Autorin der vorliegenden Arbeit bei einem Unterrichtsbesuch mit, dass das erste Schuljahr nahezu ausschließlich zum Erlernen der Grundvoraussetzungen für einen erfolgreichen Schulbesuch bestimmt sei, wobei unter anderem immer wieder die Besprechung fester Regeln und routinemäßiger Abläufe thematisiert wurden. Darüber hinaus stellte auch der Schulleiter einer Kölner Förderschule in einem persönlichen Gespräch mit der Verfasserin der vorliegenden Untersuchung fest, dass fachbezogener Unterricht während der Unterrichtsbesuche der Erstklässler nicht beobachtet werden könne, da zunächst die Ausbildung feinmotorischer, konzentrativer und sozialer Grundfertigkeiten auf dem Förderplan dieser Schüler stünden und die Bearbeitung von inhalts- und sachbezogenen Aufgaben erst auf der Grundlage dieser Fertigkeiten eingeübt werden könnten. Erstklässler an Förderschulen sind somit vielfach zunächst mit dem Ausgleich bestehender entwicklungsrelevanter Defizite beschäftigt, weshalb die Bearbeitung konkreter Sach- und Wahrnehmungsaufgaben erst im weiteren Schulverlauf nach dem Erwerb der schulbezogenen Basisfertigkeiten erfolgen kann. Das Erlernen von ggf. auch testrelevanten Aufgabenstellungen erfolgt somit erst zu einem späteren Zeitpunkt, womit ein möglicher Erklärungsansatz für die besseren Leistungen von Zweit- im Vergleich zu Erstklässlern gegeben ist.

6.3 Diskussion der Ergebnisse der inferenzstatistischen Datenanalyse

6.3.1 Bindung im Kontext von Lernbehinderung

Zwischen der Untersuchungsgruppe der lernbehinderten Schulanfänger und der Kontrollgruppe Regelschüler der Düsseldorfer Längsschnittstudie konnte kein Unterschied bezüglich der Verteilungshäufigkeit unsicherer und sicherer Bindungen festgestellt werden. Weder die Gesamtgruppe der lernbehinderten Schulanfänger, noch die Förderschüler der Altersgruppe 6;6 bis 8;5 Jahre erwiesen sich als häufiger unsicher gebunden als Regelschüler der entsprechenden Vergleichsgruppe. Im Rahmen einer Metaanalyse zur Verteilung der Bindungstypen in der mittleren Kindheit in Deutschland, der Schweiz und Spanien erfasst mit dem GEV-B fanden Gloger-Tippelt et al. (2009) heraus, dass die unsicher-vermeidende Bindungsklassifikation sowohl in Nichtrisiko- als auch in Risikogruppen prozentual am stärksten vertreten ist. In insgesamt sieben von zehn deutschen Nichtrisiko-Stichproben konnte die Bindungsvermeidung als häufigste Klassifikation vergeben werden. Darüber hinaus tauchte die vermeidende Bindungsstrategie ebenso in allen drei deutschen Risikostichproben anteilsmäßig am häufigsten auf. Dieser hohe Anteil des unsicher vermeidenden Bindungsmusters konnte bereits mehrfach für deutsche Studien belegt werden (vgl. van IJzendoorn et al., 1999; Gloger-Tippelt et al., 2000) und wird von Crittenden und Claussen (2000) als eine kulturell bedingte Verschiebung bewertet. Nach Gloger-Tippelt et al. (2009) unterscheiden sich Risiko- von Nicht-Risikostichproben dadurch, dass in Risikostichproben der Anteil der unsicher-vermeidenden sowie der desorganisierten Bindung deutlich erhöht ist, wobei in Nicht-Risikostichproben die unsicher-vermeidende sowie die sichere Bindungsklassifikation prozentual am häufigsten vergeben werden. Die der vorliegenden Arbeit zugrunde liegende Untersuchungsstichprobe lernbehinderter Schulanfänger konnte aufgrund eines deutlich erhöhten Anteils hochunsicher gebundener Kinder als eine Risikostichprobe identifiziert werden, bei der Düsseldorfer Längsschnittstudie handelt es sich um eine Nicht-Risikostichprobe, in der die unsicher-vermeidende Bindungsstrategie mit 43,5% am häufigsten auftritt (vgl. Kapitel 5.1.2, Abb. 21). Beim Vergleich der Bindungsgruppen beider Stichproben mit Hilfe der dichotomen Variable „sicher versus unsicher" für die Hypothese H1a wurde die Bindungsgruppe „sicher" (B) mit den Bindungstypen „unsicher-vermeidend" (A) und „unsicher-desorganisiert" (D) verglichen; die „unsicher-ambivalente" (C) Bindungsklassifikation wurde aufgrund mangelnder Fallzahlen von der statistischen Analyse ausgeschlossen. Die Annahme, lernbehinderter Schulanfänger seien häufiger unsicher gebunden als in etwa gleichaltrige Regelschüler konnte aufgrund der Tatsache, dass sich die Verteilungshäufigkeiten der unsicher-vermeidenden sowie der desorganisierten Bindungsklassifikationen beider Stichproben in etwa angleichen, widerlegt werden. Der gegenüber der Untersuchungsstichprobe deutlich erhöhte Anteil unsicher-vermeidender Bindungen der Düsseldorfer Kontrollgruppe wird durch den im Vergleich zur Kontrollgruppe signifikant erhöhten Anteil hochunsicherer Bindungen (Typ D) der Untersuchungsstichprobe lernbehinderter Schulanfänger ausgeglichen, so dass die unsicheren und sicheren Bindungen in beiden Gruppen in etwa gleich stark verteilt sind und sich kein statistisch bedeutsamer Unterschied zwischen den Gruppen abbilden lässt. Es kann davon ausgegangen werden, dass die von Gloger-Tippelt et al. (2009) etablierten Spezifika zur Unterscheidung bindungsbezogener Risiko und Nicht-Risikogruppen in der vorliegenden Untersuchung dazu führen, dass es zu einem Ausgleich der unsicheren Bindungsgruppen kommt, der darin begründet liegt, dass der deutlich erhöhte Anteil an hochunsicheren Bindungen in der Untersuchungsgruppe durch den deutlich höheren Anteil an unsicher-vermeidenden Bindungen der Düsseldorfer Kontrollgruppe kompensiert werden kann. Diese Annahme gilt sowohl für den Gesamtgruppenvergleich als auch für den Vergleich der Altersgruppen von 6;6 bis 8;5 Jahren. Die vorausgehend beschriebene Kompensation gelingt jedoch nicht für den Vergleich organisierter Bindungsmuster (sicher und unsicher-vermeidend) mit der Bindungsdesorganisation. Lernbehinderte Schulanfänger erwiesen sich als häufige desorganisiert als die Regelschüler der Kontrollgruppe. Dieser Unterschied kann damit begründet werden, dass sowohl in deutschen Risiko- als auch in Nicht-Risikogruppen der Anteil unsicher-vermeidender Bindungen erhöht ist und sich Risikogruppen vornehmlich durch einen signifikant erhöhten Anteil desorganisierter Bindungen von Nicht-Risikogruppen unterscheiden. Diese spezifische Verteilung desorganisierter und organisierter Bindungsmuster trifft auch für die Untersuchungs- und die Kontrollgruppe der vorliegenden Arbeit zu: Mit einem Anteil von 81% organisierter Bindungen (zusammengesetzt aus der sicheren und der unsicher-vermeidenden Bindungsgruppe) und 19% desorganisierter Bindungen bildet die Düsseldorfer Kontrollgruppe die Verteilungseigenschaften einer Nicht-Risikostichprobe ab. Demgegenüber konnten in der Untersuchungsstichprobe lernbehinderter Schulanfänger lediglich 61% der Schüler als organisiert und bereits ein Anteil von 39% der Kinder als desorganisiert gebunden klassifiziert werden (vgl. Kapitel 5.1.2, Abb. 21). Der deutlich erhöhte Anteil hochunsicher gebundener Kinder in der Untersuchungsstichprobe lernbehinderter Schulanfänger der vorliegenden Arbeit kann dabei ggf. als Folge eines Stichprobenselektionseffektes in Bezug auf den sozioökonomischen Status der teilnehmenden Familien der Förderschüler betrachtet werden, die zu einem Großteil unteren sozialen Schichten entstammen.

6.3.2 Zum Einfluss der Bindung auf die Intelligenz lernbehinderter Förderschüler

In der vorliegenden Untersuchung ließen sich nur tentative bindungsbezogene Unterschiede in Bezug auf das Ergebnis in einem sprachfreien Intelligenztest feststellen. Das Ergebnis der Hypothesenprüfung erbrachte ein marginal signifikantes Ergebnis bei dem das Signifikanzniveau von $p < .05$ überschritten wurde, so dass lediglich von einer Tendenz ausgegangen werden kann, die dahin weist, dass hochunsicher und unsicher gebundene Kinder in der vorliegenden Untersuchungsstichprobe geringere Leistungen im Intelligenztest erreichen als ihre sicher gebundenen Mitschüler. Die sicher gebundenen Kinder erreichen gegenüber den unsicher-vermeidend und den desorganisiert gebundenen Förderschülern in der vorliegenden Untersuchung tendenziell die höchsten IQ-Summenwerte (vgl. Kap. 5.2.2, Abb. 23). Dieses Resultat entspricht dem Untersuchungsergebnis von van IJzendoorn und van Vliet-Visser (1988), die herausfanden, dass sicher gebundene Kindergartenkinder im Vergleich zu unsicher gebundenen Kindern die höchsten IQ-Werte erzielten. In den bisherigen Studien an Regelschülern hat sich das Geschichtenergänzungsverfahren zur Bindung 5- bis 8-jähriger Kinder als „unabhängig von der sprachfreien Intelligenz" erwiesen (Gloger-Tippelt et al., 2009, 130). Dass sich in der vorliegenden Stichprobe immerhin ein tentativer Zusammenhang zwischen Bindungsrepräsentation und Intelligenzleistung abbilden lässt, kann damit erklärt werden, dass es sich bei der Untersuchungsstichprobe um eine Risikostichprobe handelt, in der aufgrund einer Vielzahl an existierenden sozial-familiären Risikofaktoren ein erhöhtes Vorkommen hochunsicherer Bindungen beobachtet werden kann. Da die Bindungsdesorganisation in einem besonderen Maße mit schulischen Lernschwierigkeiten in Verbindung gebracht wird (vgl. Jacobsen et al., 1994) kann bei den Förderschülern, bei denen aufgrund ihrer Lernbehinderung eine geringere Intelligenzleistung erwartet werden muss, ein stärker ausgeprägter Zusammenhang zwischen Bindung und Intelligenzleistung vermutet werden. Als ein weiterer Erklärungsansatz für die diskrepanten Forschungsergebnisse muss darauf hingewiesen werden, dass in der vorliegenden Untersuchung die Intelligenz der Kinder nicht wie in den bisherigen Studien über einen Intelligenzquotienten in siebenfacher Abstufung von extrem niedrig (IQ < 67) bis extrem hoch (IQ > 134) erfasst wurde, sondern anhand von Summenwerten der CFT-1 Rohwertsumme 3. Für die Gruppe lernbehinderter Kinder liegen aufgrund modifizierter Testbedingungen (e.g. längere Bearbeitungszeiten der Items) lediglich Summenwerte und Quartilnormen vor, so dass die Bestimmung eines Intelligenzquotienten nicht möglich ist. Die Unterschiedlichkeit der erfassten Konstrukte (Summenrohwert versus IQ-Wert) kann dabei ggf. zu Unterschieden in der Ergebnisdarstellung führen.

Ein Vergleich desorganisiert und organisiert gebundener Förderschüler in Bezug auf ihre Grundintelligenz erbrachte ein statistisch bedeutsames Ergebnis. Die untersuchten desorganisiert gebundenen Förderschüler erreichen in einem nonverbalen Intelligenztest im Durchschnitt signifikant niedrigere IQ Summenwerte als Förderschüler mit organisierten Bindungsstilen. Dieses Ergebnis ist konform mit bisherigen Befunden zu betrachten, in denen die Bindungsdesorganisation mit Schwierigkeiten im schulischen Lern- und Leistungsverhalten in Verbindung gebracht wurde (vgl. Jacobsen et al., 1994). Auch die Forschungsergebnisse von Lyons-Ruth et al. (1999) deuten auf einen statistisch bedeutsamen Zusammenhang zwischen einer Bindungsdesorganisation und einer Fehlanpassung an schulische Erfordernisse hin.

6.3.3 Diskussion der Zusammenhänge zwischen der Qualität der Lehrer–Schüler–Beziehung aus Sicht der Lehrkräfte in Abhängigkeit des Schülerstatus und der Bindungsrepräsentation der Schüler

Vor dem Hintergrund erschwerter sozialer Ausgangslagen der Schüler im Förderschwerpunkt Lernen muss davon ausgegangen werden, dass sich die Etablierung und Aufrechterhaltung stabiler und verlässlicher Beziehungen im Kontext von Lernbehinderung schwieriger darstellt, als dies im Regelschulkontext der Fall ist. Es konnte festgestellt werden, dass die Beziehung zu integrativ beschulten Förderschülern im Vergleich zu der Beziehung zu den Regelschülern im gleichen Klassenverband von den Lehrkräften insgesamt als konfliktreicher sowie als weniger emotional nah beschrieben wurde. Ein Vergleich der Gesamtgruppe aller lernbehinderten Förderschüler (N = 65) mit den Regelschülern (N = 35) bestätigte dieses Ergebnis: Lehrer erleben die Beziehung zu Förder- im Vergleich zu Regelschülern als konfliktuöser und als emotional ferner. Die Darstellung der Einzelitems der Skala „Konflikt" der Student-Teacher Relationship Scale zeigt, dass sich die wahrgenommenen Unterschiede in der Konfliktausprägung für die Förder- und Regelschüler durch nahezu alle Skalenitems abbilden lassen (vgl. Kap. 5.2.3.1, Tabelle 10). Dabei bemerken die Lehrkräfte in folgenden Bereichen höchstsignifikante Unterschiede der Förder- gegenüber der Regelschüler: Förderschüler reagieren im Lehrerurteil deutlich seltener auf die Anweisungen der Lehrperson und fordern deren ganze Kraft. Auch generell sind die Lehrkräfte im Vergleich mit den Regelschülern unzufriedener mit ihrer Beziehungsgestaltung zu Förderschülern. Zudem reagieren Förderschüler schneller ärgerlich auf die Lehrpersonen und verhalten sich im Gegensatz zu Regelschülern manipulativer und hinterhältiger. Die Signifikanz der STRS-Gesamtskala „Nähe" wird wesentlich durch zwei Einzelitems bestimmt (vgl. Kap. 5.2.3.1, Tabelle 11). Lehrkräfte sehen sich mit Regelschülern eher auf einer Wellenlänge und der Umgang mit den Regelschülern macht die Lehrkräfte deutlich zufriedener als der Umgang mit den Förderschülern. Die über die einzelnen Skalenitems beschriebene bessere Passung von Lehrer- und Regelschülerpersönlichkeit lässt sich mit der Vergleichbarkeit der Lebenswelten dieser am Bildungsprozess beteiligten Akteure beschreiben. Im Gegensatz zu den untersuchten Regelschülern und den befragten Lehrpersonen stammen die lernbehinderten Schüler der vorliegenden Untersuchung konform mit zahlreichen bisherigen Forschungsergebnissen überzufällig häufig aus unteren sozialen Schichten. Aufgrund dieser diskrepanten Lebens- und Sozialisationskontexte können Störungen innerhalb der Beziehungsgestaltung entstehen, wenn Lernende und Lehrende nicht in der Lage sind, mögliche subkulturelle Differenzen zu überwinden. Dass lernbehinderte Schulanfänger – wie von den Lehrkräften beschrieben – seltener auf deren Anweisungen reagieren und somit das Konfliktpotenzial in der Beziehung gesteigert wird kann mit Borchert (2000) erklärt werden, der feststellt, dass Schüler im Förderschwerpunkt Lernen neben sozialen Defiziten auch sprachliche Schwierigkeiten aufweisen und damit in ihren kommunikativen Fähigkeiten deutlich eingeschränkt sind und die Instruktionen ihrer Lehrer nicht immer verstehen und umsetzen können. Zudem sind die erhöhten Konfliktwerte der Förderschüler im Urteil ihrer Lehrkräfte konform mit den Ergebnissen von Kavale et al. (1996) zu betrachten, die in Lehrerurteilen ebenfalls deutliche Auffälligkeiten des Kontakt- und Sozialverhalten lernbeeinträchtigter Schüler und somit eine insgesamt negativ beeinflusste soziale Interaktion und Beziehungsgestaltung erfassen konnten. Das Nichtverstehen der Aufgaben des Bildungssystems sowie das Scheitern an den sozialen Interaktions- und Kommunikationsstrukturen im Rahmen der Mittelschichtsinstitution Schule führt bei den lernbehinderten Schülern ggf. zu den von den Lehrkräften beschriebenen abweichenden Verhaltensmustern in Form eines gesteigerten Ausmaßes an Ärger auf die Lehrperson sowie einer verstärkten Neigung, das Verhalten der Lehrperson zu manipulieren, um es ggf. vorhersehbarer und somit leichter verständlich zu machen. Diese Verhaltensweisen lassen den Schüler aus Sicht der Lehrperson wiederum hinterhältig erscheinen und erhöhen somit möglicherweise das beziehungsbezogene Konfliktpotenzial.

Neben den Unterschieden der Beziehungswahrnehmung in Bezug auf die unterschiedlichen Schülertypen (Förder- vs Regelschüler) ließen sich auch spezifische Unterschiede bezüglich der Ausprägungen der Dimensionen „Nähe" und „Konflikt" in der Lehrer-Schüler Beziehung anhand der Bindungsrepräsentationen der Schüler abbilden. Es konnte statistisch belegt werden, dass die Beziehung zu sicher gebundenen Kindern von Lehrkräften als emotional näher beschrieben wird als die zu unsicher gebundenen Förderschülern, wobei die Beziehung zu unsicher und im Speziellen auch zu unsicher-vermeidend (Typ A) gebundenen Schülern im Lehrerurteil gegenüber der Beziehungsbeurteilung sicher gebundener lernbehinderter Schüler durch erhöhte Konfliktwerte gekennzeichnet ist. Aufgrund der Tatsache, dass sich eine hochunsichere Bindung in zahlreichen Studien als ein Risikofaktor für die Beziehungsgestaltung auch mit wichtigen außerfamiliären Personen erwiesen hat, wurde weiterhin angenommen, dass die Beziehung zu desorganisiert gebundenen Förderschülern im Vergleich zu der Beziehung zu organisiert gebundenen Schülern in der Lehrerbeurteilung durch die höchsten Konfliktwerte gekennzeichnet ist. Die statistischen Berechnungen ergaben jedoch ein insignifikantes Ergebnis über die drei getesteten Bindungsgruppen „sicher", „unsicher-vermeidend" und „desorganisiert", da sich die Mittelwerte der desorganisierten und der unsicher-vermeidenden Bindungsgruppe nicht statistisch bedeutsam voneinander unterschieden.

Die Ergebnisse lassen sich vor dem Hintergrund bisheriger Forschungsergebnisse interpretieren, die einen Zusammenhang zwischen früher Mutter-Kind-Bindung und der späteren Beziehung zu Lehrkräften feststellten (vgl. Howes & Matheson, 1992). Obschon in der vorliegenden Untersuchung die generalisierten Bindungsrepräsentationen lernbehinderter Schulanfänger und nicht die personenspezifische Mutter-Kind-Bindung gemessen wurden, darf vermutet werden, dass diese frühen Bindungsmuster speziell in den unteren Schulstufen die Erwartungen an neue Bindungspersonen beeinflussen und zu Verhaltensmustern und Reaktionsweisen führen, die die Beziehung zu neuen erwachsenen Bezugspersonen in spezifischer Art und Weise beeinflussen (Howes et al., 2002). Julius (2002) erklärt diese Übertragung alter Beziehungsmuster auf neue Bezugspersonen und deren reziproke Wirkungsweise im schulischen Kontext wie folgt:

Vermittelt über das Verhalten gegenüber neuen Bindungsfiguren – wie z.B. LehrerInnen –, das von den Erwartungen und Bewertungen der bisherigen internalen Arbeitsmodelle dieser Kinder gesteuert wird, dürfte die Wahrscheinlichkeit steigen, dass wiederum das komplementäre bindungsbezogene Verhalten dieser neuen Bindungsfiguren ausgelöst und somit Kontinuität gefestigt wird (S. 605).

Diese Sichtweise wird unterstützt durch Grossmann et al. (2006), die vermuten, dass auch unsichere Kinder trotz vermehrter Verunsicherungen innerhalb des familiären Systems eine sichere Bindung an einen Lehrer entwickeln können. Die Autoren betonen jedoch, dass diese unsicher gebundenen Kinder „zunächst allerdings skeptisch [bleiben] und diese neue Person wiederholt auf ihre Verlässlichkeit überprüfen [werden]. Das ist leicht zu verstehen, allerdings nicht immer leicht zu ertragen" (ebd., 14). Aufgrund der Tatsache, dass die erwähnten beziehungsbezogenen Verlässlichkeitsprüfungen unsicher gebundener Schüler für die Lehrpersonen nicht immer leicht zu ertragen sind und auch nur dann verstanden werden können, wenn entwicklungspsychologisches und in speziellem Maße bindungstheoretisches Grundwissen verfügbar ist, muss davon ausgegangen werden, dass die teilweise deutlich herausfordernden Beziehungsanfragen unsicher gebundener Kinder sowie auch das beziehungsvermeidende Verhalten die Beziehung des Lehrers zu eben diesen Kinder erschweren dürfte. Diese Annahmen werden in der vorliegenden Arbeit bestätigt. Es konnte belegt werden, dass sicher gebundene Kinder der Nähe der Lehrperson seltener ausweichen als unsicher gebundene Kinder und sich in der Gegenwart des Lehrers wohlfühlen und aktiv versuchen, dieser zu gefallen. Aufgrund dieser schülerbezogenen Eigenschaften fühlen sich die befragten Lehrer mit sicher gebundenen Kindern eher auf einer Wellenlänge als mit unsicher gebundenen Kindern. Bei diesen Kindern ist eingetreten, was Julius (2002) vermutete: Sicher gebundene Kinder etablieren mit großer Wahrscheinlichkeit eine sichere Bindung zu ihren schulischen erwachsenen Bezugspersonen, die in diesem Fall durch eine größere Nähe und weniger Konflikt charakterisiert ist. Zur Interpretation des Ergebnisses, dass speziell auch die Beziehung der Lehrkräfte zu Schülern mit einem generalisierten unsicher-vermeidenden Bindungsstil (Typ A) durch höhere Konfliktwerte gekennzeichnet ist, können die Befunde wissenschaftlicher Studien herangezogen werden, die ergaben, dass insbesondere Kinder mit einem unsicher-vermeidenden Bindungsstil verstärkt den Ärger ihrer Lehrkräfte provozieren (Erickson et al., 1989). In der vorliegenden Untersuchung ist die Beziehung der Lehrkräfte zu unsicher-vermeidend gebundenen Schülern durch erhöhten Ärger der Schüler gekennzeichnet, der von den Lehrern dadurch beschrieben wird, dass diese Schüler schneller ärgerlich auf die Lehrperson werden als sicher gebundene Schüler, sich eher unfair behandelt fühlen sowie als laut und unangenehm auffallen, wenn sie die Hilfe der Lehrperson benötigen, was insgesamt dazu führt, dass diese Schüler einen erhöhten Kraftaufwand für die Lehrkraft bedeuten. Unsicher vermeidend gebundene Kinder werden somit als insgesamt aggressiver (ärgerlich, laut, unangenehm) beschrieben als sicher gebundene Kinder. Dieses spezifische Verhalten vermeidend gebundener Kinder konnte bisher in zahlreichen Studien für den Vorschulbereich belegt werden (vgl. u.a. Egeland & Sroufe, 1981; Erickson, Sroufe & Egeland, 1985). Weiterhin konnte für den schulischen Kontext ein Zusammenhang zwischen einem vermeidenden Bindungsstil und aggressiven Verhaltenstendenzen gefunden werden, der jedoch vornehmlich für Jungen verifiziert werden konnte (Renken, Egeland, Marvinney, Mangelsdorf & Sroufe, 1989). Howes et al. (2002) erklären dieses Verhalten unsicher-vermeidend gebundener Schüler wie folgt: „Since they expect the adult to reject them, they tend to make ‚preemptive strikes,' acting in a hostile fashion before the adult has an opportunity to be rejecting" (S. 14). Getreu dem Motto „Angriff ist die beste Verteidigung" setzen Schüler mit einem unsicher-vermeidenden Bindungsstil quasi zum aggressiven Präventivschlag aus und verhalten sich in einer Art und Weise, die eine abweisende Reaktion des Gegenübers plausibel erscheinen lässt und verstehbar ist. Für diese Kinder ist es offenbar leichter zu ertragen, sich selbst als Ursache der Zurückweisung zu erleben als abermals, wie in früheren Zeiten möglicherweise real erlebt, zurückgewiesen zu werden, ohne einen fassbaren und verstehbaren Grund für die Zurückweisung erkennen zu können. Dieses spezielle aggressiv gefärbte Vermeidungsverhalten kann in der vorliegenden Untersuchung demnach ursächlich mit einem erhöhten Konfliktpotential in der Beziehung unsicher-vermeidender Schüler und ihrer Lehrkräfte in Verbindung gebracht werden.

Dass die Beziehung zu desorganisiert gebundenen Förderschülern im Vergleich zu der Beziehung zu organisiert gebundenen Schülern in der Lehrerbeurteilung in der vorliegenden Arbeit nicht durch die höchsten Konfliktwerte gekennzeichnet ist kann damit erklärt werden, dass sich die beziehungsbezogenen Konfliktmittelwerte der unsicher-vermeidenden (Typ A) und der desorganisiert (Typ D) gebundenen Schüler als identisch erwiesen. Ein möglicher Erklärungsansatz für dieses Ergebnis liegt in der Tatsache begründet, dass beim desorganisierten Bindungsstil keine kohärente Bindungsstrategie mehr beobachtbar ist und somit bei hochunsicher gebundenen Kindern von einem Strategiezusammenbruch gesprochen werden muss. Als Folge dieser Inkohärenz der beziehungsbezogenen Interaktions- und Verhaltensstrategien können desorganisiert gebundene Schüler neben unsicher-ambivalenten auch unsicher-vermeidende Anteile in ihrem Verhalten zeigen (vgl. Howes et al., 2002). In der vorliegenden Arbeit wurde die „Zusatzklassifikation D" mit der „Hauptklassifikation D" zu einer Gesamtklassifikation der Bindungsdesorganisation zusammengefasst, wobei das A/D Muster (Hauptklassifikation unsicher-vermeidend mit Zusatzklassifikation desorganisiert) bei drei (14%) der insgesamt 22 desorganisiert gebundenen Schülern festgestellt werden konnte. Für diese Kinder ist es evident, dass sie auch Anteile von unsicher-vermeidendem Verhalten zeigen. Weiterhin weisen nach Solomon et al. (1995) neben bindungsdesorganisierten Schülern auch Schüler mit einem unsicher-vermeidenden Bindungsmuster im Gegensatz zu sicher gebundenen Kindern höhere aggressive und externalisierende Verhaltensauffälligkeiten aus Lehrersicht auf, so dass sich ggf. für die beschriebenen Bindungsmuster im schulischen Kontext vergleichbar abweichende Verhaltensmuster ergeben, was zu den in der vorliegenden Untersuchung beobachtbaren identischen Konfliktmittelwerten geführt haben könnte.

6.3.4 Diskussion der Zusammenhänge zwischen dem Gefühl des Angenommenseins durch die Lehrkraft aus Sicht der Schüler in Abhängigkeit des Schülerstatus und der Bindungsrepräsentation

Für die wahrgenommene Beziehungsqualität zum Lehrer aus Schülersicht wurde angenommen, dass lernbehinderte Schulanfänger die Beziehung zu ihren Lehrkräften im Vergleich zu Regelschülern durch ein vermindertes Gefühl des

Angenommenseins und der Akzeptanz beschreiben. Diese Annahme konnte lediglich für die lernbehinderten Schulanfänger an Förderschulen bestätigt werden, welche signifikant niedrigere Akzeptanzwerte erzielen als Förderschüler im Gemeinsamen Unterricht und Regelschüler. Zwischen den integrativ beschulten Förderschülern und ihren regelbeschulten Klassenkameraden ließ sich kein statistisch bedeutsamer Unterschied in der Ausprägung der vermuteten Akzeptanz und Unterstützung durch die Lehrkräfte abbilden. Ein Erklärungsansatz für dieses Ergebnis wird darin vermutet, dass die direkte Einschulung an eine Förderschule bereits bei Erst- und Zweitklässlern zu einem Stigmatisierungseffekt führt, der sich ggf. negativ auf die erlebte Schüler-Lehrer-Beziehung auswirkt. So fand Schumann (2007) für lernbehinderte Schüler der Jahrgangsstufen fünf bis zehn heraus, dass „das Selbstkonzept von originären Sonderschülern und Sonderschülerinnen möglicherweise einer noch größeren Gefährdung durch Beschämung ausgesetzt [ist] als das von ‚Seiteneinsteigern‘ und ‚Seiteneinsteigerinnen, (…). Obwohl ihnen die Misserfolge im Regelschulsystem erspart bleiben, können sie von dem Vorteil des ‚Schonraums‘ Sonderschule für ihr Selbstkonzept nicht profitieren" (S. 133). Möglicherweise erleben sich auch bereits junge Förderschüler im Grundschulbereich als aus dem Regelschulsystem ausgegrenzt, als weniger wertgeschätzt und akzeptiert und aufgrund dessen auch als weniger angenommen von den signifikanten Bezugspersonen in ihrem speziellen Schulkontext. Des Weiteren konnten Harter und Pike (1984) belegen, dass die Beurteilung der sozialen Akzeptanz junger Kinder vorrangig auf real erlebten Feedback-Prozessen aus dem sozialen Umfeld basiert. Das soziale Umfeld gestaltet sich für die lernbehinderten Kinder an Förderschulen deutlich unterschiedlich als das der integrativ beschulten Kinder. Kinder an Förderschulen werden in eher homogenen und kleinen Lerngruppen von jeweils einer Klassenlehrerin unterrichtet, wobei GU-Schüler in die Klassengemeinschaft einer Regelgrundschule integriert sind, welche aufgrund der Integration von Kindern sämtlicher Förderschwerpunkte ein sehr heterogenes Leistungsprofil aufweist. Zudem werden Kinder im Gemeinsamen Unterricht von zwei Bezugspersonen unterrichtet, wobei die Sonderpädagogin aufgrund der Möglichkeit gezielter Einzel- und Kleingruppenförderung vermutlich einen besonders engen Kontakt zu den Integrationsschülern aufbauen und sich diesen zeitweise sehr intensiv und in einer ruhigeren Atmosphäre widmen kann. Dieser enge und intensive Kontakt führt ggf. dazu, dass sich GU-Schüler eher akzeptiert und angenommen fühlen, was sich unter anderem in dem Item „Meine Lehrer haben Zeit für mich" abbilden könnte. Unter Umständen ist es auch die von Eberwein (1996b) angesprochene „Sammelbecken[funktion] für Schulversager unterschiedlicher Genese" (S. 56) der Förderschule, die den Aufbau förderlicher Beziehungen zwischen Schülern und Lehrern erschwert. Denkbar ist auch, dass die „auf Homogenisierung angelegte selektive Struktur" (Kottmann, 2006, 154) des deutschen Schulsystems dazu führt, dass es in Förderschulen weniger soziale Vorbilder gibt als im integrativen Unterricht, deren Verhalten und Lerneinstellung schwächeren Schülern ggf. als Vorbild dienen kann. Aufgrund einer erhöhten Wahrscheinlichkeit des Auftretens komorbider Störungen auf der Verhaltensebene bei Schülern mit gravierenden Lernbeeinträchtigungen gestaltet sich demnach möglicherweise auch der Beziehungsaufbau zwischen den am Bildungsprozess beteiligten Personen schwieriger als in eher heterogenen Lerngruppen.

Es sei darauf hingewiesen, dass sich die Werte der Förderschüler in Bezug auf die Skala „Gefühl des Angenommenseins" zwar signifikant von denen der GU- sowie der Regelschüler unterscheiden, jedoch mit einem gemittelten Durchschnittswert von 9,7 (SD = 2,6) noch innerhalb der mittleren Verteilungsbreite der Normierungsstichprobe für die Klasse 1 (M = 10,5; SD = 2,9) sowie die Jahrgangsstufe 2 (M = 10,6; SD = 2,9) liegen. Damit fühlen sich die originären Förderschüler von ihren Lehrkräften zwar weniger angenommen als die getesteten in etwa gleich alten Integrations- und Regelschüler, diese Abweichung deutet im Vergleich zur Normierungsstichprobe des FEESS 1-2 jedoch noch nicht auf eine negative Abweichung hin.

Die erwarteten Unterschiede in der wahrgenommenen Akzeptanz der Förderschüler durch ihre Lehrkräfte in Abhängigkeit des Bindungsstils konnten in den statistischen Analysen nicht verifiziert werden. Weder die untersuchten unsicher noch die hochunsicher gebundenen Förderschüler unterschieden sich ich ihrem erlebten Gefühl des Angenommenseins durch ihre Lehrer von den lernbehinderten Schülern mit sicheren generalisierten Bindungsrepräsentationen. Somit konnten in den Daten der vorliegenden Arbeit überraschenderweise keine spezifischen Zusammenhänge zwischen der von lernbehinderten Schulanfängern empfundenen sozialen Akzeptanz durch ihre Lehrer und der Bindungsrepräsentation nachgewiesen werden. Die Ergebnisse der Schüler aller Bindungsgruppen zeigen im Durchschnitt überwiegend sehr positive Einschätzungen in Bezug auf die Skala „Gefühl des Angenommenseins" durch ihre Lehrkräfte; der maximale Skalenrohwert beträgt 13 Punkte. Diese durchgehend positive Beurteilung der Schüler entspricht der stark rechtsgipfligen Verteilung der Skalen des FEESS 1-2 (Rauer et al., 2004) sowie den Ergebnissen bisheriger Studien, die feststellen konnten, dass Grundschulkinder in Selbstberichten die eigene Person und ihre Lernumgebung tendenziell unrealistisch positiv und noch wenig differenziert beurteilen (Asendorpf & van Aken, 1993; Helmke, 1991; Helmke, 1998). Die Förderschüler der sicheren Bindungsgruppe erreichten die höchsten Durchschnittswerte (M = 11,2; SD = 2,2), die sich allerdings nicht statistisch von den Akzeptanzwerten der Schüler mit einer Bindungsvermeidung (M = 10,2; SD = 2,1) und denen mit einer Bindungsdesorganisation (M = 10,3; SD = 2,4) unterschieden. Vor dem Hintergrund der Befunde bisheriger Forschungsarbeiten, nach denen sich die wahrgenommene soziale Akzeptanz durch Andere in Abhängigkeit der Bindungsqualität unterscheidet, erscheinen die in der vorliegenden Arbeit gewonnenen Ergebnisse zunächst ungewöhnlich. Eine dezidierte Betrachtung der jeweiligen Methodik zeigt jedoch einige gravierende Unterschiede zwischen den vorangegangenen Studien und der aktuellen Untersuchung auf. Im Rahmen der Studien von Cassidy (1988), Verschueren et al. (1996) sowie Verschueren und Marcoen (1999) wurde überprüft, ob sich die Urteile von Kindern im Kindergarten- und frühen Grundschulalter darüber, wie eine unspezifische dritte Person sie selbst einschätzen und beurteilen würde, in Abhängigkeit der Qualität der frühen Bindung unterscheiden. Dabei wurden den Kindern 20 Fragen zur eigenen Person gestellt, die sie mit Hilfe einer Handpuppe beantworten soll. Es wurde vermutet, dass die Kinder über das Medium Handpuppe Antworten geben, die sie von anderen Menschen in Bezug auf die eigene Person erwarten würden. Auf diese Weise wurden die internalen Arbeitsmodelle des Selbst der interviewten Kinder operationalisiert. Anhand der Studien konnte belegt werden, dass sich sicher gebundene Kinder deutlich positiv einschätzten, dabei aber auch in der Lage waren, eigene Schwächen zugeben zu können ohne sich in ihrem Selbstwert und in Bezug auf die soziale Akzeptanz durch wichtige andere Menschen bedroht zu fühlen. Diese Fähigkeit zur Differenzierung führte insgesamt zu der Annahme einer eher realistischen Selbsteinschätzung sicher gebundener Kinder. Im Gegensatz zu Kindern mit sicheren Bindungsrepräsentationen beurteilten sich unsicher-vermeidend gebundene Kinder in der Untersuchung von Cassidy (1988) bezüglich der erwarteten Fremdwahrnehmung durch Dritte als ausnahmslos „perfekt", wobei diese Überschätzung von der Autorin als „defensive idealization of the self" (S. 131) bewertet wurde. Joraschky und Petrowski (2006) erklären diese idealisierende Selbsterhöhung wie folgt: „Vermeidende Bindungsunsichere schätzen aufgrund ihrer deaktivierten Strategie ihr Selbstkonzept als äußerst positiv ein, wobei dieser Bindungsstil aber mit einer niedrigen Fähigkeit zur Selbstkritik verbunden ist" (S. 71). Hochunsicher gebundene Kinder zeichneten sich in der zuvor zitierten Studie vornehmlich durch negative Selbstbeschreibungen aus. In der Studie von Cassidy (1988) korrelierte die Bindungsrepräsentation mit den Ergebnissen des Puppeninterviews, in dem der eigene Selbstwert der Kinder, die soziale Akzeptanz durch andere sowie die Offenheit gegenüber eigenen Schwächen erhoben wurden. Zudem wurde auch in den Studien von Verschueren et al. (1996, 1999) bei jungen Kindern ausschließlich ein Zusammenhang zwischen der Bindungsqualität und der Fähigkeit, eigene Schwächen zu benennen gefunden. Offensichtlich lassen sich zwar Zusammenhänge zwischen dem Gefühl des Angenommenseins durch eine unspezifische andere Person und Bindung feststellen, diese können jedoch nicht unabhängig von den eingesetzten testdiagnostischen Methoden betrachtet werden. Über die Skala „Gefühl des Angenommenseins" misst der FEESS 1-2 zwar die wahrgenommene Akzeptanz der Schüler durch ihre Lehrer, es wird aber nicht explizit die Fähigkeit erhoben, eigene Schwächen und Fehler erkennen und benennen zu können. Dies scheint jedoch speziell für das Vor- und Grundschulalter von großer Bedeutung zu sein, da die Erfassung eines derart differenzierten Charakterprofils augenscheinlich die Tendenz dieser jungen Kinder, sich unrealistisch positiv zu beschreiben, in gewisser Weise zu relativieren vermag. Erst bei Einsatz dahingehend spezialisierter Verfahren werden Zusammenhänge zwischen Bindungsrepräsentation und wahrgenommener sozialer Akzeptanz durch andere Menschen sichtbar (vgl. Falkner, 2007). Darüber hinaus wurden in der vorliegenden Untersuchung keine offenen Interviewfragen an die Kinder gestellt, vielmehr sollten die Schüler das Verhalten ihrer Lehrer in Bezug auf sich selber einschätzen, wobei lediglich zwischen den Dimensionen „stimmt" und „stimmt nicht" entschieden werden konnte (Beispielitems: „Meine Lehrer mögen mich."; „Meine Lehrer helfen mir, wenn ich Hilfe brauche.", „Meine Lehrer können einige Kinder besser leiden als mich."). Weiterhin sind die anhand des FEESS 1-2 erfassten Fragen generell schulbezogen und auf die bestimmte Personengruppe der Lehrer fokussiert und nicht allgemeiner Art formuliert wie in den vorhergehenden Untersuchungen. Dieser Unterschied könnte dazu führen, dass sich die befragten Kinder durch die Fragebogenitems des FEESS 1-2 eher festgelegt fühlen und sozial erwünschter antworten. Die Möglichkeit einer Verfälschung der Items in Richtung einer erhöhten sozialen Erwünschtheit wurde darüber hinaus durch die im Rahmen der vorliegenden Untersuchung modifizierte Anwendung des FEESS 1-2 in Form einer direkten Befragung der Kinder durch einen Untersucher ggf. noch zusätzlich verstärkt, was dazu geführt haben könnte, dass sich die Werte der Kinder aller Bindungsgruppen in etwa angleichen. Es fällt Kindern unter Umständen schwer, ihre Lehrer im direkten Kontakt mit einem Untersucher als unfair, unfreundlich oder ungeduldig zu beschreiben, so dass diese Items in ihrer negativen Form eher abgelehnt werden. Eine weitere Erklärung dafür, dass in der vorliegenden Arbeit kein Zusammenhang zwischen der erfassten Bindungsqualität der Kinder und der erlebten Akzeptanz durch die Lehrer erfasst werden konnte, ist möglicherweise der Tatsache geschuldet, dass sich die bisherigen Studien in Bezug auf die erfasste Bindungsqualität deutlich von der vorliegenden Arbeit unterscheiden. In den vorangegangenen Studien wurden jeweils personenspezifische Bindungen (Mutter-Kind- sowie Vater-Kind-Bindung) erfasst, wohingegen in der aktuellen Forschungsarbeit die generalisierten Bindungsrepräsentationen der Kinder erhoben wurden. König et al. (2007) weisen in Bezug auf den Zusammenhang von Selbstmodellen und Bindung auf die Notwendigkeit weiterer Studien hin, die eine Klärung der Frage ergeben sollen, „inwiefern die in dieser Altersgruppe [5 bis 7 Jahre] (noch) existierenden personenspezifischen Bindungsmodelle mit unterschiedlichen Modellen des Selbst einhergehen. Auch hier würde sich dann die Frage stellen, welche Erfahrungen für welche Bereiche des Selbstkonzepts relevant sind (...)" (S. 459f.).

6.3.5 Sozialverhalten und Bindungsqualität bei lernbehinderten Schulanfängern

Im Rahmen der vorliegenden Untersuchung konnte bestätigt werden, dass lernbehinderte Schulanfänger im Vergleich zu Regelschülern deutlich stärker ausgeprägte Problemverhaltensweisen zeigen. Dieses Ergebnis kann mit Hilfe zahlreicher Studien erklärt werden, in denen belegt wurde, dass normabweichende Verhaltensformen bei lernbehinderten Schülern häufig miteinander kovariieren (vgl. Mand, 2004; Myschker, 1999; Opp, 1995; Schulze, 2003). Auch klinisch haben lernbehinderte Kinder gegenüber normal begabten Kindern ein zweifach erhöhtes Risiko auffällig zu werden, wobei insbesondere Störungen des Sozialverhaltens bei dieser Schülerpopulation gehäuft auftreten (Marcus et al., 1993). Für den SDQ Lehrerfragebogen stehen bislang nur britische Normen aus einer epidemiologischen Studie zur geistigen Entwicklung von Kindern und Jugendlichen in England zur Verfügung. Anhand dieser Normen kann das Verhalten der Kinder in die Bereiche unauffällig, grenzwertig und auffällig eingeteilt werden. In der vorliegenden Untersuchung wird das Gesamtproblemverhalten von 17% der Förderschüler als grenzwertig beurteilt, 36% der lernbehinderten Schüler werden von ihren Lehrkräften bereits als klinisch auffällig eingeschätzt. Im Vergleich dazu werden mit 93% nahezu alle Regelschüler in ihrem Gesamtproblemverhalten durchgehend als unauffällig eingestuft. Das Bild des lernbehinderten und zugleich verhaltensauffälligen Förderschülers bestätigt sich demnach für die vorliegende Untersuchung.

Auch die Vermutung stärker ausgeprägter Problemwerte im Urteil der sonderpädagogischen Lehrkräfte im Bezug auf das Verhalten von unsicher gebundenen im Vergleich zu sicher gebundenen Förderschülern zu finden, konnte bestätigt werden. Dieses Ergebnis zeigt sich in der wissenschaftlichen Forschung zum Zusammenhang von Bindung und Sozialverhalten bereits in unterschiedlichen Studien, wobei überwiegend eruiert werden konnte, dass sicher gebundene Kinder im Vergleich zu unsicher gebundenen Gleichaltrigen über bessere soziale Kompetenzen und eine geringere Ausprägung bezüglich internalisierenden und externalisierenden Problemverhaltens verfügen (Erickson et al., 1985; Gloger-Tippelt et al., 2007; Granot et al., 2001; Wartner et al., 1994). Das Ergebnis des Mittelwertvergleichs der vorliegenden Untersuchung für die zweifach abgestufte Unterteilung der Bindungsdimensionen in sichere und unsichere Bindungsrepräsentationen entspricht aufgrund der Vergleichbarkeit in Bezug auf die eingesetzten diagnostischen Instrumente insbesondere den Ergebnissen von Gloger-Tippelt et al. (2007), die im Lehrerurteil gemessen anhand der Teacher's Report Form (Achenbach, 1991b) einen signifikant erhöhten Gesamtproblemwert im Verhalten unsicher gegenüber sicher gebundener Kinder feststellen konnten. Die auf der Ebene generalisierter, mentaler Repräsentationen von Bindung als sicher gebunden klassifizierten Förderschüler zeigen gegenüber den unsicher gebundenen lernbehinderten Kindern unter anderem ein geringeres Maß an internalisierenden Verhaltensproblemen gemessen über die SDQ Skala „Emotionale Probleme" sowie eine geringere Ausprägung an externalisierenden Verhaltensproblemen, die über die SDQ Skala „Verhaltensprobleme" angezeigt werden.

Weitere kontrastierende Vergleiche zwischen den Bindungsgruppen in der vorliegenden Untersuchung ergaben, dass D-klassifizierte Kinder im Lehrerurteil lediglich gegenüber sicher gebundenen Kindern ein signifikant erhöhtes Gesamtproblemverhalten zeigen, wohingegen sich das Verhalten unsicher-vermeidend und desorganisiert gebundener Förderschüler statistisch in keinem der gemessenen Verhaltensbereiche unterscheidet. Der Befund deutlich ausgeprägter Einzelkontraste in Bezug auf Problemverhalten zwischen der D- und B-Gruppe konnte bisher in unterschiedlichen Studien bestätigt werden (Gloger-Tippelt et al., 2007; Moss, Bureau, Cyr, Mongeau & St-Laurent, 2004; Moss, Cyr & Dubois-Comtois, 2004). Die gegenüber sicher gebundenen Kindern signifikant erhöhten Werte desorganisiert gebundener Schüler für die SDQ-Skala „Hyperaktivität/ Aufmerksamkeit" lassen sich anhand der Forschungsergebnisse von Goldwyn, Stanley, Smith und Green (2000) erklären, welche einen Zusammenhang zwischen repräsentationaler Bindungsdesorganisation und im Lehrerurteil gemessener Aufmerksamkeitsprobleme feststellten. Darüber hinaus ermittelte Pinto (2011) im Rahmen einer prospektiven Studie „eine signifikante Korrelation zwischen den Punktwerten für eine frühe Desorganisation des kleinen Kindes und den sechs Jahre später von den Lehrerinnen eingeschätzten ADHS-Symptomen (S. 273). Ein Verhaltensunterschied zwischen der D- und A-Gruppe konnte im Lehrerurteil in der vorliegenden Untersuchung nicht ermittelt werden. Dieses Ergebnis kann als konform zu bisherigen Forschungsergebnissen betrachtet werden, die das Bindungsverhalten auf der Repräsentationsebene im Zusammenhang mit Lehrerbeurteilungen untersuchten. So fanden Gloger-Tippelt et al. (2007) mit Hilfe der TRF (Achenbach, 1991b) im Lehrerurteil lediglich Einzelunterschiede zwischen der unsicher vermeidenden Bindung und der sicheren Bindung für die internalisierten Verhaltensprobleme, sowie zwischen desorganisiert und sicher gebundenen Schülern, wobei die hochunsicher (D) gebundenen Schülern gegenüber den Kindern mit einer sicheren Bindungsrepräsentation von ihren Lehrern in Bezug auf das Gesamtproblemverhalten als signifikant auffälliger eingeschätzt wurden. Auch in der zitierten Untersuchung ergaben sich keine Unterschiede zwischen der unsicher-vermeidenden und der hochunsicheren Bindung in Bezug auf das von den Lehrkräften eingeschätzte Schülerproblemverhalten. In einer weiteren Untersuchung von Solomon et al. (1995) konnte darüber hinaus belegt werden, dass neben den hochunsicher auch unsicher-vermeidend gebundene Schüler im Lehrerurteil höhere aggressive, externalisierende Auffälligkeiten zeigten. Offensichtlich zeigen sowohl Schüler mit D- als auch mit einer A-Klassifikation im schulischen

Kontext Verhaltensweisen, die sich zwar von denen sicher gebundener Kinder, aber nicht im direkten Vergleich A versus D voneinander unterscheiden. Sowohl die Bindungsdesorganisation als auch die -vermeidung gehen im schulischen Kontext somit mit stärker ausgeprägten Verhaltensauffälligkeiten einher. Rund 24% der desorganisiert und der vermeidend gebundenen Schüler müssen in Bezug auf die erhobenen Verhaltensdimensionen einem klinischen Grenzbereich im Sinne bisher existierender Normdaten einer britischen Bevölkerungsstudie zugeordnet werden; der Anteil der als auffällig klassifizierten Schüler lag in beiden Gruppen bei 41%. Auch in Bezug auf die Stärke der Symptomausprägung weisen die Förderschüler vom desorganisierten und vermeidenden Bindungstypus wesentliche Beeinträchtigungen auf. Deutliche bis massive Schwierigkeiten in den Bereichen Stimmung, Konzentration, Verhalten und Umgang mit anderen wiesen 68% der Kinder mit einer Bindungsdesorganisation und 65% der unsicher-vermeidend gebundenen auf. Demgegenüber zeigten nur 41% der sicher gebundenen Kinder Probleme in den genannten Bereichen. Das auffällige Sozialverhalten von Förderschülern der Bindungsgruppen A und D kann somit als ein weiterer Hinweis auf die erhöhte Risikobelastung unsicher gebundener Kinder verstanden werden.

Ein Unterschied innerhalb der Beurteilung lernbehinderter Schulanfänger zwischen Sonderpädagogen an Förderschulen und im Gemeinsamen Unterricht konnte im Rahmen der vorliegenden Untersuchung nicht festgestellt werden. Die Förderschüler beider Gruppen wurden in Bezug auf sämtliche Verhaltensdimensionen von ihren sonderpädagogischen Lehrkräften gleich beurteilt. Neben der Leistung eines Schülers kann auch dessen Verhalten vor dem Hintergrund unterschiedlicher Bezugsnormen bewertet werden (vgl. Rheinberg, 2001; Hartke & Vrban, 2009). Das zu beurteilende Verhalten kann mit früheren Verhaltensweisen der gleichen Person verglichen werden (individuelle Bezugsnorm) sowie mit dem Verhalten anderer Menschen (soziale Bezugsnorm). Ebenso ist es möglich, das aktuell beobachtbare Verhalten eines Menschen vor dem Hintergrund bestimmter Verhaltensstandards zu beurteilen (sachliche, kriteriale Bezugsnorm). Die Sonderpädagogen im GU haben die Möglichkeit, das Verhalten der Förderschüler am Verhalten von Regelschülern zu messen, welche ihrem Gesamtproblemverhalten im Gegensatz zu den Förderschülern ein unauffälliges Ergebnis zeigen. Da sich zwischen den Beurteilungen der Sonderpädagogen an Förderschulen und im GU keine statistischen Unterschiede finden lassen, orientieren sich die Sonderpädagogen im GU bei ihrer Verhaltensbeurteilung offensichtlich nicht an den weniger auffälligen Regelschülern und somit an einer sozialen Bezugsnorm, sondern an einer kriteriumsbezogenen Bezugsnorm, indem sie das Verhalten ihrer Schüler vor dem Hintergrund bestimmter Verhaltensstandards einstufen. Dies lässt sich damit erklären, dass die Aussagen zu den spezifischen Verhaltensdimensionen im SDQ sehr offen und allgemein formuliert werden und zum Teil nur aus einzelnen Eigenschaftswörtern (e.g. Item 1: „Rücksichtsvoll") bestehen, wobei die betreffende Eigenschaft für den entsprechenden Schüler als nicht, teilweise oder eindeutig zutreffend eingestuft werden soll. Diese freie Formulierung führt offenbar dazu, dass die einschätzenden Personen sich am ehesten an allgemein gültigen Verhaltensstandards („Ein rücksichtsvoller Mensch verhält sich in einer spezifischen Art und Weise. Erfüllt der einzuschätzende Schüler diese Kriterien?) und nicht an einer sozialen Bezugsnorm (Ist Schüler A rücksichtsvoll im Vergleich zu Schüler B?) orientieren.

6.3.6 Qualität der Lehrer–Schüler–Beziehung aus Sicht der Lehrkräfte in Abhängigkeit der Profession

Im Rahmen der vorliegenden Arbeit konnte belegt werden, dass bei der Beziehungsgestaltung der Klassenlehrer im Gemeinsamen Unterricht zu den integrativ beschulten Kindern kein Stigmatisierungseffekt verifiziert werden konnte. Die Näheausprägung zu den GU-Kindern wurde von den Klassenlehrern und den Sonderpädagogen identisch beurteilt, so dass nicht von einem spezifischen Bias der Klassenlehrer in der Beziehungsgestaltung zu den Integrationsschülern gesprochen werden kann. Allerdings lässt sich zwischen den Sonderpädagogen und den Klassenlehrern ein hochsignifikanter Unterschied in der Ausprägung der Nähe zu den Regelschülern feststellen. Klassenlehrer beschreiben ihre Beziehung zu den Regelschülern als emotional näher als die Sonderpädagogen. Dieses Ergebnis muss vor dem Hintergrund der Arbeitsschwerpunkte der unterschiedlichen Professionen als verständlich gelten. Die teilnehmenden Sonderpädagogen beschäftigten sich in ihrem schulischen Alltag nahezu ausschließlich mit den integrativ beschulten Förderschülern. Die Förderung fand dabei entweder im Rahmen der Gesamtgruppe innerhalb des Klassenverbandes statt, oder aber in speziellen Förderräumen in Form von Kleingruppen- oder Einzelkontakten. Lediglich an einer der teilnehmenden Schulen, die insgesamt vier Projektkinder betreute, befanden sich sowohl die Grundschul- als auch die Sonderpädagogin durchgängig zeitgleich im Klassenraum und unterrichteten jeweils beide Schülergruppen, ohne einen professionsbezogenen Unterschied zu machen. In den übrigen Fällen unterrichteten und unterstützten die Sonderpädagogen vornehmlich die Integrativkinder, so dass es in insgesamt sechs Fällen gar nicht möglich war, beziehungsbezogene Aussagen zu den Regelschülern zu machen. Zudem wiesen auch einige GU-Lehrer, die die Items der STRS bearbeiteten darauf hin, dass es ihnen deutlich schwer gefallen ist, die Beziehung zu den Regelschülern über einen Fragebogen zu operationalisieren, da der Kontakt zu diesen stark begrenzt ist. Auch der Grad der Konfliktausprägung innerhalb der Lehrerbeziehung zu unterschiedlichen Schülergruppen lässt sich anhand der spezifischen professionsbezogenen Arbeitsschwerpunkte begründen. Da die

Klassenlehrer insgesamt den engsten Kontakt zu beiden Schülergruppen haben und den Sonderpädagogen nur ein bestimmtes förderschwerpunktabhängiges Wochenstundenkontingent für die Unterrichtung der einzelnen GU-Schüler zur Verfügung steht, unterscheiden sich die Einschätzungen beider Fachkräfte erneut in spezifischer Weise. Die beziehungsbezogene Konfliktausprägung wurde von den Klassenlehrern für beide Schülergruppen höher eingestuft als von den Sonderpädagogen. In Bezug auf die integrativ beschulten Förderschüler kann das Ergebnis damit erklärt werden, dass die Klassenlehrer die Förderschüler ausschließlich im Kontext der Gesamtgruppe von im Durchschnitt 22 Schülern erleben und die über die STRS Items abgebildeten beziehungsbezogenen Konfliktthemen wie „Dieser Schüler fordert meine ganze Kraft" oder „Dieser Schüler fühlt sich schnell unfair behandelt" immer dann deutlicher werden, wenn die Ressourcen der Lehrperson auf eine größere Schülergruppe verteilt werden müssen. In der Kleingruppenbetreuung oder in der Einzelförderung im Rahmen der Klassengemeinschaft können Konflikte auf der Beziehungsebene von der sonderpädagogischen Lehrkraft möglicherweise schneller und effizienter reguliert werden, was unter Umständen dazu führt, dass diese als weniger gravierend ausgeprägt erlebt werden. Zudem unterliegt die Zeit, die die GU-Lehrer mit den Integrationskindern verbringen schulrechtlichen Begrenzungen, so dass die Klassenlehrer in einem erhöhten Umfang mit den Integrationskindern in Beziehung treten. Wie bereits erwähnt verbringen die Sonderpädagogen nur wenig Unterrichtszeit mit den Regelschülern und sind während dieser Zeiten auch primär in Kontakt mit den Förderschülern, so dass auch der erlebte beziehungsbezogene Konfliktwert zu dieser Schülergruppe unter dem Wert der Klassenlehrer liegt. Dass die Beziehung zu Förderschülern von beiden Lehrergruppen als konfliktuöser beschrieben wird als die Beziehung zu gleichaltrigen Regelschülern spricht eindeutig gegen eine systematische Stigmatisierung von Förderschülern durch nicht sonderpädagogisch ausgebildete Lehrkräfte und ist der Tatsache geschuldet, dass lernbehinderte Schüler in einem erhöhten Umfang Verhaltensweisen zeigen, die die Lehrperson in stärkerem Maße fordern und einen erhöhten Kraftaufwand von dieser verlangen.

6.4 Methodenkritische Reflektion

Für das Geschichtenergänzungsverfahren, welches in der vorliegenden Arbeit zur Erfassung der Bindungsrepräsentationen der lernbehinderten Schulanfänger eingesetzt wurde soll kritisch vermerkt werden, dass dieses diagnostische Instrument die Erfassung einer generalisierten Bindung ermöglicht und keine Auskunft über personenspezifische Bindungsmuster gibt. Durch diese Generalisierung werden dyadische Interaktionsmuster der Schüler mit ihren Vätern und Müttern nicht erfasst, welche eine differenziertere Analyse zum Einfluss kindlicher Bindungserfahrungen auf die Lehrer-Schüler-Beziehung und das Sozial-verhalten aus einer eher geschlechtsspezifischen Perspektive ermöglichen könn-ten. Zudem ist zu berücksichtigen, dass die Erfassung der Bindung sowie die Auswertung des GEV-B jeweils als sehr zeitintensiv einzustufen sind, so dass die Stichprobengröße bereits aus methodischen Gründen deutlich eingegrenzt werden musste. Ein Vergleich der Stichprobengröße der vorliegenden Untersu-chung mit bisherigen bindungsbezogenen Studien unter Einsatz des GEV-B deu-tet jedoch darauf hin, dass ein Stichprobenumfang von $N = 63$ in einer ange-messenen Relation zum zeitlichen Aufwand steht und als zufriedenstellend betrachtet werden kann.

Zu den Fragebogenverfahren zur Erfassung der Lehrer-Schüler-Beziehung (SRTS) und des Sozialverhaltens aus Lehrersicht (SDQ-Deu) sei bemerkt, dass für diese Erhebungsinstrumente bis dato noch keine deutschen Normen vor-liegen. Die deutsche Version der Student-Teacher-Relationship-Scale (STRS) wurde übersetzt durch eine Forschungsgruppe um Frau Prof. Dr. Lieselotte Ahnert (Universität Wien). Die faktorielle Struktur der STRS konnte in der vorliegenden Arbeit lediglich für zwei der vier Skalen bestätigt werden. Die anschließende Reliabilitätsanalyse ergab zufriedenstellende Alphawerte von .90 für die Skala „Konflikt" und .81 für die Skala „Nähe", womit sich diese als hin-reichend reliabel erwiesen haben.

Bezüglich der Erfassung der wahrgenommenen Schüler-Lehrer Beziehung aus Schülersicht muss darauf hingewiesen werden, dass die Items der Skala „Gefühl des Angenommenseins" des Fragebogens zur Erfassung emotionaler und sozialer Schulerfahrungen von Grundschulkindern erster und zweiter Klas-sen (FEESS 1-2) ein generalisiertes Gefühl der Akzeptanz durch die erwachse-nen Bezugspersonen im Schulkontext abbilden („Meine Lehrer kümmern sich um mich.") und nicht die personenbezogene Beziehung zu einer bestimmten Lehrkraft widerspiegeln. Dadurch könnten möglicherweise spezifische Inter-aktionserfahrungen mit einer bestimmten Lehrkraft nicht hinreichend diffe-renziert und so der Zusammenhang zwischen früher Eltern-Kind-Bindung und aktueller Schüler-Lehrer Beziehung verringert werden. Zudem bieten die bezie-hungsbezogenen Items aufgrund der vorgegebenen Antwortdimensionen dem Schüler wenig Spielraum zu freien und individuellen Beziehungseinschätzungen und verhindern im Falle des doppelten Lehrerbezugssystems im Gemeinsamen Unterricht, mögliche Unterschiede zwischen den Lehrpersonen zu explizieren.

Der projektintern eingesetzte Fragebogen zur Erfassung der sozialen und ökonomischen familiären Situation erfragte das jährliche Haushaltsbruttoein-kommen der teilnehmenden Familien. Der für die späteren statistischen Analy-sen eingesetzte Winkler-Index misst als dritten Teilscore jedoch das monatliche Haushaltsnettoeinkommen, so dass es bei der Unterteilung der Stichprobe in Unter-, Mittel- und Oberschichtfamilien ggf. zu leichten Abweichungen gekom-men sein könnte.

In Bezug auf die statistische Auswertung der Ergebnisse wurde im Kapitel „Statistische Auswertungsverfahren" beschrieben, dass trotz multipler Testungen in einer gelichbleibenden Stichprobe, die α-Werte nicht mittels der Bonferroni-Korrektur adjustiert wurden. Es muss daher kritisch reflektiert werden, dass es potentiell möglich ist, dass einige signifikante Ergebnisse lediglich „statistische Artefakte" darstellen, welche aufgrund der Anzahl statistischer Berechnungen fälschlicherweise entstanden sind. Die Ergebnisse der vorliegenden Arbeit sollten daher in Folgestudien repliziert werden.

6.5 Praktische Implikationen

Die im Rahmen der vorliegenden Studie zum Themenkomplex „Bindung und Lernbehinderung" gewonnen Daten zeigen an, dass die bisher beschriebenen beziehungsorientierten Interventionen (Julius, 2002) nicht nur verhaltensgestörte Kinder fokussieren, sondern auch Einzug in die Lernbehindertenpädagogik halten sollten. Schüler im Förderschwerpunkt Lernen sind offenbar einem erhöhten Risiko ausgesetzt, hochunsichere Bindungen zu etablieren und stellen demnach eine bindungsbezogene Risikogruppe dar. Zahlreiche Untersuchungen zu Kontinuität und Diskontinuität von Bindung im Lebenslauf legen nahe, dass es generell möglich ist, unsichere Bindungsqualitäten positiv zu beeinflussen. Im schulischen Kontext kommt dabei besonders der von Bowlby (1983) beschriebenen Möglichkeit, unsichere Bindungsmuster durch neue, korrigierende Bindungserfahrungen zu verändern, eine entscheidende Rolle zu. Schüler mit unsicheren oder hochunsicheren Bindungsrepräsentationen können über neue Beziehungserfahrungen mit ihren Lehrkräften ihre unsicheren in sichere Bindungsmuster transformieren (sog. „earned secures"; Main, 1995). Schüler mit förderungsbedürftigen Beeinträchtigungen auf der Lern- und Leistungsebene sind in besonderem Maße auf förderliche Beziehungen und sichere Bindungen angewiesen, da solche tragenden Beziehungsstrukturen und Unterstützungssysteme besonders bei sog. high-risk Schülern entscheidend zum Schulerfolg beitragen (Bergin & Bergin, 2009): „In this era of accountability, enhancing teacher–student relationships is not merely an add-on, but rather is fundamental to raising achievement. Understanding the role of attachment in the classroom will help educators be more effective, particularly with challenging students." (S. 141). Die Ergebnisse der vorliegenden Forschungsarbeit belegen die Notwendigkeit, das „Primat der Beziehung" (Hillenbrand, 1999, 213) auch für die Sonderpädagogik des Lernens geltend zu machen, um verbesserte Voraussetzungen für eine erfolgreiche Auseinandersetzung des Schülers mit dem Lerngegenstand zu schaffen. Sonderpädagogische Lehrkräfte im Förderschwerpunkt Lernen sollten über ein ausreichend profundes bindungstheoretisches Wissen verfügen, um die zum Teil ablehnenden oder ambivalenten Verhaltensweisen ihrer Schüler besser einordnen zu können und diese Muster durch geeignete bindungsorientierte Diskontinuitätserfahrungen zu modifizieren und auf diese Wiese das Zusammenarbeiten in der Klasse zu erleichtern. Bindungsbezogene Trainingsangebote für Lehrer könnten Kenntnisse auf theoretischer Ebene vermitteln und praktisch in Form von Feinfühligkeitstrainings die Wahrnehmung schulen und feinfühlige Verhaltensweisen einüben. Idealerweise sollten Elemente der Selbsterfahrung in die Trainings eingebaut werden, um eigene affektive Anteile und daraus abgeleitete Reaktionsweisen besser verstehen und steuern zu können. Eine stabile Lehrer-Schüler Beziehung, die durch gegenseitigen Respekt und feinfühlige Unterstützung von Seiten der Lehrkraft gekennzeichnet ist erleichtert nicht nur den lernbehinderten Kindern, sondern auch den Lehrkräften selbst die tägliche Zusammenarbeit. Bei allem theoretischen und praktischen Wissen sei abschließend mit Schleiffer (2005) darauf hingewiesen, dass Lehrkräfte ihre eigenen Ressourcen und Einflussmöglichkeiten realistisch einschätzen sollten. Sollten diese merken, dass die Rolle einer alternativen Bindungsfigur mit den dazugehörigen Anforderungen einer gelingenden Wissensvermittlung im Wege steht oder die eigenen psychischen Kapazitäten überschreitet, so ist ggf. eine therapeutische Intervention für den betreffenden Schüler das Mittel der Wahl. Für ein gelingendes Zusammenspiel pädagogisch-edukativer und psychologisch-psychotherapeutischer Bemühungen muss dem Zusammenschluss von Förderschulen mit außerschulischen Einrichtungen der Kinder- und Jugendhilfe bzw. der Kinder- und Jugendlichen-Psychotherapie zu förderungsbezogenen Kompetenzzentren eine besondere Bedeutung beigemessen werden.

Ferner sollte im Blick behalten werden, dass die zumeist problematischen sozioökonomischen Lebenslagen, im Kontext derer Kinder im Förderschwerpunkt Lernen oftmals groß werden, offenbar dazu beitragen, dass dem späteren „Bildungsversagen" bereits häufig ein „Bindungsversagen" vorausgeht. Das Strukturproblem Armut sollte daher nicht als Verursachungsvariable eines geringen Bindungs- und Bildungserfolges außer Acht gelassen, in nachfolgenden Forschungsarbeiten weiter untersucht und in politischen Bezügen entsprechend bearbeitet werden, um eine größere Chancengleichheit im Bildungssystem zu gewährleisten.

6.6 Ausblick

Die Frage, ob lernbehinderte Schulanfänger häufiger hochunsichere generalisierte Bindungsrepräsentationen aufweisen als Regelschüler derselben Altersgruppe konte in der vorliegenden Arbeit bestätigt werden. Allerdings stellt der Stichprobenumfang der Untersuchungsstichprobe eine Beschränkung dar und kann nur bedingt als repräsentativ gelten. Die Erforschung der Bindungsmodelle lernbehinderter Förderschüler und deren Einfluss auf nachfolgende Beziehungen erfordern demnach weitere Studien, die eine kausale Interpretation zulassen.

Darüber hinaus sollte in künftigen Forschungsprojekten über die modifizierte Darbietung des GEV-B zunächst zu unterschiedlichen Zeitpunkten die Beziehung zu Vater und Mutter erfasst werden sowie an einem weiteren Termin die personenunabhängige Erfassung der Bindung erfolgen, um Kenntnis darüber zu erlangen, ob in den Geschichtenergänzungen personenspezifische Repräsentationen der jeweiligen Beziehungsdyaden abgerufen werden oder eher ein generalisiertes, personenunspezifisches Modell von Bindung aktiviert wird.

Die vorliegenden Ergebnisse bestätigen einen Zusammenhang zwischen der Qualität von Bindung und der aus Lehrersicht erlebten Qualität der Beziehung zu ihren Schülern. Die Beziehung zu sicher gebundenen Förderschülern wird von den teilnehmenden Lehrkräften gegenüber der Beziehung zu Schülern mit einer unsicheren Bindungsrepräsentation als emotional näher und weniger konfliktbehaftet beschrieben. Zudem konnte ein Zusammenhang zwischen der Bindungsqualität und der Ausprägung von Sozial- und Problemverhaltensweisen bei lernbehinderten Schulanfängern eruiert werden. Sowohl die Qualität der Lehrer-Schüler-Beziehung als auch das Ausmaß an Problemverhalten kann Erziehungs- und Lernprozesse in entscheidender Weise beeinflussen. Weitere Forschungsarbeiten sollten aufgrund dessen auch eine längsschnittliche Betrachtung von familiärer Bindung und außerfamiliären Beziehungen gewährleisten, um zu erfassen, in welcher Art und Weise sich eine unsichere Bindung und eine negative, konflikthafte Lehrer-Schüler-Beziehung langfristig auf die Lern- und Leistungsbereitschaft von Förderschülern auswirken. Unter diesem Aspekt sollten insbesondere die gegenüber anderen Schulformen deutlich erhöhten Fehlquoten von Schülern an Förderschulen mit dem Schwerpunkt Lernen fokussiert werden (vgl. Ricking, 2003; Schulze, Ricking & Wittrock, 2000). Bisherige Forschungsergebnisse weisen darauf hin, dass in Schulen mit niedriger Schulschwänzerquote die Beziehung von Schülern zu ihren Eltern als enger erlebt wird (Bos, Ruijters & Visscher, 1992). Es sollte erforscht werden, ob Schulabsentismus bei Förderschülern mit dem verstärkten Auftreten (hoch)unsicherer Bindungen und in Folge dessen mit problematischen Lehrer-Schüler-Beziehungen in Verbindung gebracht werden kann und die Schulvermeidung im Sinne einer Beziehungsvermeidung zu verstehen ist, wie dies von Schulze (2003) vermutet wird: „Das Phänomen Schulschwänzen in Verbindung mit Verwahrlosung und dissozialen externalisierenden Verhaltensstörungen, kann – bindungstheoretisch betrachtet auf eine psychiatrische Problemstellung hinweisen, auf unzureichende oder problematische Bindungserfahrungen in der frühen Kindheit" (S. 41). Zukünftige Forschungsarbeiten sollten sich demnach mit einem möglichen Zusammenhang zwischen Bindungsqualität und Beziehungsverhalten von Förderschülern und schulverweigernden Verhaltensweisen befassen. Früh einsetzende, beziehungsfokussierte reintegrierende Schulmaßnahmen (vgl. Oehme, 2000) können bei Schülern mit unsicheren Bindungsmodellen unter Umständen einer vollständigen Beziehungs- und Schulverweigerung effektiv vorbeugen.

7. Literatur

Aber, J. L. & Allen, J. P. (1987). Effects of Maltreatment on Young Children's So-cioemotional Development: An Attachment Theory Perspective. *Developmental Psychology, 23* (3), 406-414.

Achenbach, T. M. (1991a). *Manual for the Child Behavior Checklist/4-18 and 1991 Profile*. Burlington: University of Vermont Department of Psychiatry.

Achenbach, T. M. (1991b). *Manual for the Teacher's Report Form and 1991 Profile*. Burlington: University of Vermont Department of Psychiatry.

Achenbach, T. M. (1991c). *Manual for the Youth Self Report*. Burlington: University of Vermont Department of Psychiatry.

Achenbach, T. M., McConaughy, S., H., & Howell, C. T. (1987). Child/adolescent behavioral and emotional problems: implications of cross-informant correlations for situational specificity. *Psychological Bulletin, 101* (2), 213-232.

Ahnert, L. (2009). Bindungsentwicklung im Spannungsfeld von Familie und öffentli-cher Betreuung. In K. H. Brisch & T. Hellbrügge (Hrsg.), *Wege zu sicheren Bin-dungen in Familie und Gesellschaft. Prävention, Begleitung, Beratung und Psy-chotherapie* (S. 79-93). Stuttgart: Klett-Cotta.

Ahnert, L. & Harwardt, E. (2008). Die Beziehungserfahrungen der Vorschulzeit und ihre Bedeutung für den Schuleintritt. *Empirische Pädagogik, 22* (2), 145-159.

Ahnert, L., Pinquart, M. & Lamb, M. E. (2006). Security of Children's Relationships with Nonparental Care Providers: A Meta-Analysis. *Child Development, 74* (3), 664-679.

Ahrbeck, B., Bleidick, U. & Schuck, K. D. (1997). 19. Kapitel: Pädagogisch-psycho-logische Modelle der inneren und äußeren Differenzierung für lernbehinderte Schüler. In F. E. Weinert (Hrsg.), *Psychologie des Unterrichts und der Schule* (S. 739-771). Göttingen: Hogrefe.

Ainsworth, M. D. S. (1969). Object relations, dependency and attachment: A the-oretical review of the infant-mother relationship. *Child Development, 40,* 969-1025.

Ainsworth, M. D. S. (1977). Skalen zur Erfassung mütterlichen Verhaltens: Fein-fühligkeit versus Unempfindlichkeit gegenüber den Signalen des Babys. In K. E. Grossmann (Hrsg.), *Entwicklung der Lernfähigkeit in der sozialen Umwelt.* (S. 96-107). München: Kindler.

Ainsworth, M. D. S. (1985). Patterns of infant-mother attachments: Antecedents and effects on development. *Bulletin of the Ney York Academy of Medicine, 61* (9), 771-791.

Ainsworth, M. D. S. & Wittig, B. (1969). Attachment and exploratory behavior of one-year-olds in a strange situation. In B. Foss (Ed.), *Determinants of Infant Be-havior*, Vol. 4 (pp. 111-136). London: Methuen.

Al-Yagon, M. & Mikulincer, M. (2004). Patterns of Close Relationships and Socio-emotional and Academic Adjustment among School-Age Children with Learning Disabilities. *Learning Disabilities Research & Practice, 19* (1), 12-19.

Asendorpf, J. & van Aken, M. A. G. (1993). Deutsche Version der Selbstkonzeptska-len von Harter. *Zeitschrift für Entwicklungspsychologie und Pädagogische Psycho-logie, 25,* 64-86.

Bach, H. (1985). Grundbegriffe der Behindertenpädagogik. In U. Bleidick (Hrsg.), *Theorie der Behindertenpädagogik. Handbuch der Sonderpädagogik. Band 1* (S. 3-24). Berlin: Marhold.

Bach, H. (1999). *Grundlagen der Sonderpädagogik*. Bern, Stuttgart, Wien: Haupt.

Barkley, R. A. (1997). *Defiant children: a clinician's manual for assessment and parent training*. New York: Guilford.

Bauminger, N. & Kimhi-Kind, I. (2008). Social Information Processing, Security of Attachment, and Emotion Regulation in Children with Learning Disabilities. *Journal of Learning Disabilities, 41* (4), 315-332.

Becker-Stoll, F.; Niesel, R.; Wertfein, M. (2009). *Handbuch Kinder in den ersten drei Lebensjahren. Theorie und Praxis für die Tagesbetreuung*. Freiburg im Breisgau: Herder.

Begemann, E. (1970). *Die Erziehung der sozio-kulturell benachteiligten Schüler*. Hannover: Schroedel.

Begley, S. (1998). Formung des kindlichen Gehirns. *frühe Kindheit*, 24-27.

Bellenberg, G. (1999). *Individuelle Schullaufbahnen. Eine empirische Untersuchung über Bildungsverläufe von der Einschulung bis zum Abschluss*. Weinheim & München: Juventa.

Benkmann, R. (1998). Soziale Konstruktion gravierender Lernschwierigkeiten und sonderpädagogische Förderung. *Zeitschrift für Heilpädagogik, 49*, 482-489.

Benkmann, R. (2007). Das interaktionstheoretische Paradigma. In J. Walter & F. B. Wember (Hrgs.), *Sonderpädagogik des Lernens*. (S. 81-92). Göttingen: Hogrefe.

Bergin, C. & Bergin, D. (2009). Attachment in the classroom. *Educational Psychology Review, 21*, 141–170.

Berlin, L. J. & Cassidy, J. (1999). Relations among Relationships. Contributions from attchment theory and research. In J. Cassidy & P. R. Shaver (Eds.), *Handbook of Attachment. Theory, Research, and Clinical Applications* (pp. 688-712). New York, London: The Guilford Press.

Berlin, L. J., Cassidy, J. & Appleyard, K (2008). The influence of early attachments on other relationships. In J. Cassidy & P. R. Shaver (Eds.), *Handbook of Attachment: Theory, Research, and Clinical Applications* (pp. 333-347). New York, London: The Guilford Press.

Bernstein, B. (1981). *Studien zur sprachlichen Sozialisation*. Frankfurt am Main: Ullstein.

Bittner, G. (1996). *Kinder in die Welt, die Welt in die Kinder setzen. Eine Einführung in die pädagogische Aufgabe*. Stuttgart, Mainz, Köln: Kohlhammer.

Blehar, M. C., Lieberman, A. F. & Ainsworth, M. D. S. (1977). Early Face-to-Face Interaction and its Relation to Later Infant-Mother Attachment. *Child Development, 48*, 182-194.

Bleidick, U. (1977). Pädagogische Theorien der Behinderung und ihre Verknüpfung. *Zeitschrift für Heilpädagogik, 28* (4), 207-229.

Bleidick, U. (1980). Lernbehinderte gibt es eigentlich gar nicht. Oder: Wie man das Kind mit dem Bade ausschüttet. *Zeitschrift für Heilpädagogik, 31* (2), 127-143.

Bleidick, U. (1995). Lernbehindertenpädagogik. In U. Bleidick u.a. (Hrsg.), *Einführung in die Behindertenpädagogik II* (S. 106-131). Stuttgart: Kohlhammer.

Bleidick, U. (1998). Lernbehindertenpädagogik. In U. Bleidick, U. Hagemeister & W. Rath (Hrsg.), *Einführung in die Behindertenpädagogik Band 2*. (S. 106-131). Stuttgart: Kohlhammer.

Bless, G. (2007). *Zur Wirksamkeit der Integration. Forschungsüberblick, praktische Umsetzung einer integrativen Schulform, Untersuchungen zum Lernfortschritt* (3. Aufl.). Bern, Stuttgart, Wien: Haupt.

Bock, J.; Helmeke, C.; Ovtscharoff jr., W.; Gruß, M.; Braun, K. (2003). Frühkindliche emotionale Erfahrungen beeinflussen die funktionelle Entwicklung des Gehirns. *Neuroforum, 2*, 15-20.

Bombèr, L. M. (2007). *Inside I'm hurting. Practical strategies for supporting children with attachment difficulties in schools.* London: Worth Publishing.

Borchert, J. (2000). Lehrer-Schüler-Interaktionen. In J. Borchert (Hrsg.), *Handbuch der sonderpädagogischen Psychologie* (S. 353-364). Göttingen: Hogrefe.

Bos, K. T., Ruijters, A. M., Visscher, A. J. (n.d.). Absenteeism in Secondary Education. *Britsih Educational Research Journal, 18*, 381-395.

Bower, G. H. (1981). Mood and Memory. *American Psychologist, 36*, 129-148.

Bowlby, J. (1976). *Trennung.* München: Kindler.

Bowlby, J. (1982). *Das Glück und die Trauer. Herstellung und Lösung affektiver Bindungen.* Stuttgart: Klett-Cotta.

Bowlby, J. (1983). *Verlust, Trauer und Depression.* Frankfurt am Main: Fischer.

Bowlby, J. (1986). *Bindung. Eine Analyse der Mutter-Kind-Beziehung,* 3. Auflage, Frankfurt am Main: Fischer.

Bowlby, J. (2008). *Bindung als sichere Basis: Grundlagen und Anwendung der Bindungstheorie.* München: Reinhardt.

Braun, A. K. (2001). Die Bedeutung der Umwelt für die Entwicklung des kindlichen Gehirns. *frühe Kindheit, 4*, 22-25.

Braun, A. K.; Bock, J.; Gruss, M.; Helmeke, C.; Ovtscharoff jr, W.; Schnabel, R.; Ziabreva, I.; Poeggel, G. (2002). Frühe emotionale Erfahrungen und ihre Relevanz für die Entstehung und Therapie psychischer Erkrankungen. In B. Strauß, A. Buchheim & H. Kächele (Hrsg.), *Klinische Bindungsforschung. Theorien-Methoden-Ergebnisse* (S. 121-128). Stuttgart: Schattauer.

Bretheton, I. (1985). Attachment theory: Retrospect and prospect. In I. Bretherton & E. Waters, (Eds.) Growing points of attachment theory and research. *Monographs of the Society for Research in Child Development, 50*, 3-35.

Bretherton, I. & Munholland, K. A. (1999). Internal working models in attachment relationships. A construct revisited. In J. Cassidy & P. R. Shaver (Eds.), *Handbook of Attachment. Theory, Research, and Clinical Applications* (pp. 89-111). New York: The Guilford Press.

Bretherton, I. & Munholland, K. A. (2008). Internal Working Models in Attachment Relationships. Elaborating a Central Construct in Attachment Theory. In J. Cassidy & P. R. Shaver (Eds.), *Handbook of Attachment. Theory, Research, and Clinical Applications* 2. Auflage, (pp. 102-127). New York: The Guilford Press.

Bretherton, I. & Oppenheim, D. (2003). The MacArthur Story Stem Battery: Development, administration, reliability, validity, and reflections about meaning. In R. N. Emde, D. Oppenheim & D. Wolf (Eds), *Revealing the inner worlds of young children: The MacArthur Story Stem Battery and parent-child narratives* (pp. 55-80). Oxford, NY: Oxford University Press.

Bretherton, I. & Ridgeway, D. (1990b). Appendix: Story completion task to assess young children's internal working models of child and parents in the attachment relationship. In M. T. Greenberg, D. Cicchetti & E. Cummings (Eds), *Attachment in the preschool years: Theory, research, and intervention* (pp. 300-306). Chicago: University of Chicago Press.

Bretherton, I., Ridgeway, D. & Cassidy, J. (1990a). Assessing working models of the attachment relationship. An Attachment Story Completion Task for 3-years-olds. In M. T. Greenberg, D. Cicchetti, & E. M. Cummings (Eds), *Attachment in the preschool years. Theory, research and intervention.* (pp. 273-310). Chicago: University of Chicago Press.

Bretheron, I. & Waters, E. (Eds.). (1985). Growing points in attachment theory and research. *Monographs of the Society for Research in Child Development.*

Brisch, K. H. (2004). Der Einfluss von traumatischen Erfahrungen auf die Neurobiologie und die Entstehung von Bindungsstörungen. *Zeitschrift für Psychotraumatologie und Psychologische Medizin,* 2. Jg. (1), 29-44.

Carew, J. V., Chan, I. & Halfar Ch. (1976). *Observing intelligence in young children.* Englewood Cliffs: Prentice Hall.

Cassidy, J. (1988). Child-Mother Attachment and the Self in Six-Year-Olds. *Child Development, 59* (1), 121-134.

Ciompi, L. (1997). *Die emotionalen Grundlagen des Denkens.* Göttingen: Vandenhoeck & Ruprecht.

Cloerkes, G. (1997). *Soziologie der Behinderten. Eine Einführung.* Heidelberg: Edition Schindele.

Corak, M., Fertig, M. & Tamm, M. (2005). *A Portrait of Child Poverty in Germany. RWI: Discussion papers No.26.* Essen.

Crittenden, P. M. & Claussen, A. H. (2000). *The organization of attachment relationships: Maturation, culture, and context.* New York: Cambridge University Press.

Crowell, J.A., Fraley, R. C. & Shaver, P.R. (1999). Measurement of individual differences in adolescent and adult attachment. In J. Cassidy & P. R. Shaver (Eds.), *Handbook of Attachment: Theory, Research and Clinical Applications* (pp. 434-465). New York: The Guilford Press.

Daudert, E. (2001). *Selbstreflexivität, Bindung und Psychopathologie.* Hamburg: Verlag Dr. Kovac.

Denham, S., Mason, T., Caverly, S., Schmidt, M., Hackney, R., Caswell, C. & DeMulder, E. (2001). Preschoolers at play: Co-socialisers of emotional and social competence. *International Journal of Behavioral Development, 25* (4), 290-301.

Diefenbach, H. (2010). *Kinder und Jugendliche aus Migrantenfamilien im deutschen Bildungssystem. Erklärungen und empirische Befunde.* (3. Auflage). Wiesbaden: VS Verlag für Sozialwissenschaften.

Dornes, M. (2000). Die Eltern der Bindungstheorie: Biographisches zu John Bowlby und Mary Ainsworth. In M. Endres & S. Hauser (Hrsg.), *Bindungstheorie in der Psychotherapie* (S. 18-38). München: Reinhardt.

Drave, W., Rumpler, F., & Wachtel, P. (Hrsg.). (2000). *Empfehlungen zur sonderpädagogischen Förderung. Allgemeine Grundlagen und Förderschwerpunkte (KMK).* Würzburg: Edition Bentheim.

Dupuis, G. & Kerkhoff, W. (Hrsg.). (1992). *Enzyklopädie der Sonderpädagogik, der Heilpädagogik und ihrer Nachbargebiete.* Berlin: Marhold.

Eberwein, H. (1996a). Lernbehinderung – Faktum oder Konstrukt? Zum Begriff sowie zu Ursachen und Erscheinungsformen von Lern-Behinderung. In H. Eberwein (Hrsg.), *Handbuch Lernen und Lern-Behinderungen. Aneignungsprobleme – Neues Verständnis von Lernen – Integrationspädagogische Lösungsansätze* (S. 33-55). Weinheim und Basel: Beltz.

Eberwein, H. (1996b). Konsequenzen der lernbehinderten-pädagogischen Begriffsbildung für die Diagnostik, Didaktik und Schule für Lernbehinderte. In H. Eberwein (Hrsg.), *Handbuch Lernen und Lern-Behinderungen. Aneignungsprobleme – Neues Verständnis von Lernen – Integrationspädagogische Lösungsansätze* (S. 56-73). Weinheim und Basel: Beltz.

Eberwein, H. (1997). Lernbehinderung- Faktum oder Konstrukt? *Zeitschrift für Heilpädagogik, 48* (1), 14-23.

Egeland, B. (2002). Ergebnisse einer Langzeitstudie an Hoch-Risiko-Familien. Implikationen für Prävention und Intervention. In K. H. Brisch, K. E. Grossmann, K. Grossmann & L. Köhler (Hrsg.), *Bindung und seelische Entwicklungswege.*

Grundlagen, Prävention und klinische Praxis (S. 305-324). Stuttgart: Klett-Cotta.

Egeland, B. & Farber, E. A. (1984). Infant-mother attachment: Factors related to its developmetn and changes over time. *Child Development, 55,* 753-771.

Egeland, B. & Sroufe, L. A. (1981). Attachment and early maltreatment. *Child Development, 52,* 44-52.

Erickson, M. F. & Egeland, B. (2006). *Die Stärkung der Eltern-Kind-Bindung. Frühe Hilfen für die Arbeit mit Eltern von der Schwangerschaft bis zum zweiten Lebensjahr des Kindes durch das STEEP-Programm.* Stuttgart: Klett-Cotta.

Erickson, M. F. & Pianta, R. C. (1989). New lunchbox, old feelings: What kids bring to school. *Early Education and Development, 1* (1), 35-49.

Erickson, M. F., Sroufe, L. A. & Egeland, B. (1985). The relationship between quality of attachment and behaviour problems in pre-school in a high-risk sample. In I. Bretherton & E. Waters (Eds.) *Growing points of attachment theory and research. Monographs of the Society for Research in Child Development, 50,* 147-165.

Erikson, E. H. (1973). *Identität und Lebenszyklus.* Frankfurt am Main: Suhrkamp.

Falkner, A. (2007). *Bindung, Selbstkonzept und Erziehung im Vorschulalter: Eine Zusammenhangsanalyse beim Kernfamilienmodell.* Magedeburg: http://diglib.uni-magdeburg.de/Dissertationen/2007/annfalkner.pdf (07.01.2011).

Finzi, R., Har-Even, D., Weizman, A., Tyano, S. & Shnit, D. (1996). The adaptation of attachment styles questionnaire for latency-aged children. *Psychologia: Israel Journal of Psychology, 5* (2), 167-177.

Fraley, R. C. (2002). Attachment Stability from infancy to adulthood: Meta-Analysis and dynamic modeling of developmental mechanisms. *Personality and Social Psychology Review, 6* (2), 123-151.

Gasteiger Klicpera, B., Klicpera, C. & Hippler, K. (2001a). Soziale Anpassungsschwierigkeiten bei lernbehinderten Schülern und Schülern mit speziellen Lernbeeinträchtigungen – Eine Literaturübersicht. I. Der Beitrag sozial-kognitiver und kommunikativer Kompetenzen. *Heilpädagogische Forschung, 27* (2), 72-87.

Gasteiger Klicpera, B., Klicpera, Ch. & Hippler, K. (2001b). Soziale Anpassungsschwierigkeiten bei lernbehinderten Schülern und Schülern mit speziellen Lernbeeinträchtigungen – Eine Literaturübersicht. II. Identifikation von Untergruppen mit besonderen Problemen in der sozialen Auffassung. *Heilpädagogische Forschung, 27* (3), 124-134.

Gebauer, K. & Hüther, G. (2004). *Kinder brauchen Vertrauen. Erfolgreiches Lernen durch starke Beziehungen.* Düsseldorf und Zürich: Walter .

Geddes, H. (2006). *Attachment in the classroom. The links between children's early experience, emotional well-being and performance in school.* London: Worth Publishing.

Geddes, H. (2009). Bindung, Verhalten und Lernen. In K. H. Brisch & T. Hellbrügge (Hrsg.), *Wege zu sicheren Bindungen in Familie und Gesellschaft. Prävention, Begleitung, Beratung und Psychotherapie* (S. 170-187). Stuttgart: Klett-Cotta.

George, C. & Solomon, J. (1999). Attachment and Caregiving. The Caregiving Behavioral System. In J. Cassidy & P. R. Shaver (Eds), *Handbook of Attachment* (pp. 649-670). New York: The Guilford Press.

Gloger-Tippelt, G. (Hrsg.). (2001). *Bindung im Erwachsenenalter. Ein Handbuch für Forschung und Praxis.* Bern: Huber.

Gloger-Tippelt, G. (2003). Die Bedeutung der Bindung für die Persönlichkeitsentwicklung. In W. Schneider & M. Knopf (Hrsg.), *Entwicklung, Lehren und Lernen* (S. 53-73). Göttingen: Hogrefe.

Gloger-Tippelt, G. (2004). Individuelle Unterschiede in der Bindung und Möglichkeiten ihrer Erhebung bei Kindern. In L. Ahnert (Hrsg.), *Frühe Bindung. Entstehung und Entwicklung.* (S. 82-109). München Basel: Ernst Reinhardt Verlag.

Gloger-Tippelt, G. & König, L. (2008). *Geschichtenergänzungsverfahren zur Bindung
(GEV-B) für 5- bis 8-jährige Kinder. Manual zur Durchführung und Auswertung.* Düsseldorf: unveröffentlichtes Manuskript.

Gloger-Tippelt, G. & König, L. (2009). *Bindung in der mittleren Kindheit. Das Geschichtenergänzungsverfahren zur Bindung 5- bis 8-jähriger Kinder (GEV-B).*
Weinheim: Beltz.

Gloger-Tippelt, G.; König, L. & Kappler, G. (2009). Narratives of attachment in
children from clinical and non-clinical samples – distributions of attachment
groups and gender-specific effects. *Beitrag auf der International Attachment
Conference.* Barcelona.

Gloger-Tippelt, G.; König, L.; Zweyer, K. & Lahl, O. (2007). Bindung und Problemverhalten bei fünf und sechs Jahre alten Kindern. *Kindheit und Entwicklung,
16* (4), 209-219.

Gloger-Tippelt, G., Vetter, J. & Rauh, H. (2000). Untersuchungen mit der „Fremden
Situation" in deutschsprachigen Ländern: Ein Überblick. *Psychologie in Erziehung und Unterricht, 47,* 87-98.

Goldwyn, R., Stanley, C., Schmith, V. & Green, J. (2000). The Manchester Child
Attachment Story Task: relationship with parental AAI, SAT and child behaviour. *Attachment & Human Development, 2* (1), 71–84.

Gomolla, M. & Radtke, F.- O. (2002). *Institutionelle Diskriminierung. Die Herstellung ethnischer Differenz in der Schule.* Opladen: Leske und Budrich.

Goodman, R. (1997). The Strengths and Difficulties Questionnaire: A Research
Note. *Journal of Child Psychology and Psychiatry, 38* (5), 581-586.

Goodman, R. (1999). The extended version of the Strengths and Difficulties Questionnaire as a guide to child psychiatric caseness and consequent burden. *Journal
of Child Psychology and Psychiatry, 40* (5), 791-799.

Goodman, R. (2001). Psychometric porperties of the Strengths and Difficulties
Questionnaire (SDQ). *Journal of the American Academy of Child and Adolescent Psychiatry, 40,* 1337-1345.

Goossens, F. A. & van IJzendoorn, M. H. (1990). Quality of Infant's Attachments
to Professional Caregivers: Relation to Infant-Parent Attachment and Day-Care
Characteristics. *Child Development, 61,* 832-837.

Göppel, R. (2007). *Lehrer, Schüler und Konflikte.* Bad Heilbrunn: Klinkhardt.

Granot, D. & Mayseless, O. (2001). Attachment Security and Adjustment to School
in Middle Childhood. *International Journal of Behavioral Development, 25* (6),
530-541.

Green, J., Stanley, C., Smith, V. & Goldwyn, R. (2000). A new method of evaluating
attachment representations in young school-age children: The Manchester Child
Attachment Story Task. *Attachment and Human Development, 2 (1),* 48-70.

Grossmann, K. E. (1977). Frühe Entwicklung der Lernfähigkeit in der Sozialen Umwelt. In K. E. Grossmann (Hrsg.), *Entwicklung der Lernfähigkeit in der sozialen
Umwelt* (S. 145-183). München: Kindler.

Grossmann, K. E. & Grossmann, K. (2006). Bindung und Bildung. Über das Zusammenspiel von psychischer Sicherheit und kulturellem Lernen. *frühe Kindheit,*
10-17.

Grossmann, K. E. & Grossmann, K. (2009). Fünfzig Jahre Bindungstheorie: Der lange
Weg der Bindungsforschung zu neuem Wissen über klinische und praktische Anwendungen. In K. H. Brisch & T. Hellbrügge (Hrsg.), *Wege zu sicheren Bindun-*

gen in Familie und Gesellschaft. Prävention, Begleitung, Beratung und Psychotherapie. (S. 12-51). Stuttgart: Klett-Cotta.

Grossmann, K. & Grossmann, K. E. (2008a). *Bindungen. Das Gefüge psychischer Sicherheit.* Stuttgart: Klett-Cotta.

Grossmann, K. E., Grossmann, K., Becker-Stoll, F., Maier, M., Scheuerer-Englisch, H., Schieche, M., Stöcker, K., Suess, G. J., Wensauer, M. & Zimmermann, P. (2003b). Internalisierung unterschiedlicher kindlicher Bindungserfahrungen und ihre klinische Relevanz. In H. Keller (Hrsg.), *Handbuch der Kleinkindforschung, 3. Auflage* (S. 1153-1194). Bern: Verlag Hans Huber.

Grossmann, K. E.; Grossmann, K.; Kindler, H.; Scheuerer-Englisch, H.; Spangler, G.; Stöcker, K.; Suess, G. J.; & Zimmernmann, P. (2003a). Die Bindungstheorie: Modell, entwicklungspsychologische Forschung und Ergebnisse. In H. Keller (Hrsg.), *Handbuch der Kleinkindforschung*, 3. Auflage (S. 223-283). Bern: Verlag Hans Huber.

Grossmann, K.; Grossmann, K. E.; Kindler, H. & Zimmermann, P. (2008b). A Wider View of Attachment and Exploration. The Influence of Mothers and Fathers on the Development of Psychological Security from Infancy to Young Adulthood. In J. Cassidy & P. R. Shaver (Eds), *Handbook of Attachment.Theory, Research, and Clinical Applications.* (pp. 857-879). New York: The Guilford Press.

Grossmann, K., Grossmann, K. E., Spangler, G., Suess, G. J. & Unzner, L. (1985). Maternal Sensitivity and Newborns Orientation Responses as Related to Quality of Attachment in Northern Germany. *Monographs of the Society for Research in Child Development, 50* (1-2), 233-256.

Grossmann, K. E.; Grossmann, K. & Zimmermann, P. (1999). A Wider View of Attachment and Exploration. Stability and Change during the Years of Immaturity. In J. Cassidy & P. R. Shaver (Eds), *Handbook of Attachment. Theory, Research, and Clinical Applications* (pp. 760-786). New York: The Guilford Press.

Grünke, M. (2004). Lernbehinderung. In G. W. Lauth, M. Grünke & J. C. Brunstein (Hrsg.), *Interventionen bei Lernstörungen* (S. 65-77). Göttingen: Hogrefe.

Haeberlin, U., Bless, G., Moser, U. & Klaghofer, R. (2003). *Die Intergration von Lernbehinderten. Versuche, Theorien, Forschungen, Enttäuschungen, Hoffnungen.* (4. Aufl.). Bern, Stuttgart, Wien: Haupt.

Hänsel, D. & Schwager, H.-J. (2004). *Die Sonderschule als Armenschule. Vom gemeinsamen Unterricht zur Sondererziehung nach Braunschweiger Muster.* Bern: Peter Lang.

Hardesty, F. P. & Priester, H. J. (1966). *HAWIK – Hamburg-Wechsler-Intelligenztest für Kinder.* (C. Bondy, Hrsg.) Stuttgart: Verlag Hans Huber.

Harter, S. & Pike, R. (1984). The Pictorial Scale of Perceived Competence and Social Acceptance for Young Children. *Child Development, 55,* 1969-1982.

Hartke, B. & Vrban, R. (2009). *Schwierige Schüler – Was kann ich tun? 49 Handlungsmöglichkeiten bei Verhaltensauffälligkeiten.* Buxtehude: Persen Verlag GmbH.

Hartmann, H. P. (2005). Die Bindungstheorie: wiederentdeckt: Umdenken in der Psychiatrie? In M. Urban & H. P. Hartmann (Hrsg.), *Bindungstheorie in der Psychiatrie* (S. 13-31). Göttingen: Vandenhoeck & Ruprecht.

Hasselhorn, M. & Gold, A. (2006). *Pädagogische Psychologie. Erfolgreiches Lernen und Lehren.* Stuttgart: Kohlhammer.

Helmke, A. (1991). Entwicklung des Fähigkeitsselbstbildes vom Kindergarten bis zur dritten Klasse. In R. Pekrun, & H. Fend (Hrsg.), *Schule und Persönlichkeitsentwicklung (Bd. 11). Der Mensch als soziales und personales Wesen* (S. 83-99). Stuttgart: Enke.

Helmke, A. (1998). Vom Optimisten zum Realisten? Zur Entwicklung des Fähigkeitsselbstkonzeptes vom Kindergarten bis zur 6. Klassenstufe. In E. F. Weinert (Hrsg.), *Entwicklung im Kindesalter* (S. 115-132). Weinheim: Psychologie Verlags Union.

Helsper, W. & Hummrich, M. (2009). Lehrer-Schüler-Beziehung. In K. Lenz & F. Nestmann (Hrsg.), *Handbuch persönliche Beziehungen* (S. 605-630). Weinheim und München: Juventa.

Hesse, E. & Main, M. (2002). Desorganisiertes Bindungsverhalten bei Kleinkindern, Kindern und Erwachsenen. Zusammenbruch von Strategien des Verhaltens und der Aufmerksamkeit. In K. H. Brisch, K. E. Grossmann, K. Grossmann & L. Köhler (Hrsg.), *Bindung und seelische Entwicklungswege. Grundlagen, Prävention und klinische Praxis* (S. 219-248). Stuttgart: Klett-Cotta.

Hillenbrand, C. (1999). *Einführung in die Verhaltensgestörtenpädagogik*. München: Reinhardt.

Howes, C. (1999). Attachment Relationships in the Context of Multiple Caregivers. In J. Cassidy & P. R. Shaver (Eds), *Handbook of Attachment: Theory, research and clinical applications* (pp. 671-687). New York: The Guilford Press.

Howes, C. & Hamilton, C. E. (1992). Children's Relationships with Child Care Teachers: Stability and Concordance with Parental Attachments. *Child Development, 63*, 867-878.

Howes, C. & Matheson, C. C. (1992). Contextual Constraints on the Concordance of Mother-Child and Teacher-Child Relationships. *New Directions For Child Development, 57*, 25-40.

Howes, C. & Ritchie, S. (2002). *A matter of trust. Connecting teachers and learners in the early childhood classroom*. New York: Teachers College Press.

Howes, C. & Spieker, S. (2008). Attachment relationships in the context of multiple caregivers. In J. Cassidy & P. R. Shaver (Eds.), *Handbook of Attachment. Theory, Research, and Clinical Applications* (pp. 317-332). New York, London: The Guilford Press.

Hüther, G. (2001). *Bedienungsanleitung für ein menschliches Gehirn*. Göttingen: Vandenhoeck & Ruprecht.

Jacobsen, T., Edelstein, W. & Hofmann, V. (1994). A longitudinal study of the relation between representations of attachment in childhood and cognitive functioning in childhood and adolescence. *Developmental Psychology, 30* (1), 112-124.

Jacobsen, T. & Hofmann, V. (1997). Children's Attachment Representations: Longitudinal Relations to School Behavior and Academic Competency in Middle Childhood and Adolescence. *Developmental Psychology, 33* (4), 703-710.

Jacobvitz, D., Hazen, N. & Thalhuber, K. (2001). Die Anfänge von Bindungs-Desorganisation in der Kleinkindzeit: Verbindungen zu traumatischen Erfahrungen der Mutter und gegenwärtiger seelisch-geistiger Gesundheit. In G. J. Suess, H. Scheuerer-Englisch, & W.-K. P. Pfeiffer (Hrsg.), *Bindungstheorie und Familiendynamik. Anwendung der Bindungstheorie in Beratung und Therapie* (S. 125-156). Gießen: Psychosozial-Verlag.

Joraschky, P. & Petrowski, K. (2006). Bindungstheorie. In P. L. Janssen, P. Joraschky & W. Tress (Hrsg.), *Leitfaden Psychosomatische Medizin und Psychotherapie* (S. 68-75). Köln: Deutscher Ärzte Verlag.

Julius, H. (2001). Bindungstheoretisch abgeleitete, schulische Interventionen für verhaltensgestörte Kinder. *Heilpädagogische Forschung, 27* (4), 175-188.

Julius, H. (2002). Beziehungsorientierte Interventionen für verhaltensgestörte Kinder. *Erziehung und Unterricht*, 601-617.

Julius, H. (2008). Bindungsgeleitete Prävention. In J. Borchert, B. Hartke, & P. Jogschies (Hrsg.), *Frühe Förderung entwicklungsauffälliger Kinder und Jugendlicher* (S. 248-260). Stuttgart: Kohlhammer.

Kanter, G. O. (1980). Lernbehinderungen und die Personengruppe der Lernbehinderten. In G. O. Kanter & O. Speck (Hrsg.), *Handbuch der Sonderpädagogik. Pädagogik der Lernbehinderten.* Band IV (S. 34-64). Berlin: Marhold.

Kanter, G. O. (2001). Lernbehinderung, Lernbehinderte, Lernbehindertenpädagogik. In G. Antor & U. Bleidick (Hrsg.), *Handlexikon der Behindertenpädagogik. Schlüsselbegriffe aus Theorie und Praxis.* (S. 119-124). Stuttgart: Kohlhammer.

Katzenbach, D. (2006). „Es schnackelt nicht ..." Kontinuität und diskontinuierliche Prozesse beim Lernen und ihre emotionale Bedeutung. In A. Eggert-Schmid Noerr, U. Pforr & H. Voss-Davies (Hrsg.), *Lernen, Lernstörungen und die pädagogische Beziehung* (S. 85-107). Gießen: Psychosozial-Verlag.

Kavale, K. A. & Forness, S. R. (1996). Social Skill Deficits and Learning Disabilities: A Meta-Analysis. *Journal of Learning Disabilities, 29* (3), 226-237.

Kerns, K. A., Aspelmeier, J. A., Gentzler, A. L. & Grabill, C. M. (2001). Parent-child attachment and monitoring in middle childhood. *Journal of Family Psychology, 15,* 69-81.

Kerns, K. A., Klepac, L. & Cole, A. K. (1996). Peer relationships and preadolescents' perceptions of security in the child-mother relationships. *Developmental Psychology, 32,* 457-466.

Klasen, H., Woerner, W., Rothenberger, A. & Goodman, R. (2003). The German version of the Strengths and Difficulties Questionnaire (SDQ-Deu) – Overview over first validation and normative studies. *Praxis der Kinderpsychologie und Kinderpsychiatrie* (52), 491-502.

Klasen, H., Woerner, W., Wolke, D., Meyer, R., Overmeyer, S., Kaschnitz, W., Rothenberger, A. & Goodman, R. (2000). Comparing the German Version of the Strenghts and Difficulties Questionnaire (SDQ-Deu) and the Child Behavior Checklist. *European Child & Adolescent Psychiatry, 9,* 271-276.

Klauer, K. J.; Lauth, G. W. (1997). Lernbehinderungen und Leistungsschwierigkeiten bei Schülern. In F. E. Weinert (Hrsg.), *Enzyklopädie der Psychologie, Themenbereich D, Serie I Pädagogische Psychologie, Psychologie des Unterrichts und der Schule* (S. 701-738). Göttingen: Hogrefe.

Klein, G. (1973). Die soziale Benachteiligung der Lernbehinderten. In G. Heese, & A. Reinartz (Hrsg.), *Aktuelle Probleme der Lernbehindertenpädagogik* (S. 7-21). Berlin: Marhold.

Klein, G. (1996). Soziale Benachteiligung: Zur Aktualität eines verdrängten Begriffs. In G. Opp & F. Peterander (Hrsg.), *Focus Heilpädagogik.* (S. 140-149). München: Reinhardt.

Klein, G. (2001). Sozialer Hintergrund und Schullaufbahn von Lernbehinderten/Förderschülern 1969 und 1997. *Zeitschrift für Heilpädagogik* (2), 51-61.

Kobi, E. E. (1980). *Die Rehabilitation der Lernbehinderten.* München/Basel: E. Reinhardt.

Kobi, E. E. (1993). *Grundfragen der Heilpädagogik. Eine Einführung in heilpädagogisches Denken.* Bern; Stuttgart; Wien: Haupt.

König, L. (2002). *Bindung bei sechsjährigen Kindern aus Einelternfamilien. Bindungsrepräsentation, Selbstkonzept und Verhaltensauffälligkeiten im Kontext von Risikobedingungen.* Düsseldorf: Dissertation Onlinepublikation http://docserv.uni-duesseldorf.de/servlets/DerivateServlet/Derivate-2306/306.pdf (Download vom 14.10.2010).

König, L., Gloger-Tippelt, G. & Zweyer, K. (2007). Bindungsverhalten zu Mutter und Vater und Bindungsrepräsentation bei Kindern im Alter von fünf und sieben Jahren. *Praxis der Kinderpsychologie und Kinderpsychiatrie, 56* (5), 445-462.

Kottmann, B. (2006). *Selektion in die Sonderschule. Das Verfahren zur Feststellung von sonderpädagogischem Förderbedarf als Gegenstand empirischer Forschung.* Kempten: Klinkhardt.

Kronig, W. (2003). Kinder von Zuwanderern – die Stiefkinder integrationpädagogischer Fortschritte? In G. Feuser (Hrsg.), *Integration heute – Perspektiven ihrer Weiterentwicklung in Theorie und Praxis* (S. 135-142). Frankfurt am Main: Peter Lang.

Kultusministerkonferenz (2000). Empfehlungen zum Förderschwerpunkt Lernen. In W. Drave, F. Rumpler & P. Wachtel (Hrsg.), *Empfehlungen zur sonderpädagogischen Förderung. Allgemeine Grundlagen und Förderschwerpunkte (KMK)* (S. 299-315). Würzburg: Edition Bentheim.

Kultusministerkonferenz. (2009). Schüler, Klassen, Lehrer und Absolventen der Schulen 1999 bis 2008. Statistische Veröffentlichungen Nr. 188. Bonn.

Landesarbeitsgemeinschaft Hessen Gemeinsam leben – Gemeinsam lernen Gemeinsamer Unterricht in Hessen. http://www.gemeinsamleben-hessen.de/index.php?option=com_content&view=article&id=100 (22.09.2010).

Laucht, M., Esser, G. & Schmidt, M. H. (1999). Was wird aus Risikokindern? Ergebnisse der Mannheimer Längsschnittstudie im Überblick. In G. Opp, M. Fingerle & A. Freytag (Hrsg.), *Was Kinder stärkt. Erziehung zwischen Risiko und Resilienz* (S. 71-93). München: Reinhardt.

Laucht, M., Esser, G. & Schmidt, M. H. (2000). Risiko- und Schutzfaktoren in der Entwicklung von Kindern und Jugendlichen. *Frühförderung interdisziplinär. Zeitschrift für Praxis und Theorie der frühen Hilfe für behinderte und entwicklungsauffällige Kinder, 19,* 97-108.

Lauth, G. W. (2000). Lernbehinderungen. In J. Borchert (Hrsg.), *Handbuch der Sonderpädagogischen Psychologie* (S. 21-31). Göttingen: Hogrefe.

Lauth, G. W., Brunstein, J. C., Grünke, M. (2004). Lernstörungen im Überblick: Arten, Klassifikation, Verbreitung und Erklärungsperspektiven. In G. W. Lauth, M. Grünke & J. C. Brunstein (Hrsg.), *Interventionen bei Lernstörungen. Förderung, Training und Therapie in der Praxis.* (S. 13-23). Göttingen: Hogrefe.

Lauth, G. W. & Schlottke, P. F. (2005). Lernbehinderte Kinder und Jugendliche. In P. F. Schlottke, R. K. Silbereisen, S. Schneider & G. W. Lauth (Hrsg.), *Enzyklopädie der Psychologie, Themenbreich D, Serie II, Klinische Psychologie, Band 6: Störungen im Kindes- und Jugendalter – Vehaltensauffälligkeiten* (S. 327-348). Göttingen: Hogrefe.

Lersch, R. (2001). *Gemeinsamer Unterricht – Schulische Integration Behinderter.* Neuwied; Kriftel: Luchterhand.

Lewis, M.; Feiring, C. & Rosenthal, S. (2000). Attachment over time. *Child Development, 71,* 707-720.

Linderkamp, F. & Grünke, M. (2007). Lern- und Verhaltensstörungen. Klassifikation, Prävalenz & Prognostik. In F. Linderkamp & M. Grünke (Hrsg.), *Lern- und Verhaltensstörungen. Genese – Diagnostik – Intervention.* (S. 14-28). Weinheim; Basel: Beltz.

Londerville, S. & Main, M. (1981). Security of attachment, compliance and maternal training methods in the second year of life. *Developmental Psychology, 17,* 289-299.

Lynch, M. & Cicchetti, D. (1992). Maltreated Children's Reports of Relatedness to their Teachers. *New Directions for Child Development, 57,* 81-107.

Lyons-Ruth, K.; Alpern, L. & Repacholi, B. (1993). Disorganized infant attachment classification and maternal psychosocial problems as predictors of hostile-aggressive behavior in the preschool classroom. *Child Development, 64*, 572-585.

Lyons-Ruth, K. & Jacobvitz, D. (1999). Attachment Disorganization. Unresolved Loss, Relational Violence, and Lapses in Behavioral and Attentional Strategies. In J. Cassidy & P. R. Shaver (Eds), *Handbook of Attachment. Theory, Research, and Clinical Applications* (pp. 520-554). New York: The Guilford Press

Main, M. (1995). Recent studies in attachment: Overview, with selected implications for clinical work. In S. Goldberg, R. Muir & J. Kerr (Eds), *Attachment theory: Social, developmental, and clinical perspectives* (pp. 407-474). Hillsdale, NY: Analytic Press.

Main, M. & Cassidy, J. (1988). Categories of response to reunion with the parent at age six: Predictable from infant attachment classifications and stable over a one-month period. *Developmental Psychology, 24* (3), 415-426.

Main, M. & Solomon, J. (1990). Procedures for identifying infants as disorganized/disoriented during the Ainsworth Strange Situation. In M. T. Greenberg, D. Cicchetti & E. M. Cummings (Eds), *Attachment in the preschool years. Theory, research and intervention* (pp. 121-160). Chicago London: The University of Chicago Press.

Main, M. & Weston, D.R. (1981). The quality of the toddler's relationship to mother and to father: Related to conflict behavior and the readiness to establish new relationships. *Child Development, 52*, 932-940.

Mand, J. (1996). Lernbehinderung als soziale Benachteiligung. In H. Eberwein (Hrsg.), *Handbuch Lernen und Lern-Behinderungen. Aneignungsprobleme. Neues Verständnis von Lernen. Integrationspädagogische Lösungsansätze.* (S. 165-175). Weinheim und Basel: Beltz.

Mand, J. (2004). Über den Zusammenhang von Lern- und Verhaltensproblemen – Ergebnisse einer Lehrerbefragung in Schulen für Lernbehinderte aus drei Städten. *Zeitschrift für Heilpädagogik* (55), 319-324.

Marcus, A. & Schmidt, M. H. (1993). Niedrige Intelligenz und psychische Auffälligkeit. In R. Castell (Ed.), *Lernbehinderung: Psychologische und medizinische Grundlagen der Förderung.* (pp. 61-102). Würzburg: Edition von Freisleben.

Matas, L., Arend, R. & Sroufe, L. A. (1978). Continuity of adaptation in the second year. The relationship between quality of attachment and later competence. *Child Development, 49*, 547-556.

Michel, M. & Häußler-Sczepan, M. (2005). Behinderung. In W. Cornelißen (Hrsg.), *Gender-Datenreport. Kommentierter Datenreport zur Gleichstellung von Frauen und Männern in der Bundesrepublik Deutschland.* (S. 497-579) München.

Miller, P. (1993). *Theorien der Entwicklungspsychologie.* Heidelberg Berlin Oxford: Spektrum.

Ministerium für Schule, Jugend und Kinder des Landes Nordrhein-Westfalen. (2003). Amtliche Schuldaten zum Schuljahr 2002/03 http://www.schulministerium.nrw.de/BP/Schulsystem/Statistik/2002 (31.8.2010).

Ministerium für Schule, Jugend und Kinder des Landes Nordrhein-Westfalen. (2004). Amtliche Schuldaten zum Schuljahr 2003/04 http://www.schulministerium.nrw.de/BP/Schulsystem/Statistik/2003 (31.8.2010).

Ministerium für Schule, Jugend und Kinder des Landes Nordrhein-Westfalen. (2005). *Das Schulwesen in NRW aus quantitativer Sicht. Schuljahr 2004/05. Statistische Übersicht Nr. 347.* Düsseldorf.

Ministerium für Schule und Weiterbildung des Landes Nordrhein-Westfalen (2006-2010). *Das Schulwesen in NRW aus quantitativer Sicht* (Bände:. Schuljahr

2005/06 bis Schuljahr 2009/10, Statistische Übersicht Nr. 355, 359, 366, 369 und 371). Düsseldorf.

Ministerium für Schule und Weiterbildung des Landes Nordrhein-Westfalen. (2009/2010). *Bereinigte Amtliche Sammlung der Schulvorschriften NRW (BASS)*. Frechen: Ritterbach.

Ministerium für Schule, Wissenschaft und Forschung des Landes Nordrhein-Westfalen (2002). *Amtliche Schuldaten zum Schuljahr 2001/02* http://www.schulministerium.nrw.de/BP/Schulsystem/Statistik/2001 (31.08.10).

Moss, E., Bureau, J.-F., Cyr, C., Mongeau, C. & St-Laurent, D. (2004a). Correlates of Attachment at Age 3: Construct Validity of the Preschool Attachment Classification System. *Developmental Psychology, 40* (3), 323–334.

Moss, E., Cyr, C. & Dubois-Comtois, K. (2004b). Attachment at Early School Age and Developmental Risk: Examining Family Contexts and Behavior Problems of Controlling–Caregiving, Controlling–Punitive, and Behaviorally Disorganized Children. *Developmental Psychology, 40* (4), 519–532.

Moss, E., Rousseau, D., Parent, S., St-Laurent, D. & Saintonge, J. (1998). Correlates of attachment at school age: Maternal reported stress, mother-child interaction, and behavior problems. *Child Development, 69* (5), 1390-1405.

Mustard, J. F. (2006). Experience-based brain development: Scientific underpinnings of the importance of early child development in a global world. *Paediatric Child Health, 11* (9), 571-572.

Myers, D. G. (2008). *Psychologie*. Heidelberg: Springer Medizin Verlag.

Myschker, N. (1999). *Verhaltensstörungen bei Kindern und Jugendlichen. Erscheinungsformen, Ursachen, hilfreiche Maßnahmen.* Stuttgart: Kohlhammer.

Neuhäuser, G. (2000). Kindliche Entwicklungsgefährdungen im Kontext von Armut, sozialer Benachteiligung und familiärer Vernachlässigung. In H. Weiß (Hrsg.), *Frühförderung mit Kindern und Familien in Armutslagen* (S. 34-49). München, Basel: Ernst Reinhardt Verlag.

Oehme, A. (2000). Schulverweigerung bei Schülerinnen und Schülern mit Beeinträchtigung im Lernen und Verhalten – Vorstellung des Modellprojektes TAKE OFF der Zukunftswerkstatt Leipzig e.V. In S. Rolus-Borgward, U. Tänzer, & M. Wittrock (Hrsg.), *Beeinträchtigung des Lernen und/oder des Verhaltens – Unterschiedliche Ausdrucksformen für ein gemeinsames Problem* (S. 261-271). Oldenburg: BIS-Verlag.

Opp, G. (1995). Neue Modelle schulischer Förderung von Kindern und Jugendlichen mit Lern- und Verhaltensstörungen. *Zeitschrift für Heilpädagogik, 47,* 520-530.

Opp, G. (2006). Lernbehinderungen, Verhaltensstörungen, Sprachbehinderungen. In G. Opp, W. Kulig, & K. Puhr, *Einführung in die Sonderpädagogik* (S. 65-77). Oplanden & Farmington Hills: Verlag Barbara Budrich.

Oppenheim, D. (1997). The attachment doll play interview for preschoolers. *The International Journal of Behavioral Development, 20,* 681-679.

Petermann, F., Niebank, K. & Scheithauer,H. (2004). *Entwicklungswissenschaft. Entwicklungspsychologie-Genetik-Neuropsychologie.* Berlin: Springer-Verlag.

Piaget, J. (1952). *The origins of intelligence in children.* New York: Norton.

Pianta, R. C. (1999). *Enhancing Relationships between Children and Teachers.* Washington, DC: American Psychological Association.

Pianta, R. C. (2001). *STRS. Student-Teacher Relationship Scale. Professional Manual.* Florida: Psychological Assessment Resources.

Pianta, R. C.; Harbers, K. L. (1996). Observing mother and child behavior in a problem-solving situation at school entry: Relations with academic achievement. *Journal of School Psychology* (34), 307-322.

Pinto, C. (2011). Aufmerksamkeitsdefizit-/Hyperaktivitäts-Störung (ADHS) und frühe Bindungsdesorganisation. Eine prospektive Studie mit Kindern, die nach einer Totgeburt geboren wurden. In K.-H. Brisch (Hrsg.), *Bindung und frühe Störungen der Entwicklung* (S. 256-281). Stuttgart: Klett-Kotta.

Rauer, W. & Schuck, K. D. (2004). *FEESS 1-2. Fragebogen zur Erfassung emotionaler und sozialer Schulerfahrungen von Grundschulkindern erster und zweiter Klassen. Manual.* Göttingen: Beltz.

Renken, B., Egeland, B., Marvinney, D., Mangelsdorf, S. & Sroufe, L. A. (1989). Early childhood antecedents of aggression and passive-withdrawal in early elementary school. *Journal of Personality, 57* (2), 257-281.

Rheinberg, F. (2001). Bezugsnormen und schulische Leistungsbeurteilung. In F. E. Weinert (Hrsg.), *Leistungsmessungen in Schulen* (S. 59-72). Weinheim: Beltz.

Ricking, H. (2003). *Schulabsentismus als Forschungsgegenstand.* Oldenburg: BIS-Verlag.

Ricking, H. (2005). Der „Overlap" von Lern- und Verhaltensstörungen. *Sonderpädagogik, 35,* 235-248.

Rohmann, E., Küpper, B. & Schmohr, M. (2006). Wie stabil sind Bindungsangst und Bindungsvermeidung? Der Einfluss von Persönlichkeit und Beziehungsveränderungen auf die partnerbezogenen Bindungsdimensionen. *Zeitschrift für Familienforschung, 18. Jahrgang* (1), 4-26.

Romer, G. (2003). Anwendungen der Bindungstheorie bei präventiven psychotherapeutischen Interventionen im Kindes-und Jugendalter. In U. Finger-Trescher, & H. Krebs (Hrsg.), *Bindungsstörungen und Entwicklungschancen* (S. 211-227). Gießen: Psychosozial-Verlag.

Römer, J. (2008). *Bindung und Schulleistung. Der Einfluss sozial-emotionaler und kognitiver Faktoren aufdie Rechen- und Leseverständnisleistung von Zweitklässlern.* Düsseldorf: Dissertation Onlinepublikation, http://docserv.uni-duesseldorf.de/servlets/DerivateServlet/Derivate-9580/PDF_A_Roemer_Dissertation_Bindung_und_Schulleistung.pdf (Download vom 19.10.2010).

Rosselli, M. & Ardila, A. (2003). The impact of culture and education on non-verbal neuropsychological measurements: A critical review. *Brain and Cognition, 52,* 326-333.

Rutter, M. (1989). Isle of Wight revisited: Twenty-five years of child psychiatric epidemiology. *Journal of the American Academy of Child and Adolescent Psychiatry, 28,* 633-655.

Salamanca-Erklärung. (1996). *Pädagogik für besondere Bedürfnisse. Verabschiedet in Salamanca Spanien am 10. Juni 1994.* Wien: Hrsg. von der Österreichischen UNESCO-Kommission.

Scheithauer, H., Hayer, T. & Petermann, F. (2003). *Bullying unter Schülern. Erscheinungsformen, Risikobedingungen und Interventionskonzepte.* Göttingen: Hogrefe.

Schildberg, H., Jäpelt, B. & Palmowski, W. (2000). Zur Frage nach dem Overlap von BD und LD. In S. Rolus-Borgward, U. Tänzer & M. Wittrock (Hrsg.), *Beeinträchtigung des Lernens und/oder des Verhaltens – Unteschiedliche Ausdrucksformen für ein gemeinsames Problem* (S. 89-93). Oldenburg: (BIS)-Verlag.

Schleiffer, R. (2000). Desorganisierte Bindung als gemeinsamer Risikofaktor für Dissozialität und Lernbehinderung. In S. Rolus-Borgward, U. Tänzer & M. Wittrock (Hrsg.), *Beeinträchtigung des Lernens und/oder des Verhaltens – Unterschiedliche Ausdrucksformen für ein gemeinsames Problem* (S. 95-105). Oldenburg: (BIS) – Verlag.

Schleiffer, R. (2001). *Der heimliche Wunsch nach Nähe. Bindungstheorie und Heimerziehung.* Weinheim: Beltz.

Schleiffer, R. (2002). Desorganisierte Bindung als gemeinsamer Risikofaktor für Dissozialität und Lernbehinderung. In M. Wittrock, U. Schröder, S. Rolus-Borgward & U. Tänzer (Hrsg.), *Lernbeeinträchtigung und Verhaltensstörung. Konvergenzen in Theorie und Praxis.* (S. 108-120). Stuttgart: Kohlhammer.

Schleiffer, R. (2005). Bindung und Lernen. In S. Ellinger, & M. Wittrock (Hrsg.), *Sonderpädagogik in der Regelschule. Konzepte – Forschung – Praxis.* (S. 159-179). Stuttgart: Kohlhammer.

Schleiffer, R. (2009). Konsequenzen unsicherer Bindungsqualität: Verhaltensauffälligkeiten und Schulleistungsprobleme. In H. Julius, B. Gasteiger-Klicpera & R. Kißgen (Hrsg.), *Bindung im Kindesalter. Diagnostik und Interventionen* (S. 39-63). Göttingen: Hogrefe.

Schlichting, H. & Schulz, P. (2000). Empfehlungen zu den Förderschwerpunkten im Bereich des Lern- und Leistungsverhaltens, insbesondere des schulischen Lernens und des Umgehen-Könnens mit Beeinträchtigungen beim Lernen. In W. Drave, F. Rumpler & P. Wachtel (Hrsg.), *Empfehlungen zur sonderpädagogischen Förderung. Allgemeine Grundlagen und Förderschwerpunkte (KMK)* (S. 317-322). Würzburg: Edition Bentheim.

Schmetz, D. (2000). Förderschwerpunkt Lernen. In W. Drave, F. Rumpler & P. Wachtel (Hrsg.), *Empfehlungen zur sonderpädagogischen Förderung. Allgemeine Grundlagen und Förderschwerpunkte (KMK)* (S. 323-342). Würzburg: Edition Bentheim.

Schröder, U. (2000). *Lernbehindertenpädagogik. Grundlagen und Perspektiven sonderpädagogischer Lernhilfe.* Stuttgart; Berlin; Köln: Kohlhammer.

Schuck, K. D. (2004). Zur Bedeutung emotional-sozialer Schulerfahrungen im Prozess der Diagnose und Förderung. In W. Mutzeck & P. Jogschies (Hrsg.), *Neue Entwicklungen in der Förderdiagnostik. Grundlagen und praktische Umsetzungen.* (S. 110-122). Weinheim und Basel: Beltz.

Schulze, G. (2003). *Unterrichtsmeidende Verhaltensmuster. Formen, Ursachen, Interventionen.* Hamburg: Verlag Dr. Kovac.

Schulze, G., Ricking, H. & Wittrock, M. (2000). Gefährdung durch Schulabsentismus? Die Wechselwirkung von Schulschwänzen, Lernbeeinträchtigungen und Verhaltensstörungen – Problembeschreibung und schulbezogene Interventionsstrategien. In S. Rolus-Borgward, U. Tänzer, & M. Wittrock (Hrsg.), *Beeinträchtigung des Lernens und/oder des Verhaltens – Unterschiedliche Ausdrucksformen für ein gemeinsames Problem* (S. 273-286). Oldenburg: BIS-Verlag.

Schumann, B. (2007). *„Ich schäme mich ja so!" Die Sonderschule für Lernbehinderte als „Schonraumfalle".* Bad Heilbrunn: Klinkhardt.

Senkbeil, M.; Drechsel, B.; Rolff, H.-G.; Bonsen, M.; Zimmer, K.; Lehmann, R. H. & Neumann, A. (2004). Merkmale und Wahrnehmungen von Schule und Unterricht. In PISA-Konsortium Deutschland (Hrsg.), *PISA 2003. Der Bildungsstand der Jugendlichen in Deutschland – Ergebnisse des zweiten internationalen Vergleichs* (S. 296-314). Münster: Waxmann.

Shaver, P. R., Collins, N. & Clark, C. L. (1996). Attachment styles and internal workins models of self and relationship partners. In G. J. Fletcher & J. Fitness (Eds.), *Knowledge structures in close relationships: A social psychological approach* (pp. 25-61). Hillsdale: Lawrence Erlbaum.

Solomon, J. & George, C. (1999). The Measurement of Attachment Security in Infancy and Childhood. In J. Cassidy & P. R. Shaver (Eds), *Handbook of Attachment* (pp. 287-316). New York: The Guilford Press.

Solomon, J.; George, C. & DeJong, A. (1995). Children classified as controlling at age six. Evidence of disorganized representational strategies and aggression at home and at school. *Development and Psychopathology, 7*, 447-463.

Souvignier, E. (2008). Lernbehinderung. In W. Schneider & M. Hasselhorn (Hrsg.), *Handbuch der Psychologie Band 10. Handbuch der pädagogischen Psychologie.* (S. 663-671). Göttingen: Hogrefe.

Spangler, G. & Grossmann, K. E. (1993). Biobehavioral Organization in Securely and Insecurely Attached Infants. *Child Development, 64*, 1439-1450.

Spiess, W. (2000). The Overlap of BD and LD: Comorbidity and/or Co-occurence? What difference does the difference make? In S. Rolus-Borgward, U. Tänzer & M. Wittrock (Hrsg.), *Beeinträchtigung des Lernens und/oder des Verhaltens – Unterschiedliche Ausdrucksformen für ein gemeinsames Problem* (S. 29-37). Oldenburg: (BIS)-Verlag.

Spitzer, M. (2007). *Lernen. Gehirnforschung und die Schule des Lebens.* München: Spektrum.

Sroufe, L. A., Carlson, E. A., Levy, A .K. & Egeland, B. (1999). Implications of attachment theory for developmental psychopathology. *Development and Psychopathology, 11*, 1-13.

Sroufe, L. A., Egeland, B. & Kreutzer, T. (1990). The fate of early experience following developmental change: Longitudinal approaches to individual adaptation in childhood. *Child Development, 61*, 1363-1373.

Statistisches Bundesamt (Destatis) (Hrsg.). (2008). *Datenreport 2008. Ein Sozialbericht für die Bundesrepublik Deutschland.* Bonn.

Stephan, C. (2009). Bindungsbeziehung – Spielbeziehung – Kompetenzentwicklung. In G. Spangler & P. Zimmermann (Hrsg.), *Die Bindungstheorie. Grundlagen, Forschung und Anwendung* (S. 265-280). Stuttgart: Klett-Cotta.

Suess, G. J. (2003). Stärkung der Beziehungsfähigkeit als Antwort auf Gewalt in der Gesellschaft und in der Familie. *Zentralblatt für Gynäkologie, 125*, 151-156.

Target, M., Fonagy, P., & Shmueli-Goetz, Y. (2003). Attachment representations in school-age children: The development of the child attachment interview (CAI). *Journal of Child Psychotherapy, 29* (2), 171-186.

Thimm, W. & Funke, E. H. (1980). Soziologische Aspekte der Lernbehinderung. In G. O. Kanter, & O. Speck (Hrsg.), *Pädagogik der Lernbehinderten. Handbuch der Sonderpädagogik Band IV.* (S. 581-611). Berlin: Marhold.

Tillmann, K.-J., Holler-Nowitzki, B., Holtappels, H. G., Meier, U., Popp, U. (2000). *Schülergewalt als Schulproblem. Verursachende Bedingungen, Erscheinungsformen und pädagogische Handlungsperspektiven* (2. Auflage). Weinheim und München: Juventa.

Trepel, M. (1999). *Neuroanatomie. Struktur und Funktion* (2., überarbeitete Aufl.). München; Jena: Urban & Fischer.

Tschira, A. (2005). *Wie Kinder lernen – und warum sie es manchmal nicht tun. Über die Spielregeln zwischen Mensch und Umwelt im Lernprozess.* Heidelberg: Carl-Auer.

van IJzendoorn, M. H. (1996). Commentary. *Human Development, 39*, 224-231.

van IJzendoorn, M. H. & Bakermans-Kranenburg, M. J. (1996). Attachment Representations in Mothers, Fathers, Adolescents, and Clinical Groups: A Meta-Analytic Search for Normative Data. *Journal of Consulting and Clinical Psychology, 64* (1), 8-21.

van IJzendoorn, M. H., Dijkstra, J. & Bus, A. G. (1995). Attachment, intelligence and language: A meta-analysis. *Social Development, 4* (2), 115-126.

van IJzendoorn, M. H. & Sagi, A. (1999). Cross-Cultural Patterns of Attachment. Universal and Contextual Dimensions. In J. Cassiy & P. R. Shaver (Eds), *Handbook of Attachment: Theory, Research and Clinical Applications* (pp. 713-734). New York: The Guilford Press.

van IJzendoorn, M. H., Sagi, A. & Lambermoon, M. (1992). The multiple caregiver paradox: Data from Holland and Israel. In R. Pianta (Ed.) *New directions for child development: Beyond the parent: The role of other adults in children's lives* (57), 5-27.

van IJzendoorn, M. H., Schuengel, C. & Bakermans-Kranenburg, M. J. (1999). Disorganized attachment in early childhood: Meta-analysis of precursors, concomitants and sequelae. *Development and Psychopathology,11*, 225-249.

van IJzendoorn, M. H. & van Vliet-Visser, S. (1988). The relationship between quality of attachment in infancy and IQ in kindergarten. *The Journal of Genetic Psychology, 149* (1), 23-28.

Vernooij, M. A. (2007). *Einführung in die Heil- und Sonderpädagogik.* Wiebelsheim: Quelle & Meyer Verlag.

Verschueren, K. & Marcoen, A. (1999). Representation of self and socioemotional competence in kindergartners: Differential and combined effects of attachment to mother and to father. *Child Development, 70*, 183-201.

Verschueren, K., Marcoen, A., Schoefs, V. (1996). The Internal Working Model of the Self, Attachment, and Competence in Five-Year-Olds. *Child Development, 67*, 2493-2511.

von Bracken, H. (1976). *Vorurteile gegen behinderte Kinder, ihre Familien und Schulen.* Berlin: Marhold.

Vygotski, L. S. (1978). *Mind in Society.* Cambridge: Harvard University Press.

Wartner, U.; Grossmann, K.; Fremmer-Bombik, E. & Suess, G. (1994). Attachment patterns at age six in South Germany: Predictability from infancy and implications for preschool behavior. *Child Development, 65* (4), 1014-1027.

Waters, E.; Hamilton, C. E. & Weinfield, N. S. (2000). The Stability of Attachment Security from Infancy to Adolescence and Early Adulthood: General Introduction. *Child Development, 71* (3), 678-683.

Weiß, R. & Osterland, J. (1997). *Grundintelligenztest Skala 1 (CFT 1). Handanweisung für die Durchführung, Auswertung und Interpretation* (5., revidierte Auflage). Göttingen: Hogrefe.

Werner, E. (1997). Gefährdete Kindheit in der Moderne: Protektive Faktoren. *Vierteljahresschrift für Heilpädagogik und ihre Nachbargebiete (VHN), 66*, 192-203.

Werning, R. (2002). Lernen und Behinderung des Lernens. In *Sonderpädagogik. Lernen, Verhalten, Sprache, Bewegung und Wahrnehmung.* (S. 129-189). München; Wien: Oldenbourg.

Werning, R.& Lütje-Klose, B. (2003). *Einführung in die Lernbehindertenpädagogik.* München: Reinhardt.

White, R. (1959). Motivation reconsidered: the concept of competence. *Psychological Review, 66*, 297-333.

Winkler, J. & Stolzenberg, H. (2009). *Adjustierung des Sozialen-Schicht-Index für die Anwendung im Kinder- und Jugendgesundheitssurvey (KiGGS) 2003/2006* (Heft 07). Wismar: HWS-Hochschule Wismar Service GmbH.

Wocken, H. (2000). Leistung, Intelligenz und Soziallage von Schülern mit Lernbehinderungen. Vergleichende Untersuchungen an Förderschulen in Hamburg. *Zeitschrift für Heilpädagogik, 51* (12), 492-503.

Wocken, H. (2007). *Fördert Förderschule? Vortrag an der Universität Leipzig.* http://www.hans-wocken.de/Rundreise.zip, 2.2.2010.

Woerner, W., Becker, A., Friedrich, C., Klasen H., Goodman, R., Rothenberger, A. (2002). Normierung und Evaluation der deutschen Elternversion des Strengths and Difficulties Questionnaire (SDQ): Ergebnisse einer repräsentativen Felderhebung. *Zeitschrift für Kinder- und Jugendpsychiatrie und Psychotherapie, 30* (2), 105-112.

Zimmermann, P. & Spangler, G. (2001). Jenseits des Klassenzimmers. Der Einfluss der Familie auf Intelligenz, Motivation, Emotion und Leistung im Kontext der Schule. *Zeitschrift für Pädagogik, 47* (4), 461-479.

Zimmermann, P., Spangler, G., Schieche, M. & Becker-Stoll, F. (1995). Bindung im Lebenslauf: Determinanten, Kontinuität, Konsequenz und künftige Perspektiven. In G. Spangler & P. Zimmermann (Hrsg.), *Die Bindungstheorie. Grundlagen, Forschung und Anwendung* (S. 311-332). Stuttgart: Klett-Cotta.

Zimmermann, P, Suess, G. H., Scheuerer-Englisch, H. & Grossmann, K. E. (2000). Der Einfluss der Eltern-Kind-Bindung auf die Entwicklung psychischer Gesundheit. In F. Petermann, K. Niebank & H. Scheithauer (Hrsg.), *Risiken in der frühkindlichen Entwicklung. Entwicklungspsychopathologie der ersten Lebensjahre.* (S. 301-327). Göttingen: Hogrefe.

Zulauf-Logoz, M. (2008). Die Desorganisation der frühen Bindung und ihre Konsequenzen. In L. Ahnert (Hrsg.). *Frühe Bindung. Entstehung und Entwicklung* (S. 297-312). München: Reinhardt.

Zweyer, K. (2006). *Bindungseinschätzung durch Erzieher/innen beim Eintritt in den Kindergarten. Möglichkeiten und Grenzen eines Screeningfragebogens.* München: Martin Meidenbauer Verlagsbuchhandlung.

Tabellenverzeichnis

Abbildungsverzeichnis

Anhang

Familien-Situation

Name des Kindes: Wohnanschrift:
Geb.:   Datum:

Hat Ihr Kind einen Kindergarten besucht?   ☐ ja   ☐ nein
Falls ja: Wie lange / wie viele Jahre?

Wer füllt diesen Fragebogen aus?

Mutter oder andere Erziehungsberechtigte..☐

Vater oder anderer Erziehungsberechtigter...☐

sonstige..☐
(wenn sonstige, bitte angeben)   _____

_____

Wie alt sind Sie?

Mutter [   ] Jahre   Vater [   ] Jahre
☐
Familienstruktur:
Familienstand :

     Verheiratet ☐   Lebensgemeinschaft ☐   Alleinerziehend ☐

Verwandtschaftsgrad zum Kind der Untersuchung:

	Mutter	Vater
leibliche Elternschaft..	☐	☐
Stiefelternschaft..	☐	☐
Adoptivelternschaft...	☐	☐

Wie viele Kinder leben in Ihrer Familie? Geben Sie bitte an, wie alt die Kinder sind und ob es Jungen oder Mädchen sind.

Alter des Kindes	männlich	weiblich
_____	☐	☐
_____	☐	☐
_____	☐	☐
_____	☐	☐
_____	☐	☐
_____	☐	☐

Wie ist Ihr derzeitiger Beschäftigungsstatus? Haben Sie (Mutter / Vater) derzeit Arbeit?

(Bitte nur ein Kästchen ankreuzen.)

	Mutter	Vater
Ich arbeite Vollzeit...	☐	☐
Ich arbeite Teilzeit..	☐	☐
Ich bin nicht berufstätig, aber auf Arbeitssuche.............................	☐	☐
Sonstiges (z. B. Hausfrau, Rentner/in)...	☐	☐

(wenn sonstige, bitte angeben) _____

Falls Sie zurzeit arbeitslos sind, geben Sie bitte an, seit wann Sie arbeitslos sind.

	Mutter	Vater
Seit weniger als einem Jahr...	☐	☐
Seit mehr als einem Jahr, aber weniger als drei Jahren....................	☐	☐
Seit mehr als drei Jahren...	☐	☐

Was ist Ihr Hauptberuf? (z. B. Lehrer/in, Küchenhilfe, Verkaufsleiter/in)

Berufsbezeichnung Mutter: _____

_____

Berufsbezeichnung Vater: _____

_____

Was für einen Schulabschluss haben Sie?

(Bitte nur ein Kästchen ankreuzen.)

	Mutter	Vater
Hochschulreife/Fachhochschulreife/Abitur……………..........................	☐	☐
Mittlere Reife/Realschulabschluss/Abschluss der Polytechnischen Oberschule nach der 10. Klasse	☐	☐
Hauptschulabschluss/Volksschulabschluss……………....................	☐	☐
Abschluss der Polytechnischen Oberschule nach der 8. Klasse….............	☐	☐
Abschluss einer Sonderschule/Förderschule……………....................	☐	☐

2

ohne Abschluss von der Schule abgegangen………………….............. ☐ ☐

keine Schule besucht………………………………………….......... ☐ ☐

Haben Sie eine der folgenden Qualifikationen?

(Bitte zutreffendes ankreuzen.)

	Mutter	Vater
Promotion (Doktorprüfung)…………………………….......................	☐	☐
Hochschulabschluss (Magister/Diplom/Staatsexamen/ Bachelor/Master)……………………………..........................	☐	☐
Fachhochschulabschluss/Diplom (FH)……………..................................	☐	☐
Abschluss an einer Fachschule/Meister- oder Technikerschule/ einer Schule des Gesundheitswesens/Abschluss an einer Berufsakademie/Fachakademie (oder ein vergleichbarer Abschluss Ausland)…………………………………………………….....	☐	☐
Abschluss an einer Fachoberschule/Berufsschule/ Berufsfachschule/Berufsoberschule/Technischen Oberschule (oder ein vergleichbarer Abschluss im Ausland)………….......	☐	☐
Abgeschlossene Lehre, Abschluss an einer Handelsschule (oder ein vergleichbarere Abschluss im Ausland)……………………………	☐	☐

In welcher beruflichen Stellung sind Sie tätig? Was genau arbeiten Sie (Vater und Mutter)?

(Bitte in jeder Spalte nur ein Kästchen ankreuzen.)

	Mutter	Vater
Selbständige/r...	☐	☐
Freiberuflich tätige/r Akademiker/in..	☐	☐
Mithelfende/r Familienangehörige/r...	☐	☐
Beamter/Beamtin..	☐	☐
Angestellte/r..	☐	☐
Arbeiter/in..	☐	☐

Wie viele der folgenden Dinge gibt es bei Ihnen zu Hause?

(Bitte in jeder Zeile nur ein Kästchen ankreuzen.)

3

	0	1	2	3 oder mehr
Handys..	☐	☐	☐	☐
Fernseher/TV-Geräte..	☐	☐	☐	☐
Computer/PC..	☐	☐	☐	☐
Autos..	☐	☐	☐	☐
Zimmer mit einer Badewanne oder Dusche.......................	☐	☐	☐	☐

Wie hoch ist Ihr jährliches Haushaltseinkommen?

Bitte summieren Sie das gesamte Bruttoeinkommen von allen Familienmitgliedern in Ihrem Haushalt.
Bitte denken Sie daran, dass Sie nur Fragen beantworten müssen, die Sie beantworten wollen. Alle Antworten werden **streng vertraulich** *behandelt.*
(Bitte nur ein Kästchen ankreuzen.)

Weniger als 20.000 €..	☐
20.000 € oder mehr, aber weniger als 30.000 €........................	☐
30.000 € oder mehr, aber weniger als 40.000 €........................	☐
40.000 € oder mehr, aber weniger als 50.000 €........................	☐
50.000 € oder mehr, aber weniger als 60.000 €........................	☐
60.000 € oder mehr..	☐

Welche der folgenden Dinge gibt es bei Ihnen zu Hause?

(Bitte beziehen Sie sich bei der Beantwortung der kindbezogenen Angaben auf das Kind, welches wir in diesem Projekt untersuchen. Bitte beantworten Sie das jetzige Vorhandensein. Bitte in jeder Zeile nur ein Kästchen ankreuzen.)

	ja	nein
Einen Schreibtisch zum Lernen für das Kind............................	☐	☐
Ein Zimmer für das Kind alleine	☐	☐
Einen ruhigen Platz zum Lernen für das Kind...........................	☐	☐
Einen Computer, den das Kind für Schularbeiten benutzen kann..........	☐	☐
Lern-Software..	☐	☐
Einen Internet-Anschluss...	☐	☐
Einen eigenen Taschenrechner für das Kind.............................	☐	☐

4

Klassische Literatur (z. B. von Goethe).. ☐ ☐

Bücher mit Gedichten... ☐ ☐

Kunstwerke (z. B. Bilder)... ☐ ☐

Bücher, die dem Kind bei Schularbeiten helfen... ☐ ☐

Ein Wörterbuch.. ☐ ☐

Eine Geschirrspülmaschine... ☐ ☐

Einen DVD-Player oder Videorekorder... ☐ ☐

Eine abonnierte Tageszeitung.. ☐ ☐

Eine Videokamera.. ☐ ☐

Einen ISDN/DSL- Anschluss... ☐ ☐

Einen eigenen Garten... ☐ ☐

Ein Musikinstrument.. ☐ ☐

Haben Sie schon einmal eine Fernreise gemacht (USA, Afrika, etc.)?

ja ☐ nein ☐

Wie viele Bücher gibt es bei Ihnen zu Hause?

Auf einen Meter Bücherregal passen ungefähr 40 Bücher. Zählen Sie bitte
Zeitschriften, Zeitungen und Schulbücher nicht mit.

(Bitte nur ein Kästchen ankreuzen.)

0 – 10 Bücher.. ☐

11 – 25 Bücher...................................... ☐

26 – 100 Bücher.................................... ☐

101 – 200 Bücher.................................. ☐

201 – 500 Bücher.................................. ☐

mehr als 500 Bücher............................. ☐

5

Fragebogen zu Stärken und Schwächen (SDQ-D)   Lehrer[4-16]

Bitte markieren Sie zu jedem Punkt "Nicht zutreffend", "Teilweise zutreffend" oder "Eindeutig zutreffend". Beantworten Sie bitte alle Fragen so gut Sie können, selbst wenn Sie sich nicht ganz sicher sind oder Ihnen eine Frage merkwürdig vorkommt. Bitte berücksichtigen Sie bei der Antwort das Verhalten des Kindes in diesem Schuljahr.

Name des Kindes: _____   Männlich/ Weiblich

Geburtsdatum: _____

	Nicht zutreffend	Teilweise zutreffend	Eindeutig zutreffend
1. Rücksichtsvoll	☐	☐	☐
2. Unruhig, überaktiv, kann nicht lange stillsitzen	☐	☐	☐
3. Klagt häufig über Kopfschmerzen, Bauchschmerzen oder Übelkeit	☐	☐	☐
4. Teilt gerne mit anderen Kindern (Süßigkeiten, Spielzeug, Buntstifte usw.)	☐	☐	☐
5. Hat oft Wutanfälle; ist aufbrausend	☐	☐	☐
6. Einzelgänger; spielt meist alleine	☐	☐	☐
7. Im allgemeinen folgsam; macht meist, was Erwachsene verlangen	☐	☐	☐
8. Hat viele Sorgen; erscheint häufig bedrückt	☐	☐	☐
9. Hilfsbereit, wenn andere verletzt, krank oder betrübt sind	☐	☐	☐
10. Ständig zappelig	☐	☐	☐
11. Hat wenigstens einen guten Freund oder eine gute Freundin	☐	☐	☐
12. Streitet sich oft mit anderen Kindern oder schikaniert sie	☐	☐	☐
13. Oft unglücklich oder niedergeschlagen; weint häufig	☐	☐	☐
14. Im allgemeinen bei anderen Kindern beliebt	☐	☐	☐
15. Leicht ablenkbar, unkonzentriert	☐	☐	☐
16. Nervös oder anklammernd in neuen Situationen; verliert leicht das Selbstvertrauen	☐	☐	☐
17. Lieb zu jüngeren Kindern	☐	☐	☐
18. Lügt oder mogelt häufig	☐	☐	☐
19. Wird von anderen gehänselt oder schikaniert	☐	☐	☐
20. Hilft anderen oft freiwillig (Eltern, Lehrern oder anderen Kindern)	☐	☐	☐
21. Denkt nach, bevor er/sie handelt	☐	☐	☐
22. Stiehlt zu Hause, in der Schule oder anderswo	☐	☐	☐
23. Kommt besser mit Erwachsenen aus als mit anderen Kindern	☐	☐	☐
24. Hat viele Ängste; fürchtet sich leicht	☐	☐	☐
25. Führt Aufgaben zu Ende; gute Konzentrationsspanne	☐	☐	☐

Gibt es noch etwas, das Sie erwähnen möchten?

Bitte umblättern

Würden Sie sagen, dass dieses Kind insgesamt gesehen in einem oder mehreren der folgenden Bereiche Schwierigkeiten hat: Stimmung, Konzentration, Verhalten, Umgang mit Anderen?

	Nein	Ja, leichte Schwierigkeiten	Ja, deutliche Schwierigkeiten	Ja, massive Schwierigkeiten
	☐	☐	☐	☐

Falls Sie diese Frage mit "Ja" beantwortet haben, beantworten Sie bitte auch die folgenden Punkte:

• Seit wann gibt es diese Schwierigkeiten?

Weniger als einen Monat	1-5 Monate	6-12 Monate	Über ein Jahr
☐	☐	☐	☐

• Leidet das Kind unter diesen Schwierigkeiten?

Gar nicht	Kaum	Deutlich	Massiv
☐	☐	☐	☐

• Wird das Kind durch diese Schwierigkeiten in einem der folgenden Bereiche des Alltagslebens beeinträchtigt?

	Gar nicht	Kaum	Deutlich	Schwer
Mit Freunden	☐	☐	☐	☐
Im Unterricht	☐	☐	☐	☐

• Stellen die Schwierigkeiten eine Belastung für Sie oder die gesamte Klasse dar?

Keine Belastung	Leichte Belastung	Deutliche Belastung	Schwere Belastung
☐	☐	☐	☐

Unterschrift: _____   Datum:_____

Anzahl der wöchentlichen Klassenstunden mit diesem Kind?

Bitte überprüfen Sie nochmals, ob alle Fragen beantwortet wurden.

Vielen Dank für Ihre Hilfe!

Schüler-Charakteristiken (STRS)

Datum: ....

Codierungsnummer des Schülers: …………………….......................... ……………..

Codierungsnummer des Lehrers/der Lehrerin: ……………………...

Bitte überlegen Sie, in welcher Art und Weise die folgenden Aussagen bei dem genanten Schüler zutreffen. Markieren Sie bitte die entsprechende Aussage durch ankreuzen der Zahlen 1 bis 5.

1 trifft gar nicht zu	2 trifft eher nicht zu	3 weder noch	4 trifft eher zu	5 trifft voll und ganz zu

		1 2 3 4 5
1.	Ich habe ein herzliches Verhältnis zu diesem Schüler.	☐ ☐ ☐ ☐ ☐
2.	Dieser Schüler ringt noch um ein gutes Verhältnis zu mir.	☐ ☐ ☐ ☐ ☐
3.	Ist dieser Schüler traurig, sucht er gern Trost bei mir.	☐ ☐ ☐ ☐ ☐
4.	Dieser Schüler weicht mir aus, wenn ich ihm zu Nahe komme.	☐ ☐ ☐ ☐ ☐
5.	Dieser Schüler fühlt sich in meiner Gegenwart sehr wohl.	☐ ☐ ☐ ☐ ☐
6.	Dieser Schüler erscheint verletzt oder verlegen, wenn ich ihn korrigiere.	☐ ☐ ☐ ☐ ☐
7.	Wenn ich diesen Schüler lobe, strahlt er vor Freude.	☐ ☐ ☐ ☐ ☐
8.	Dieser Schüler reagiert stark auf meine Abwesenheit oder auf eine Trennung von mir.	☐ ☐ ☐ ☐ ☐
9.	Dieser Schüler teilt mir gern spontan Informationen über sich selbst mit.	☐ ☐ ☐ ☐ ☐
10.	Dieser Schüler hängt sehr an mir.	☐ ☐ ☐ ☐ ☐
11.	Dieser Schüler wird schnell ärgerlich auf mich.	☐ ☐ ☐ ☐ ☐
12.	Dieser Schüler versucht, mir alles Recht zu machen.	☐ ☐ ☐ ☐ ☐
13.	Dieser Schüler empfindet zumeist, ich würde ihn unfair behandeln.	☐ ☐ ☐ ☐ ☐
14.	Dieser Schüler bittet um Hilfe, auch wenn er eigentlich keine braucht.	☐ ☐ ☐ ☐ ☐
15.	Es ist einfach, mit diesem Schüler auf einer Wellenlänge zu sein.	☐ ☐ ☐ ☐ ☐
16.	Dieser Schüler sieht mich als jemanden an, der vor allem maßregelt und kritisiert.	☐ ☐ ☐ ☐ ☐
17.	Dieser Schüler reagiert verletzt oder ist eifersüchtig, wenn ich mich anderen Schülern zuwende.	☐ ☐ ☐ ☐ ☐
18.	Dieser Schüler reagiert überhaupt nicht, wenn er ermahnt oder zurechtgewiesen wird.	☐ ☐ ☐ ☐ ☐
19.	Wenn sich dieser Schüler danebem benimmt, reagiert er gut auf meinen Blick oder meine Stimme.	☐ ☐ ☐ ☐ ☐
20.	Dieser Schüler fordert meine ganze Kraft.	☐ ☐ ☐ ☐ ☐
21.	Ich habe bemerkt, dass mein Verhalten bzw. meine Art für diesen Schüler nachahmenswert ist.	☐ ☐ ☐ ☐ ☐
22.	Wenn dieser Schüler schlechte Laune hat, haben wir auch gemeinsam einen schlechten Tag.	☐ ☐ ☐ ☐ ☐
23.	Die Launen dieses Schülers können mir gegenüber unberechenbar sein oder plötzlich wechseln.	☐ ☐ ☐ ☐ ☐
24.	Trotz meiner Bemühungen bin ich unzufrieden, wie ich mit diesem Schüler zurechtkomme.	☐ ☐ ☐ ☐ ☐
25.	Der Schüler wird laut und unangenehm, wenn er etwas von mir will.	☐ ☐ ☐ ☐ ☐
26.	Dieser Schüler ist ziemlich hinterhältig oder versucht mich zu manipulieren.	☐ ☐ ☐ ☐ ☐
27.	Dieser Schüler teilt mir offen seine Gefühle und Gedanken mit.	☐ ☐ ☐ ☐ ☐
28.	Der Umgang mit diesem Schüler macht mich sehr zufrieden.	☐ ☐ ☐ ☐ ☐